FÚTBOL AFRICANO

CRÓNICAS, HISTORIAS E INVESTIGACIÓN

PANCHO JÁUREGUI

Fútbol africano / Francisco Jáuregui. - 1a ed. - LIBROFUTBOL.com, 2020.
244 páginas; 15,2 x 22,9 cm.

ISBN 978-987-3979-93-4

1. Fútbol. 2. África. I. Título.
CDD 796.334

FÚTBOL AFRICANO
Francisco Jáuregui

Diseño de cubierta: Luciano Medvetkin
Diagramación interior: Luciano Medvetkin
Foto del autor: © Francisco Jáuregui

LIBROFUTBOL.com
Olga Cossettini 1112 - oficina 8F - Ciudad de Buenos Aires - Argentina
ediciones@librofutbol.com - whatsapp +54 9 11 2215 1982

1ª edición: junio 2020

ISBN 978-987-3979-93-4

CONTENIDO

PRÓLOGOS

POR ARIEL SCHER

Pancho Jáuregui hace muchas cosas juntas, las hace en un solo y maravilloso libro y, sobre todo, las hace bien: alumbra encantos, derrumba prejuicios, transita mitos, propone saberes, multiplica hallazgos, desborda fútbol, construye historia, cuenta lo mínimo desde lo máximo y cuenta lo máximo desde lo mínimo.

Y, como hace todo eso y lo hace de ese modo, Pancho Jáuregui cuenta al fútbol de África.

Y más: cuenta, desde el fútbol, África.

Da pudor expresarlo luego de leer cada capítulo y cada dato desde los que Pancho Jáuregui configura un escenario que le es tan próximo y tan querible: África es la dimensión negada del relato futbolero. Podrán asumirlo quienes llevan décadas de relación con el conocimiento de lo que la humanidad expone en las canchas: la narrativa del fútbol, las noticias del fútbol y los focos del fútbol funcionan auscultando los latidos europeos y americanos, latidos que son inequívocamente fuertes pero que, a la vez, no son los únicos latidos. Ahí anda latiendo, latiendo mucho y latiendo fútbol, tanta África que Pancho Jáuregui evidencia como para que la invitación a oír esos latidos sea más que una tentación.

La trama que enhebra Pancho Jáuregui es, entre mil cosas, un buen sustento para decodificar esa omisión larga en las tradiciones del fútbol. Por un lado, si la FIFA recién reconoció a África como una confederación en 1954 —como Jáuregui desgrana con mucho detalle—, suena lógico que haya empujado desde atrás para edificarse un sitio en la ciudad trasnacionalizada de la pelota. Por el otro, si el fútbol no es pensable sólo desde el fútbol o si el fútbol es un espacio con juego autónomo pero inentendible sin desmenuzar el resto de la realidad —como deja ver la obra de Jáuregui—, también es lógico que el fútbol de África haya sido soslayado por un mundo que aún privilegia orientar los párpados y los discursos hacia otras geografías.

Como es curioso, como es perseguidor de sucesos, como es desentrañador de lo que no surge evidente, Pancho Jáuregui sale a desmalezar su pasión y nuestra ignorancia sobre el fútbol de África y sobre África a partir de una suma de episodios de jugadores y de equipos. Y allí viene lo mejor o un aspecto de los mejores en medio de los muchos aspectos inmejorables de su libro: a esos episodios los muestra con todo el grosor y con toda la emoción que poseen tanto los buenos episodios como las buenas cuestiones del fútbol, pero no los reduce a eso sino que los aprovecha para encender rutas que permiten aproximarse a lo estructural, a lo hondo, a lo que fundamenta por qué el fútbol en África dibujó los vaivenes que lo distinguieron y lo distinguen y, sutilmente, por qué esos impresionantes vaivenes no acostumbran ocupar ni líneas ni análisis en los textos convencionales sobre el universo de las canchas.

Desde esa perspectiva, va Jáuregui encadenando a Kalusha y a Sankara, a un genocidio y a un ciclo liberador, al ébola y a la sanación, a la muerte y al renacer, a las religiosidades de un continente y a las creencias que quiebran casi cualquier frontera, al Zidane inaugural y a pibitas y a pibitos que aspiran a ser felices arriba de las tierras africanas que marcan el sendero entre dos arcos. O sea que, si es posible manifestarlo de otra manera, Jáuregui explora luchas y opresiones con el pretexto, el enorme pretexto, del fútbol, que es casi explorar en qué consiste la existencia. Ese es su sello o uno de esos sellos que, por las dudas, se repite: cuenta lo máximo desde lo mínimo y cuenta lo mínimo desde lo máximo.

Algunas definiciones más o menos ortodoxas del periodismo inducen a aceptar que ser periodista es, puede ser o debería ser mirar donde otras y otros no miran o ver donde otras y otros no ven o no consiguen ver. Todas las definiciones, por supuesto, son opinables y hasta rebatibles. Lo que surge menos rebatible y menos opinable es que el trabajo de Pancho Jáuregui está hecho por alguien que detecta lo que miles y miles no detectamos y a favor de que, a través de todas estas lúcidas hojas, comencemos a ver eso que teníamos menos o más invisible.

Así que la tarea necesaria y seductora exige abrir los ojos completos: enfrente, en estas páginas, están el fútbol de África y África. Es, entonces, un libro para abrir los ojos y encontrar la vida.

Ariel Scher
Periodista y escritor

Por Andrés Burgo

El debut en los Mundiales, el de Egipto en 1934; la primera Copa Africana de Naciones, organizada incluso antes de la Eurocopa inaugural; el simbolismo del título de Etiopía en 1962, el único país no colonizado del continente; los goles del marroquí Just Fontaine para Francia y del mozambiqueño Eusebio para Portugal, la colonización del fútbol; el 1-1 con olor a hazaña de Marruecos contra Bulgaria en México 70, punto de partida en las Copas del Mundo; el ignoto defensor que corrió a patear un tiro libre a favor de Brasil en Alemania 74, la selección de Zaire (hoy RD Congo) amenazada por Mobutu; el 3-1 de Túnez sobre México en Argentina 78, primera hazaña africana en un Mundial; los pantalones largos de Thomas N'Kono en España 82, la presentación al mundo futbolístico de Camerún; la colaboración mística del tunecino Ali Bennaceur, el árbitro de la Mano de Dios en el Argentina-Inglaterra de 1986; los bailes de Roger Milla y las trencitas de Makanaky, el Camerún festivo y ganador de Italia 90; el balón de Oro del liberiano George Weah en 1995, futuro presidente de su país; los nombres de gloria sin tiempos, como el argelino Rabah Majder, el ghanés Abédi Pelé y el egipcio Hossan Hassan; el oro olímpico de Okocha, Kanú y Babangida, los verdugos de Argentina en Atlanta 96; los apodos que no necesitan explicación, como los Bafana Bafana; los padres de Zinedine Zidane, sangre argelina para el brillo de Francia y el Real Madrid; el 1-0 de Senegal a Francia, la revancha de la vieja colonia en el Mundial 2002; la muerte en vivo y en directo del camerunés Marc-Vivien Foe, fulminado en el campo de juego; el fútbol como efecto pacificador para detener el genocidio entre tutsis y hutus, la Rwanda recuperada; la peculiar experiencia de Carlos Bilardo en la Libia de Muamar el Gadafi, la última África de dictadores; las vuvuzelas en el primer Mundial en casa, el de Sudáfrica 2010; el penal errado por Asamoah Gyan contra Uruguay, la herida abierta de Ghana desde 2010 para siempre; la adulteración en las edades de los jugadores juveniles, la eterna sospecha de un continente con pocas leyes; la explosión del camerunés Samuel Eto'o, el marfileño Didier Drogba y el togolés Emmanuel Adebayor, el brillo africano del siglo XXI; la magia negra, los hechizos y los rituales alrededor del fútbol, la tradición de un África sin tiempos; el TP Mazembe, el orgullo de Congo; la tragedia de Port Said, los 74 muertos en un partido por la liga egipcia en 2012; las inserciones de Cabo Verde y Magadascar en las últimas Copas Africanas; la inauguración del torneo femenino en Libia; la ascendencia argelina y camerunesa de Kylian Mbappé, tan campeón del mundo como el camerunés Samuel Umiti en Rusia 2018; el presente del egipcio Mohamed Salah, dios de Liverpool y Europa; y el futuro del bisauguineano Ansu Fati, nuevo compadre de Messi.

Si África es el continente olvidado, gracias a esta obra de Pancho Jáuregui, el más argentino de los africanos, podremos empezar a conocerlo mejor. El fútbol suele ser la mejor excusa.

Andrés Burgo
Periodista deportivo y escritor

INTRODUCCIÓN

Era fin de semana. Estaba en la casa de mis abuelos y el Mundial era el tema de conversación en todos lados; en la calle, en la escuela, en el club, en donde sea. La Argentina de Bati y Ortega estaba teniendo un gran rendimiento y empezaba a ilusionar a muchos, sobre todo luego de la desazón en el Mundial anterior en los Estados Unidos con el doping del Diego y la caída en octavos de final ante Rumania cuando nadie se la esperaba.

Pero sin saberlo, en aquel Francia 1998 comenzaría a nacer en mí el gusto por el fútbol africano. El seleccionado de España, la tierra de mis ancestros, la tierra desde donde habían venido mis abuelos paternos, se medía por la fase de grupos ante Nigeria y fue allí que me empezó a llamar la atención el juego africano, el desparpajo para enganchar de Okocha, la velocidad de Babangida por las bandas pero, sobre todo, la alegría que tenían esos muchachos para jugar y para festejar los goles.

A partir de aquel momento puedo afirmar que comenzó esta pasión por el fútbol africano. Cómo entender sino que, a partir de ese día, siempre en la Play Station eligiera seleccionados de África o clubes de Francia con predominio de jugadores del continente negro. No me importaba que Brasil tuviese a Ronaldo, Roberto Carlos y Rivaldo o Argentina a Batistuta, Verón y el Burrito, yo siempre prefería manejar al terrible M'Boma de los botines rojos que comandaba a los

Leones Indomables de Camerún, liderar un ataque veloz de las Súper Águilas nigerianas con la calidad de Kanú, la habilidad de Okocha y la potencia de Amunike y Amokachi o bien el fino Marruecos de Hadji y Naybet.

Los años fueron pasando y esas elecciones se sucedían. Al Mundial siguiente, organizado en Japón y Corea del Sur, un seleccionado casi desconocido para el mundo futbolístico sorprendía al mundo entero venciendo 1-0 a Francia en el partido inaugural. Se trataba de Senegal, los Leones de Teranga, que de la mano del francés Bruno Metsu le ganaban al campeón defensor con gol de Papa Bouba Diop y un baile para el recuerdo eterno en el festejo.

Estaba en mi último año del secundario y para una materia había que realizar un trabajo final del tipo de una monografía. Aproveché el boom Senegal haciendo un repaso por su histórica actuación en ese Mundial siendo el segundo seleccionado africano en alcanzar los cuartos de final tras Camerún en Italia 1990. Tony Silva, Ferdinand Coly, Lamine Diatta, Salif Diao, Aliou Cissé, Fadiga, Diop y Henri Camara se volvieron nombres familiares para mí. Años después, ya como periodista y en un hotel de Buenos Aires, lograría entrevistar a Aliou Cissé, capitán y referente de aquel equipo, ahora entrenador del seleccionado mayor.

En mi época de estudiante universitario, al mismo tiempo que crecía mi gusto por el fútbol africano, la pasión se fue expandiendo a otros aspectos del continente hasta llegar a amar a África en su totalidad. A través de la lectura de muchos libros históricos y actuales, como así también viendo películas y documentales África me atrapaba y me atrapa cada día más. Desde 2009 trato de volcar toda esta pasión en mi blog Sporting África.

En septiembre de 2019 cumplí 10 años analizando e investigando sobre fútbol africano por lo que sentí que era la hora de plasmar todo ese trabajo y toda esa pasión en un libro. A pesar de que no hace mucho pude conocer algo de África, con viajes a Senegal (2015), Marruecos (2018) y Egipto (2019), todo este tiempo de seguimiento y búsqueda me ha llevado a sentir un gran placer por transmitir el desarrollo del deporte más lindo del mundo en el continente africano.

El libro se estructura en dos grandes bloques: el primero conformado por diez apartados, si se quiere más generales, yendo desde los primeros pasos del fútbol en el continente hasta la problemática de las edades y las nacionalidades y pasando por la religiosidad, el fútbol femenino y las participaciones mundialistas, entre otros. En tanto que la segunda parte, se divide por zonas geográficas del continente para contar historias de más de veinte países de África.

Fue por todo esto que decidí soñar este libro con historias del fútbol africano que hoy, luego de tanto esfuerzo y trabajo, se hace realidad y llega a sus manos. Así que a disfrutar...

PRIMERA PARTE

CAPÍTULO 1

INICIOS, HISTORIA Y DESARROLLO DEL FÚTBOL AFRICANO

1. Primeras aproximaciones al fútbol en África

Muchas son las versiones sobre los orígenes del fútbol. Los japoneses, los chinos, los esquimales, los aztecas, diversas tribus y pueblos de África —como los bereberes— y Oceanía —los maoríes— practicaron desde tiempos muy lejanos juegos con pelota en los que utilizaban las piernas y las manos.

En la antigua China, el juego del balón se practicaba sobre todo en ámbitos militares con equipos formados por hombres expertos que golpeaban la pelota con la cabeza, los pies y los hombros. En el siglo VI a. C., en territorio japonés se practicaba el *kémari*, una especie de rito religioso con jugadores vestidos majestuosamente que intentaban que el balón -relleno de pelos de animal- no tocara el piso.

Más adelante, el espyskiros o esferomaquia, que tiene similitudes con el fútbol actual, gozó de popularidad entre los griegos, mientras que los romanos tuvieron el harpastum. En este, la pelota era más chica y dos equipos jugaban en un terreno rectangular, limitado con líneas de marcación y

dividido con una línea media. El objetivo era pasar el balón al campo contrario. Fue muy popular entre los años 700 y 800 y los romanos lo llevaron a Gran Bretaña. Sin embargo, como el uso del pie era poco frecuente su ascendencia para con el fútbol actual es relativa.

No hay certezas con respecto a la primera civilización que jugó al fútbol. Cierto es que Inglaterra fue el país que reglamentó el juego en 1863 a través de la *Football Association (FA)*, pero en el documental *Los guaraníes inventaron el fútbol* —producido por la Secretaría Nacional de Cultura de Paraguay— se propone una novedosa teoría: que los primeros jugadores de fútbol fueron los guaraníes.

Esta hipótesis sostiene que este pueblo de guerreros que habitó en Sudamérica a partir del siglo XV fue el que primero comenzó a jugar a la pelota con los pies. Para decir esto se apoyan en el primer diccionario de la lengua guaraní, escrito en 1639. Allí se hace referencia al *manga ñembosarái*, un juego que practicaban los indígenas en San Ignacio Guazú, la primera misión jesuita fundada en Paraguay. Dos equipos intentaban pasarse con los pies una pelota de caucho. "Lo jugaban los varones los domingos por la tarde después de la misa y había apuestas para ver quién ganaba", describió la historiadora Margarita Miró, quien participó en la investigación para el documental.

Si nos centramos en el continente africano, en el viejo Egipto aparecieron pintadas pelotas de barro e imágenes de juegos con pelota. Algunas de ellas se pueden contemplar en los museos de El Cairo, Londres y Berlín. Son de colores, hechas de piel de animales y rellenas de salvado o de juncos. Había también pelotas de palmera trenzadas y otras de arcilla o loza fina.

También en el país de los faraones se dieron las primeras manifestaciones de juegos de pelota que aparecen representadas en murales de las tumbas de Bemi Hassan de principios del II milenio antes de Cristo. Reproducen una serie de actividades realizadas por mujeres con pequeños objetos esféricos.

Tal como sostiene Peter Alegi (autor de varios libros sobre fútbol africano como *Soccerscapes: How a Continent Changed the World's Game* y *Laduma! Soccer, Politics and Society in South Africa*) la historia del fútbol en África viene de antiguo. En 1862, un año antes de que se codificaran en Londres las reglas internacionales de este deporte, ya se jugaron partidos en las ciudades sudafricanas de Ciudad de El Cabo y Port Elizabeth.

Entre 1850 y 1880, se dio lo que la historiadora francesa Catherine Coquery-Vidrovitch llamó incubación colonial, en la que los exploradores europeos empezaron a firmar tratados de protectorado o soberanía con los jefes africanos con los que se encontraban en sus travesías. Fue en ese período que las potencias europeas se interesaron cada vez más en extender sus tentáculos por el continente africano recurriendo a las tres C: comercio, cristianismo y colonización.

Con la Conferencia de Berlín años después, se fijaron las reglas de juego por las que se regiría la posterior conquista. Fue un nuevo empuje a la penetración europea en África, dando origen a incidentes políticos, militares y diplomáticos, entre ellos y con los africanos y alcanzando acuerdos fronterizos que establecieron un nuevo mapa en el que etnias, familias y pueblos terminaron separados por límites artificiales e invisibles.

En dicho contexto, el fútbol empezó a ser utilizado como herramienta civilizadora por el imperio colonizador, para más adelante presentarse como una estrategia de resistencia contra ese mismo ente opresor. O sea que varios deportes se fueron abriendo camino por todo el continente africano de la mano del colonialismo, difundido por soldados, comerciantes, líneas férreas y escuelas misioneras. Cuando las grandes potencias europeas entraron en conflicto por su expansión colonial, la intrusión de estas en la vida cotidiana de los africanos trajo más miserias que cosas positivas. El

fútbol, sin embargo, llegó como un elemento de integración social muy apreciado.

El episodio del documental *Historia del fútbol mundial* en su capítulo sobre África comienza así:

"Los orígenes del fútbol en África se pueden rastrear hasta las lejanas playas de Gran Bretaña del siglo XIX, donde largos períodos de expansión económica habían forjado un vasto imperio. Fue una época en la que los colegios privados estaban en ascenso y donde los deportes y la religión formaban parte de un nuevo código moral. En el deporte se manifestaban valores muy apreciados por la elite colonial: estabilidad, trabajo en equipo y disciplina. Esta doctrina se expandiría por todo el mundo impulsada por los graduados de los colegios ingleses".

Misioneros, maestros, administradores y soldados extendieron el mensaje del evangelio de los deportes. Entre sus pertenencias, la Biblia compartía espacio con la pelota de fútbol o el bate de cricket. En Zambia, se dice que el famoso explorador David Livingstone a su llegada lo hizo con tres cosas: biblia, maletín de médico y balón. Fueron los misioneros quienes en la fundación de sus proyectos educativos animaban a los niños a asistir con la recompensa de jugar a algún deporte, con el fútbol siempre como opción preferida.

La población local adoptó rápidamente el fútbol y cada región le imprimió su propio estilo. Desde entonces, el fútbol no ha dejado de prosperar en África. Lo que era extranjero y ajeno pronto fue apropiado y transformado por los africanos hasta volverse propio y autóctono.

En el norte árabe, fueron los soldados los encargados de divulgar la práctica del fútbol. Los soldados franceses lo hicieron en Marruecos durante las guerras coloniales. En territorio egipcio fue introducido hacia 1880 por las tropas británicas en El Cairo. En 1882, en la isla de Zamalek, nació un club exclusivo para los miembros del ejército de Gran Bretaña: el Khedivial Sporting Club —hoy Gezira Sporting Club—. Ocho años después se creó el Alexandría Sporting Club. Y en

1907 y 1911 surgirían Al Ahly y Zamalek convirtiendo a Egipto en una de las naciones más antiguas en lo que a la práctica del fútbol se refiere.

La integración de Egipto a la escena internacional, como veremos en capítulos posteriores, fue una excepción pero no la regla que regía en el continente.

En Argelia, el primer club se fundó en 1897 en la ciudad de Orán, cuando colonos europeos del barrioSaint-Antoine dieron inicio al*Club Athlétique Liberté d'Oran* (CAL Oran). En el otro extremo del continente, en medio de la guerra boér entre los colonos holandeses y el Imperio Británico, Sudáfrica tuvo en 1900 a su primer club: el Savages Football Club.

En Ghana, la introducción del fútbol se dio en Cape Coast para extenderse luego por toda la costa. En 1903 se creó el Excelsior Club, primera asociación futbolística ghanesa y en 1911 surgió el Accra Hearts of Oak, uno de los grandes del país en la actualidad. Años antes, un maestro jamaiquino llamado John Briton, había empezado a hacer jugar a sus muchachos en una escuela pública, en campos polvorientos, con jugadores descalzos y pelotas de papel y cuerdas.

Cuando el deporte moderno y el fútbol se organizan en Europa a finales del siglo XIX, África se hallaba bajo los efectos de la colonización por lo que hubo que esperar hasta el siglo siguiente para que el fútbol africano evolucione realmente y la descolonización permita que los países independientes afirmen su identidad nacional.

Los colonos europeos que introducen el fútbol en el continente crearon primero clubes cerrados y exclusivos en las grandes ciudades aprovechando los nombres de la metrópoli: Racing, Olympique, Stade, Círculo, Unión. Con estas denominaciones encontramos, por ejemplo al Racing de Casablanca (1917), Stade Marocain (1919) y Olympique Club de Khouribga (1923) en Marruecos; Union Sportive Medinat de Bel-Abbès (1933) y Union Sportive de la Médina d'Alger (1937) en Argelia; los cameruneses Racing Club Bafoussam (1950) y

Union Douala (1957); Union Sportive Gorée (1933) de Senegal y el Cercle Sportif Don Bosco congoleño (1948), entre otros.

En Camerún, los franceses impusieron la segregación racial: los negros no tenían status de ciudadanos. Por lo tanto no podían jugar ante equipos conformados por blancos. Los blancos solo jugaban entre ellos y los negros se empezaron a preguntar: ¿por qué no intentarlo entre nosotros? Así empezaron a formarse los primeros equipos, como el Oryx de Douala, en 1927.

Tras la primera Guerra Mundial, el fútbol se convierte en un espectáculo gracias a la construcción de estadios. La administración colonial fomenta la difusión del deporte a través de las fuerzas armadas y la institución escolar. Se organizan equipos de fútbol como el equipo militar de las Fuerzas Armadas francesas en Ouagadougou creado en 1920 o el de la Unión Deportiva de Tiradores de Dakar.

En la ciudad nigeriana de Lagos se estableció una liga en los inicios de la década del veinte y en otras ciudades del país continuaron con la iniciativa, con una gran respuesta de los espectadores que acudían en masas a sus competiciones locales. Para 1942, Dakar, la principal ciudad del África occidental francesa, tenía 64 equipos compitiendo en ligas, y en ocasiones se llegó a armar un equipo con los mejores para competir con los equipos de otras ciudades como Conakry (Guinea).

Cuando en 1936 las tropas italianas de Benito Mussolini invadieron Etiopía, nadie hubiera pensado que eso traería aparejado una revolución futbolística. La segregación racial dio lugar al Saint George. Los clubes se formaban sobre la base de grupos étnicos y religiosos. En 1942 Etiopía fue liberada y se jugó el partido de la liberación, entre el St George y la comunidad italiana local. Tras ese partido empezaron a mezclarse y a jugar todos juntos.

En 1957 se da el surgimiento de la Confederación Africana de Fútbol (CAF) y empieza la era moderna del fútbol africano. “A los africanos nos resulta difícil decir cuando empezamos a jugar al fútbol porque el fútbol es parte de nosotros. Primero empezamos jugando detrás de nuestras casas y en las calles: cualquier espacio pequeño que esté libre lo usamos como campo de fútbol", dijo la gloria del fútbol ghanés Abedi Pelé. "Todo gira en torno al fútbol. Amamos el fútbol y el fútbol une a los países", cierra el nigeriano Kanú.

2. Surgimiento de la CAF

Al mismo tiempo que muchos de los actuales estados africanos empezaban a lograr la independencia hacia fines de la década del cincuenta, el deporte jugaba un papel sútil y a su vez importante en los procesos de descolonización. Hasta aquellos años, el puño de los imperios coloniales sobre los súbditos y sus deportes apretaba más fuerte en África que en ningún otro lugar del mundo.

Para esa época, la Federación Internacional de Fútbol Asociado (FIFA) ya tenía años de recorrido y seis mundiales disputados: Uruguay 1930, Italia 1934, Francia 1938, Brasil 1950, Suiza 1954 y Suecia 1958. Hasta 1909 la máxima entidad del fútbol mundial estuvo formada únicamente por asociaciones europeas, cuando llegó el primer miembro de ultramar: Sudáfrica en 1909/1910. Luego se sumaron Argentina y Chile en 1912 y Estados Unidos en 1913. Este fue el comienzo de la actividad intercontinental de la FIFA. Se daba así el primer paso en el camino de la expansión.

Hacia 1925, el primer miembro del Comité Olímpico Internacional (COI) residente en África, Angelo Bolonaki, tuvo la idea de organizar una competencia con el nombre de Juegos Africanos, donde por supuesto el fútbol iba a tener su lugar. Bolonaki era integrante de la comunidad griega en la ciudad egipcia de Alejandría y su plan alarmó a las autoridades coloniales europeas, temerosas de que un evento de este tipo provocara un brote de nacionalismo que pueda cuestionar la autoridad. Franceses e italianos apoyaron a Argel (Argelia)

como primera sede, pero a último momento se desdijeron. Cuando parecía que Alejandría sería la sede, ingleses y franceses fueron los que se opusieron. Desde el COI consideraban como mala idea la propagación en África de la doctrina del deporte internacional ya que las posibles victorias de los pueblos oprimidos sobre la raza dominante podrían llevar a actos de rebelión.

En 1954, en un Congreso de la FIFA llevado a cabo en Berna (Suiza), se votó por reconocer a África como una confederación, lo que le dio al continente el derecho de nombrar a su primer representante en el Comité Ejecutivo: el egipcio Abdelaziz Abdellah.

Dos años después, comienza a tomar forma la idea de una entidad que aglomere las actividades ligadas al fútbol en el continente africano. Con motivo de un nuevo congreso de la FIFA, esta vez en Lisboa (Portugal), el 7 de junio un grupo de dirigentes representantes de África se hacen un espacio para reunirse y establecer dos objetivos pretenciosos:

1. La creación de un organismo africano para gestionar el fútbol en el continente;
2. El lanzamiento de una competencia a nivel africano.

Para 1957, cuando se vuelven a juntar para seguir tratando los dos temas, en el continente solamente había ocho países independientes: Etiopía —nunca fue colonizado—, Liberia (independizado en 1847), Sudáfrica (1910), Egipto (1936), Libia (1951) y Túnez, Marruecos y Sudán (1956). En Jartum, la capital sudanesa, el 8 de febrero de 1957 se reúnen los siguientes dirigentes para firmar el certificado de nacimiento de la Confederación Africana de Fútbol (CAF):

- Abdelaziz Abdellah SALEM (Egipto)
- Mourad FAHMI (Egipto)
- Mustapha Kamal MANSOUR (Egipto)
- Galal KOREITEM (Egipto)
- Dr. Abdelhamid Mohamed (Sudán)
- Abderrahim SHADDAD (Sudán)
- Ahmed Mohamed EL SINGAWI (Sudán)

- F. X. FELL (Sudáfrica)
- General Aman ANDOM (Etiopía)
- Teniente Guebeyehu DOUBÉ (Etiopía)
- Ydnekatchew TESSEMA (Etiopía)

Se dedican a la elaboración de reglamentos para una competencia llamada Copa Africana de Naciones (CAN). El evento tendría como premio para el campeón un trofeo diseñado y confeccionado por un orfebre de Khan El Khalili (El Cairo) y ofrecido por el ingeniero Abdelaziz Abdellah Salem, el primer presidente de CAF. La competencia sería abierta a todas las federaciones nacionales por una tarifa nominal y simbólica.

La fórmula elegida era la eliminación directa. Pero cuando el número de participantes fuera inferior a cuatro, se aplicaría la fórmula de los enfrentamientos todos contra todos. Pocos días después de esa reunión fundamental, Sudán ya era el anfitrión de la primera edición de la CAN.

El primer conflicto para la CAF en su CAN inaugural surgió con la participación de Sudáfrica. Los sudafricanos, a través de su representante Fell, anunciaron que presentarían un equipo. El Comité exigió que debía ser un equipo multirracial y como desde Pretoria se negaron, Sudáfrica quedó excluido. Egipcios y sudaneses propusieron abandonar la fórmula inicial del sorteo que preveía dos semifinales: Egipto-Sudán y Etiopía-Sudafrica. Pero Tessema —el representante etíope—se opuso: para él, Etiopía ya tenía su lugar asegurado en la final por la baja de su rival. Su tesis prevaleció y así se puso punto final al primer conflicto político y deportivo en la historia de la CAN. Egipto se quedó con el título al vencer en la semifinales al local y 4-0 en la final a Etiopía con cuatro goles de Mohamed Al Diba.

A partir de esa CAN, la CAF fue ganando en importancia no solo a nivel deportivo sino también social y político. Como organización transnacional interviene decisivamente en la vida de los Estados. Porque en la mayoría de los países africanos, no solo el fútbol es un recurso político importante

para los líderes, sino que además es elemento de vital importancia para la financiación a través de la realización de infraestructuras y para mostrarse al continente con la participación de los equipos nacionales en las competiciones africanas.

A lo largo de su historia, los presidentes de la CAF han sido:

- Abdelaziz Abdellah SALEM (Egipto), 1957-1958
- Abdel Aziz Mostafa (Egipto), 1958 - 1968
- Abdel Halim Mohamed (Sudán), 1968 - 1972
- Ydnekatchew Tessema (Etiopía), 1972 - 1987
- Abdel Halim Mohamed (Sudán), 1987 - 1988
- Issa Hayatou (Camerún), 1988 – 2017
- Ahmad Ahmad (Madagascar), desde 2017

Según sus reglamentos, la CAF puede "autorizar o prohibir competiciones formadas por equipos (nacionales, de selección o clubes) pertenecientes a más de dos asociaciones nacionales afiliadas", asume "la responsabilidad completa y exclusiva" de "aceptar cualquier invitación para seleccionar, participar y entrenar cualquier equipo de fútbol que represente al continente africano en competiciones y / o torneos internacionales y continentales " y organiza "exclusivamente" todas las competiciones a nivel continental.

De la CAF depende la organización exclusiva de la CAN —masculina y femenina—, la CHAN (similar a la CAN pero solo para jugadores de las ligas locales), la CAN Sub 23 (clasificatoria para los Juegos Olímpicos) y los Campeonatos Juveniles de ambos sexos en las categorías Sub 20 y Sub 17. También tienen participación organizativa en las Eliminatorias mundialistas y en los Juegos Africanos. A nivel clubes: CAF Champions League, CAF Confederation Cup y Supercopa Africana. También se encarga de establecer las especificaciones que deben cumplir los países interesados en albergar los eventos que organiza la entidad.

Desde 1990, con el apoyo de la FIFA, la CAF ha tratado cada vez más de socavar la supervisión de los estados nacionales sobre sus federaciones. La interferencia del Estado está sancionada con la exclusión de todas las competiciones internacionales. Sierra Leona, Ghana, Sudán —todos en 2018— o Benín —2016—, son algunos de los países que fueron suspendidos por el máximo ente del fútbol mundial en los últimos años. Los motivos: corrupción e injerencia de los estados en cuestiones deportivas.

Más allá de los casos mencionados, la CAF se mantiene como una entidad de gran importancia en el continente que cuenta con 54 asociaciones miembro de pleno derecho más Islas Reunión —departamento de ultramar francés cerca de Madagascar y Mauricio— y Zanzíbar —isla perteneciente a Tanzania—, como miembros asociados.

3. Historia de la CAN (Copa Africana de Naciones)

Como ya se vio en el apartado sobre el surgimiento de la CAF, en 1957 comenzó a disputarse la CAN. A nivel Mundial fue la tercera competencia surgida de este tipo tras la Copa América (1916) y la Copa Asia (1956). En 1960 daría comienzo la Copa de Europa.

De 1957 a 2019 fueron treinta y dos ediciones del máximo evento de selecciones del continente con Egipto como el máximo ganador con siete títulos. Lo siguen en el palmarés histórico Camerún (5 veces campeón) y Ghana (4). Estos últimos parecen atravesar una maldición en la CAN ya que fueron campeones en cuatro de las primeras trece ediciones pero desde la última, ganada en Libia 1982, aún habiendo jugado la final en tres ocasiones más no pudieron volver a alzarse con el galardón máximo. Ni siquiera las siete semifinales consecutivas entre 2008 y 2017 les permitieron volver a campeonar.

A lo largo de estas más de seis décadas de competencia, la CAN ha tenido 14 países campeones distintos y ha contado con la participación de las más grandes figuras del fútbol continental. Tales como los egipcios Al Diba y El-Gohary, los hermanos etíopes Vasallo, los ghaneses Acquah, Gyamfi y Osei, el marfileño Laurent Pokou o los cameruneses Abega y Milla. En las últimas ediciones, jugadores de la talla de Okocha, Drogba, Eto'o, Ahmed Hassan, Aboutrika, Aubameyang, Mané, Mahrez o Salah también pasearon su fútbol en los estadios africanos que albergaron la CAN.

De la primera edición, disputada en Sudán y ganada por Egipto, a la última, albergada por Egipto y obtenida por Argelia, repasamos en líneas generales los campeones del certamen década a década y las singularidades de cada edición.

Dominio faraón en las primeras ediciones

Con la particularidad de los pocos países intervinientes ya que la mayoría se encontraba en búsqueda de su independencia, los Faraones egipcios se aprovecharon de eso y fueron el primer bicampeón de la CAN. En la edición inaugural fueron vencedores en Sudán en tanto que dos años después se coronaron como anfitriones.

Para 1957, con el conflicto de Suez latente, los estadios de Al Ahly y Zamalek estaban a disposición del ejército egipcio y Sudáfrica fue descartado por la cuestión del apartheid, por lo que la sede recayó en Sudán. Con la figura estelar de Ad-Diba (luego directivo de una compañía hídrica, periodista y árbitro), los Faraones se consagraron en la primera edición de la CAN.

Dos años después, en El Cairo, fue El Gohary el estandarte de un Egipto que sería el primero de los diez anfitriones que se quedó con la CAN en esa condición. Fue jugada en el mes de mayo. Como dato anecdótico, el árbitro de la final (el yugoslavo Zivko Bajic) y los entrenadores de los tres países intervinientes fueron extranjeros:

- El checo Jiri Starosta (Etiopía)

- Los húngaros Josef Hada (Sudán) y Pal Tikos (Egipto)

Años 60: Bicampeonato de Ghana

En 1962 se dio la primera vez de Etiopía como local y título de la mano del yugoslavo Slavko Milosevic. En la semifinal se impusieron 4-2 a Túnez, dirigido por otro yugoslavo: Frane Matosic. En la final, con goles de Italo y Luciano Vassallo, Tekle y Worku los etíopes destronaron a Egipto para quedarse con el único título de su historia.

Los siguientes dos títulos fueron para Ghana, que se convirtió en el segundo bicampeón de la CAN. En 1963 como local y dos años después en Túnez. En la primera de ellas, con goles de Edward Acquah (2) y Edward Aggrey-Fynn, venció 3-0 a Sudán en el encuentro definitorio. En esta edición, se dio el partido con mayor cantidad de goles en la historia del certamen cuando Egipto le ganó 6 a 3 a Nigeria en el arranque del Grupo B.

Y en 1965, con la aparición de nuevos países como Senegal, Costa de Marfil y CongoLeopoldville (hoy RD Congo), la víctima en la final serían los tunecinos. La campaña ghanesa fue a puro gol: 5-2 a los congoleños y 4-1 a los marfileños en la zona más un trabajado 3 a 2 a las Águilas de Cártago en la final. Osei Kofi y Ben Acheampong Simmons fueron los goleadores con tres cada uno. El fútbol ghanés atravesaba un gran momento que entre ambos títulos tuvo la participación de las Black Stars en los Juegos Olímpicos de Tokio, cayendo en cuartos de final con Egipto.

La última edición de esta década (1968) tuvo por primera vez una sede repetida: al igual que en 1962 Etiopía albergó el certamen. Además, se pasó de seis a ocho países intervinientes. Pero en esta ocasión los etíopes no se pudieron quedar con el título que fue para el Congo-Kinshasa (otra de las denominaciones que tuvo el actual RD Congo) del húngaro Ferenc Csamadi. Los seis goles del marfileño Laurent

Pokou no les alcanzaron a los Elefantes, que al igual que dos años antes culminaron en el tercer puesto.

Años 70: Tres nuevos campeones y dos que reinciden

La década del setenta fue la primera en la que se consagraron cinco campeones distintos. En 1970, Sudán se convirtió en el tercer anfitrión en quedarse con la CAN al vencer en la final 1-0 a Ghana. El checo Starosta fue el técnico de aquel equipo que tuvo entre sus figuras a Ali Gagarin y El Issed. «Como recompensa recibimos doscientas libras sudanesas, el equivalente a unos tres dólares. Fue una gran cantidad para ese momento. Algunos, por ejemplo, incluso lograron hacerse su casa", recordaría tiempo después el capitán sudanés Negm El-Din Hassan.

Para 1972, Camerún se preparó con todo para recibir la fiesta del fútbol africano. Hubo un aumento considerable en el número de participantes, con Eliminatorias de 24 seleccionados para definir a los ocho clasificados. Fue Congo-Brazzaville, de la mano de su figura Francois M'Pelé, el que se adjudicó el título al imponerse 3-2 en la final al Malí de Salif Keita.

Dos años después, y ya con 27 países afiliados a la CAF, el territorio egipcio volvía a ser sede después de 15 años. El principal objetivo de los Faraones era despegarse de Ghana en el palmarés —ambos sumaban dos Copas para ese entonces—, pero apareció el Zaire de Pierre Ndaye Mulamba que al mando de Blagoje Vidinic sumó su segundo galardón y los igualó en la cima. Los Leopardos vencieron en la final 2-0 a Zambia.

Hubo que esperar siete ediciones para que el rey de África vuelva a ser del norte del continente. Tras el bicampeonato de Egipto en el nacimiento de la CAN, en Etiopía 1976 apareció Marruecos para consagrarse con un estelar Ahmed Faras, que venía de quedarse con el Balón de Oro al mejor jugador africano el año anterior. Los marroquíes ganaron el Grupo B con un empate a dos ante Sudán y triunfos sobre Nigeria y Zaire para pasar a la fase final. Allí clasificaron junto a los nigerianos a los que volvieron a vencer, como así también a Egipto (2-1) para llegar a la última fecha con un punto de ventaja sobre Guinea. Los guineanos se estaban llevando la CAN por un tanto de Souleymane Cherif en el primer tiempo hasta que en los minutos finales apareció Mohamed Baba para darle la única CAN a los Leones del Atlas al mando del rumano Gheorghe Mardarescu.

En 1978, Ghana tuvo un regreso triunfal tras ocho años de ausencia en la CAN. Fue el anfitrión y se quedó con el tercer título de su historia con Karim Abdul Razak y Opoku Afriyie como figuras. Alto Volta (hoy Burkina Faso) tuvo su primera aparición en la CAN y en la final los ghaneses se impusieron 2-0 a Uganda, que gracias a los goles de Phillip Omondi (4) y Godfrey Kisitu (3) protagonizó su mejor actuación histórica. El partido por el tercer puesto entre Nigeria y Túnez se vio interrumpido cuando los jugadores tunecinos (con el encuentro 1 a 1) abandonaron el campo de juego del Accra Sports Stadium disconformes con la actuación del árbitro. Dicho accionar ocasionó una sanción de dos años sin participación en competencias continentales de la CAF a los tunecinos.

Años 80: Hegemonía del África Negra

Al poderío ghanés hasta ese entonces, en esta década se sumarían dos países emergentes futbolísticamente hablando: Nigeria y Camerún. Entre los tres se llevaron cuatro de las cinco ediciones disputadas entre 1980 y 1988. Solamente Egipto se pudo entrometer entre ellos en 1986.

Las Súper Águilas fueron anfitrionas en 1980 por primera vez y con ello llegó su primer título en la CAN. El serbio Tihomir Jelisavcic, también conocido como Padre Tiko entre los nigerianos, hizo un buen trabajo en su mandato entre 1974

y 1978 con dos terceros puestos que sentaron las bases para que el brasileño Otto Gloria lidere a sus dirigidos a obtener la primera CAN de su historia. Con un gran trabajo de Muda Lawal, el Matemático Segun Odegbami y Christian Chukwu, entre otros, la víctima en la final fue Argelia, que quedó subcampeón luego de caer 3 a 0.

En 1982, llegaría la Libia de Gadafi para convertirse en el tercer país del norte de África en ser el organizador de la CAN. Los locales tenían en Fawzi Al-Issawi a la máxima figura del plantel liderado por el húngaro Bela Gotl. Fue también el último título para Ghana, que así pasó a liderar el palmarés con cuatro títulos. El torneo empezó y terminó con el mismo partido: Libia vs Ghana. En la fecha 1 del Grupo A empataron 2 a 2 y en la final fue 1-1 con triunfo de las Black Stars 7-6 en los penales. El entrenador del equipo ghanés fue Charles Gyamfi —el mismo que lideró los títulos en 1963 y 1965— que tuvo a George Alhassan como goleador con cuatro festejos. Además de Alhassan, los defensores Sampson Lamptey y Haruna Yusif más los mediocampistas Samuel Opoku Nti y Emmanuel Quarshie fueron parte del equipo ideal.

En un principio Ghana no iba a participar por las malas relaciones entre el gobierno de Hilla Limann y el de Gadafi. El presidente ghanés acusó a su par libio de apoyar acciones subversivas en su país pero tras el golpe de estado perpetrado por Jarry Rawlings las cosas cambiaron y los países retomaron las relaciones para que las Black Stars dijeran presente en su CAN número siete.

Para Costa de Marfil 1984, Camerún llegó con la base del equipo que había empatado sus tres partidos en el Mundial de España 1982 y, a pesar de que debutó con derrota 1-0 ante Egipto, con el paso de la competencia se fue afianzando para quedarse con su primera CAN de la mano del yugoslavo Radivoje Ognjanovic. El arquero Bell, el doctor Theophile Abega y un "joven" Roger Milla fueron los estandartes de una campaña que incluyó triunfo en semis ante Argelia en los penales y un contundente 3-1 sobre Nigeria en el duelo por el título.

Tras el bicampeonato en las primeras ediciones del certamen, Egipto tuvo que esperar 27 años para alcanzar su tercera CAN. En su tercera vez como anfitrión, la edición de 1986 los tuvo como campeones de la mano de un entrenador inglés: Mike Smith. El camino de los locales comenzó con caída 1-0 ante Senegal, pero luego llegó la recuperación con sendos 2 a 0 sobre marfileños y mozambiqueños. Taher Abouzaid, con tres goles, fue el pichichi de la campaña, que en semifinales siguió con un ajustado 1-0 sobre Marruecos. Con el presidente Hosni Mubarak en las gradas del Cairo International Stadium, los Faraones destronaron al campeón defensor Camerún en la final. "En aquel torneo temimos por nuestra vida. La delicada situación política en Egipto influyó en nuestra derrota", recordaría años después Roger Milla quien jugó la final que terminó 0-0 pero que por el 5-4 en los penales decretó el tercer título para los Faraones. Con casi 100.000 espectadores en el Cairo International Stadium, el árbitro tunecino Ali Bennaceur —que pocos meses después dirigiría el famoso Argentina 2-Inglaterra 1 del Mundial de México— fue el encargado de impartir justicia.

En el año 1988 la CAN tenía asignado a Zambia como país anfitrión pero finalmente tuvo, por primera y única vez a la fecha, a Marruecos como sede. Los Leones del Atlas querían su segundo título ante su gente pero tuvieron que conformarse con el cuarto puesto tras perder con Camerún en semis —gol de Milla— y en los penales con Argelia por el tercer puesto. A Camerún le bastaron solamente cuatro goles en la competición para jugar su tercera final consecutiva y quedarse con su segunda CAN. Roger Milla (2), Kundé y Makanaky fueron los goleadores de los Leones Indomables y además de los dos primeros Bell, Tataw, Mbouh y Mfede estuvieron en el equipo ideal del certamen. En la final, disputada en el Mohamed V de Casablanca, Kundé de penal le dio el triunfo 1-0 sobre Nigeria.

Años 90: Nuevas potencias al acecho

La década del noventa comenzó con el primer título para Argelia y Costa de Marfil, siguió con la segunda CAN para Nigeria y el regreso tras el apartheid de Sudáfrica para cerrar con un nuevo título para Egipto luego de 12 años.

El 19 de marzo de 1990, con la presencia de cien mil espectadores en su casa, Argelia se tomó revancha ante Nigeria diez años después y le ganó por 1 a 0 la final. Con un aliento ensordecedor en el *Stade du 5-Juillet-1962*, los Zorros del Desierto dirigidos por Abdelhamid Kermali se impusieron con un tanto del 10 Oudjani en el primer tiempo. Capitaneados por Rabah Madjer —mejor jugador del certamen—, el seleccionado argelino comenzó con una goleada 5-1 sobre el mismo rival de la final —dobletes de Madjer y Menad y el restante de Amani— y luego siguieron triunfos sobre Costa de Marfil y Egipto en el Grupo A. Un 2-1 sobre Senegal en semis lo depositó en la segunda final de su historia para alzarse con su primer cetro continental.

Para Senegal 1992, el número de participantes subió de ocho a doce y el formato de juego pasó a ser con cuatro zonas de tres seleccionados. A cuartos de final clasificaron los dos mejores de cada zona. El campeón defensor debutó cayendo por goleada ante Costa de Marfil por 3-0 y quedaría último en el Grupo C que completaba Congo. Los marfileños, sin casi ningún nombre rutilante —Abdoualaye Traoré, Joel Tiehi, Alain Goaumene—, volvería a marcar solamente un gol en todo el torneo (1-0 a Zambia en cuartos) pero superó a Camerún y Ghana en los penales para ser campeón por primera vez de la CAN.Los Elefantes, dirigidos por Martial Yeo, no mostraron un gran fútbol pero fueron efectivos y difíciles se vulnerar —solamente recibieron un gol en contra—. En la final, la Ghana de Anthony Baffoe, Abedi Pelé y Tony Yeboah era la favorita pero fue triunfo de Costa de Marfil.

En Túnez 1994, el campeón defensor tuvo un buen comienzo y parecía que se encaminaba hacia el bicampeonato. Sin embargo, en semis se cruzó con Nigeria que lo dejó afuera en los penales tras empatar en dos goles.Con una gran generación de futbolistas, liderados por Okocha, Yekini, Amunike y Amokachi, entre otros, las Súper Águilas nigerianas se quedaron en suelo tunecino con su segunda CAN en lo que fue una premonición de lo que vendría para el fútbol del país, con su primera participación mundialista en Estados Unidos 1994 —cayó en octavos de final con Italia— y la medalla de oro olímpica dos años después en Atlanta venciendo a Argentina. En la final, disputada en el Stade olympique d›El Menzah, el rival fue Zambia que comenzó arriba en el marcador por un cabezazo de Litana, pero un doblete de Amunike posibilitó el triunfo del elenco del holandés Clemens Westerhof. Como dato anecdótico, en esta edición se dio el gol más rápido en la historia del certamen, cuando el egipcio Ayman Mansour, a los 23 segundos, abrió el marcador en lo que sería goleada 4-0 sobre Gabón en la zona B, que también integró el campeón Nigeria.

La edición de 1996 tenía como sede asignada a Kenia, pero las inspecciones de la CAF determinaron que las instalaciones requeridas no estaban en condiciones y Sudáfrica tomó la posta para tener un debut triunfal en su regreso post apartheid. Ya con Nelson Mandela en el poder y con el antecedente exitoso de la organización del Mundial de rugby el año anterior, las ciudades de Johannesburgo, Bloemfontein, Durban y Port Elizabeth se prepararon para recibir por primera vez en la historia de la CAN a 16 seleccionados. Pero finalmente, fueron 15 por el retiro del campeón Nigeria. Debido a cuestiones de seguridad y por directrices del presidente Sani Abacha, las Súper Águilas —quizás en su mejor momento— se vieron impedidas de defender el título.

Los Bafana Bafana clasificaron primeros en su zona dejando afuera a Camerún y en cuartos de final vencieron 2-1 a Argelia con goles de Mark Fish y John Moshoeu. Para el

reconocido periodista John Carlin, la semifinal fue el partido más importante. «Hijos míos, dejo el país en vuestras manos», fue la motivación del presidente Mandela en la previa del duelo ante Ghana, que se presentaba como el favorito. Y ganaron 3 a 0, con goles de Moshoeu (2) y Shaun Bartlett. Luego en la final vencerían a Túnez 2-0 con doblete de Mark Williams. Clive William Barker lideró la epopeya desde el banquillo.

En Burkina Faso 1998, Sudáfrica llegó con el envión de la edición anterior más su primera clasificación mundialista consumada a Francia. Con los goles de Benni McCarthy —máximo artillero con 7 tantos y mejor del torneo— repitió en la final pero se topó con el Egipto de Hossam Hassan que de la mano de Mahmoud El Gohary, primero en ser campeón como jugador y como entrenador, sumó su cuarto título para igualar a Ghana en la cima del historial. El seleccionado egipcio, con el poderío goleador de Hossam Hassan -7 goles- quedó segundo en la zona D detrás de Marruecos, para luego derrotar a Costa de Marfil en los penales en cuartos, 2-0 al local en semis y mismo resultado para la final sobre Sudáfrica.

Años 2000: De Faraones y Leones Indomables

En el comienzo del nuevo milenio llegó la primera edición con sede compartida. Sin embargo, ninguno de los anfitriones (Ghana/Nigeria) pudo quedarse con el título y vieron como Camerún obtuvo la tercera CAN de su historia, con jugadores de la talla de Rigobert Song, Patrick M'Boma y Samuel Eto'o. Luego de una etapa clasificatoria que contó con la intervención de 43 de las 56 federaciones asociadas a la CAF, 16 seleccionados se congregaron en las ciudades de Accra, Kumasi, Lagos y Kano y fueron nigerianos y cameruneses los que protagonizaron una de las mejores finales en la historia de la CAN en el National Stadium de Lagos. Los

Leones Indomables hicieron un gran primer tiempo y se fueron al descanso 2-0 arriba por los tantos de Eto'o y M'Boma, pero sobre el final descontó Chukwu y ni bien comenzó el complemento un zurdazo de Okocha dejó las cosas 2 a 2. En los penales, Kanú e Ikpeba erraron por el lado de las Súper Águilas y Rigo Song marcó el 4-3 definitivo para el triunfo de los dirigidos por el francés Pierre Lechantre.

Para Malí 2002, se destinaron casi 92 millones de euros para el fomento del deporte y del fútbol en particular. Ya para este entonces, la buena organización de una CAN repercutía en pos de potenciar la imagen de los países. Los Leones Indomables, ahora bajo el mando del alemán Winfried Schafer, repitieron y se transformaron en el tercer bicampeón de la CAN luego de Egipto (1957-1959) y Ghana (1963-1965). En una campaña para enmarcar, Camerún ganó todos sus partidos en el camino a la final con 9 goles a favor y la valla invicta. Salomon Olembé y M'Boma fueron los máximos artilleros con tres goles cada uno y en el encuentro definitorio, disputado en Bamako, tras el empate sin goles fue victoria 3-2 sobre Senegal en los penales.

Muchos recuerdan de esta edición la imagen de Thomas N'Kono esposado por la policía maliense. Esa situación se dio en la semifinal que el campeón le ganó por 3-0 al local —goles de Olembé (2) y Foé—, cuando el ahora colaborador fue acusado de intentar hacer brujería con algún elemento que le fue incautado por las fuerzas de seguridad. El ex arquero fue puesto en libertad rápidamente y Camerún se encaminó a un nuevo título.

Tras el bicampeonato de Camerún, en 2004 la tercera fue la vencida para Túnez. Luego de organizar las ediciones de 1965 y 1994 sin pena ni gloria llegó el turno del primer título continental para las Águilas de Cártago. Gracias al trabajo de una buena generación (incluidas las participaciones mundialistas en Estados Unidos 1994, Francia 1998 y Corea-Japón 2002) los dirigidos por el francés Roger Lemerre y el Marruecos de Badou Zaki, se midieron en la final con triunfo local

2-1 por los goles de Jaziri y Francileudo Dos Santos. Khaled Badra, Bouazizi y el brasileño nacionalizado Santos fueron los representantes del campeón en el equipo ideal.

En 2006, mientras Ghana, Costa de Marfil, Togo y Angola ya tenían asegurada su primera participación mundialista en Alemania, Egipto seguía sin poder volver a decir presente en un Mundial —solamente había estado en Italia 1934 y 1990— pero iniciaba una época dorada en la CAN. Si en 49 años de historia del torneo los Faraones habían logrado cuatro títulos, en un periodo de cuatro años (2006-2010) con El Hadary en el arco, Gomaa en defensa, Ahmed Hassan y Aboutrika en el mediocampo y Zidan o Zaki en la delantera, el seleccionado egipcio marcó una época de gloria con un tricampeonato que dio inicio en la edición que organizaron en 2006 y se prolongó con los títulos en Ghana 2008 y Angola 2010.

El primer campeonato de los tres, ante su gente, incluyó cuatro triunfos y dos empates. Marruecos rescató un 0-0 en la fase de grupos mientras que igual resultado se dio en la final ante Costa de Marfil. Aboutrika marcó el definitivo 4-2 en la serie de penales para los dirigidos por Hassan Shehatta que le dieron a Egipto la quinta CAN de su historia. Fue la última para el mítico goleador Hossam Hassan que compartió plantel con jóvenes como Ahmed Fathi, Emad Moteab o Amr Zaki.

En Ghana 2008 —primera CAN con una pelota exclusiva para el certamen denominada Wawa Aba— la campaña de los Faraones fue similar pero en la final no tuvieron que hacer uso de los penales, aunque sí les costó vulnerar el arco defendido por Kameni. Recién sobre los 76 minutos apareció Aboutrika para posibilitar el triunfo 1-0 sobre Camerún. En la CAN con mejor promedio de gol de la historia (99 goles/ 3.09 por partido) el mejor jugador fue Honsy Abd Rabo del campeón y el pichichi, con 5, el camerunés Eto'o.

Última década repartida

En la última década de competencia se dieron dos sucesos relacionados con una paridad cada vez mayor a nivel continental. No hubo ningún anfitrión que se pudiera quedar con el título y en siete ediciones hubo siete campeones diferentes.

En un nuevo año mundialista, Egipto volvió a confirmar su amplio dominio continental en Angola 2010 poco después de haberse quedado afuera del primer Mundial en África a manos de Argelia. En territorio angoleño, y con una previa algo manchada por el retiro de Togo, por tercera vez con Shehata en el banco no hubo quien pudiese con los Faraones. A la base de los títulos anteriores se sumó el gran trabajo de Gedo, goleador del certamen con 5 y autor del 1-0 en la final ante Ghana.

El presidente Mubarak, fanático del fútbol, solía aparecer en los momentos importantes del seleccionado. Más en tiempo de títulos. Durante su mandato, el Estado hizo grandes esfuerzos por apropiarse del deporte con el objetivo de obtener el apoyo de sus ciudadanos. Esto es lo que Achille Mbembe llamó vulgarización del poder: cuando el Estado desciende al nivel del pueblo para consolidar su legitimidad, en especial cuando esa legitimidad se basa en la opresión y es, por consiguiente, frágil.

Entre 1981 y 2011 —lo que duró el gobierno de Mubarak—, Egipto ganó cinco de sus siete CAN. Pero luego del tricampeonato y quizás perjudicados por los inconvenientes aparejados con la Primavera Árabe y el derrocamiento de Mubarak, los Faraones pudieron ganar solamente un partido en el Grupo G de las Eliminatorias rumbo a la siguiente CAN y quedaron afuera por primera vez en 14 ediciones. Nadie hubiese imaginado que el tricampeón encadenaría tres ediciones sin poder clasificar a su torneo preferido.

Para 2012, por segunda vez en la historia la CAN tuvo una sede compartida. Si en 2000 habían sido Ghana y Nigeria, doce años después los elegidos fueron dos países con poca tradición futbolística: Gabón y Guinea Ecuatorial. Los gaboneses habían participado en cuatro ediciones anteriores (1994, 1996, 2000 y 2010), en tanto que los ecuatoguineanos estaban ante su primera participación. Sin Egipto, los principales candidatos eran Ghana y Costa de Marfil. Pero Zambia, al mando del francés Hervé Renard, fue la revelación y el verdugo de ambos para sorprender al mundo entero y quedarse con la primera CAN de su historia. En semis fue 1-0 sobre las Black Stars con gol de Katongo mientras que en la final los Elefantes sucumbieron recién en la maratónica tanda de penales. El arquero Kennedy Mweene, el central Sunzu, Emmanuel Mayuka y el capitán Chris Katongo fueron los puntos altos del seleccionado campeón.

Otra vez sin Egipto entre los participantes, y con un nuevo cambio de sede —el designado era Libia pero la inestabilidad política que atravesaba el país árabe desde 2011 hizo que tomara la posta Sudáfrica—, la edición de 2013 tuvo a Durban, Johannesburgo, Rustenburg, Nelspruit y Port Elizabeth como las ciudades sedes. Además, se pasó a jugar en años impares para que no coincida con los años de Mundiales y todos pudieran contar con sus principales estrellas.

En la previa, Adidas realizó una votación para elegir el nombre que llevaría el balón exclusivo para el torneo. La marca alemana propuso tres nombres: Khanya, que significa Brillo, Luz; Motswako, que significa Mezcla; y por último el ganador, Katlego, que significa Éxito. La mascota Takuma —un hipopótamo— fue diseñada por un joven de 13 años llamado Tumelo Nkoana.

Yendo a lo estrictamente futbolístico, se dio el debut de Cabo Verde con una destacada participación llegando hasta los cuartos de final. Misma instancia en la que quedó afuera el local —en los penales ante Malí— no pudiendo ni siquiera quedar cerca de su anterior vez como local cuando fueron campeones. Y fue la Nigeria de Stephen Keshi la que se quedó con el título para que las Súper Águilas sumen su tercer trofeo tras 1980 y 1994. El camino empezó con dos empates (sendos 1-1 con Burkina Faso y Zambia) y un 2-0 ante Etiopía para pasar como segundo de la zona C detrás de los burkineses. Siguieron Costa de Marfil y Malí, en cuartos y semis, para volver a cruzarse con Burkina Faso; esta vez con victoria 1-0 por el gol de Sunday Mba. El arquero Enyeama, el lateral Ambrose, los medios Mikel y Moses más el delantero Emenike —goleador con 4 junto al ghanés Wakaso— dominaron en el equipo ideal que también contó con el mejor del certamen: el burkinés Jonathan Pitroipa.

Ya en suelo nigeriano, tanto el plantel como Keshi, fueron galardonados por el presidente de la Nación: Goodluck Jonathan. Dinero en efectivo y tierras para los jugadores fueron algunos de los premios. Veintidós jugadores recibieron la distinción *Member of the Order of the Nigeria* (MON) mientras que Keshi la *Commander of the Order of the Nigeria* (CON). Los asistentes del entrenador y el capitán Yobo la *Officer of the Nigeria* (OON). Además, cada miembro del equipo recibió una parcela de tierra del gobierno nigeriano. El presidente también anunció una donación en efectivo de 10 millones de nairas (u$s 62.500) a Keshi y 5m de nairas (31.250 dólares) a cada uno de los jugadores.

La CAN 2015 iba a ser la oportunidad para Marruecos de volver a ser sede tras 27 años. Con las Eliminatorias ya en marcha, el ébola irrumpió nuevamente en el continente (ver capítulo Fútbol y ébola) y en octubre de 2014 desde el Ministerio de Juventud y Deportes marroquí se pidió el aplazamiento con el objetivo de tomar precauciones y ser responsables a fin de evitar las reuniones a las que asistan los países afectados por el virus. La propuesta era que se jugara en junio del 2015 o en enero del 2016. Hasta desde la Conferencia Episcopal de Ghana —uno de los países que empezó a sonar como sede— pidieron que se posponga el certamen. Pero la CAF se mantuvo firme en las fechas. "Posponer este

evento sería matar al fútbol africano, se abrirá la puerta para que todo el mundo pida retrasar cualquier competición y ya no seremos creíbles y no organizaremos nada. Perjudicaremos a nuestros patrocinadores; todo el mundo dirá que no estamos preparados y la CAF es la que pagará por ello. Esto es lo que dije a los marroquíes", afirmó en ese momento el presidente Issa Hayatou. "Ellos dijeron que la razón de su pedido era el ébola. Pero cuando vemos también que Marruecos continúa por las vías normales el proceso de organización del Mundial de Clubes, sólo 25 días antes de la CAN, entendemos que ese es un argumento que debe ser borrado rápidamente", concluyó tajante el directivo camerunés.

Angola, Gabón, Guinea Ecuatorial, Nigeria y Egipto, empezaron a sonar como posibles anfitriones. Y hasta en algunos medios circuló también el nombre de Qatar. Pero tras un encuentro con Teodoro Obiang Nguema, presidente de Guinea Ecuatorial, Hayatou expresó su más sincero agradecimiento y profundo reconocimiento a los ecuatoguineanos por aceptar ser los anfitriones de la CAN una vez más, tal cual lo fueron en el año 2012, cuando co-organizaron junto a Gabón.

Así, el Nzalang Nacional pasó de ser descalificado por la mala inclusión de Thierry Fidjeu Tazemeta en el duelo ante Mauritania por la primera ronda de las Eliminatorias a ser el anfitrión de la CAN 2015. Tazemeta, nacido el 13 de octubre 1982 en Mbouda (Camerún), era un habitual en el plantel y la FEGUIFUT no presentó las pruebas necesarias para certificar que los papeles del delantero estaban en orden ante el reclamo de la Federación de Fútbol de Mauritania. La CAF comunicó que nunca había recibido ninguna prueba por escrito de que la FIFA autorizaba al jugador a representar a Guinea Ecuatorial. Lo llamativo es que Fidjeu había jugado la CAN 2012.

Cuando la pelota empezó a rodar, los marfileños ganaron el parejo grupo D (hubo cinco empates 1 a 1) con un trabajado triunfo 1-0 sobre Camerún para dejarlo afuera. Guinea y

Malí terminaron igualados en todo y hubo que recurrir a un sorteo, tal como establecía el artículo 74 del Reglamento. El mismo se llevó a cabo en el Hotel Hilton de Malabo, con la presencia del presidente de la CAF, Issa Hayatou y el secretario general de la entidad, Hicham El Amrani. Los guineanos se vieron beneficiados por la suerte pero en cuartos se toparon con Ghana, que también ganó en semis al local para acceder a la final. Por la otra llave, los Elefantes de Hervé Renard dejaron en el camino a Argelia y RD Congo. De esa manera se dio la reedición de la final de 1992. Y el final fue el mismo, triunfo marfileño en los penales tras igualdad sin goles. Ghana, por su parte, perdía su tercera final tras su último título en Libia 1982.

Una de las curiosidades de la edición número 30 de la CAN fue la inclusión de dos arqueros en el equipo ideal: el marfileño Sylvain Gbohouo y el congoleño Robert Kidiaba. Del campeón también estuvieron Serge Aurier, Kolo y Yaya Touré, Max Alain Gradel, Gervinho y Wilfried Bony.

Y en otro hecho histórico, el francés Hervé Renard se convirtió en el primer entrenador en ganar la CAN con dos selecciones distintas. ¿Uno de sus secretos? La camisa blanca que había empezado a usar cinco años atrás. "Debutamos frente a Túnez y empatamos. Ese día llevé la camisa blanca. Pero perdimos el siguiente partido —3-2 ante Camerún—, en el que yo había cambiado y llevaba una azul. Para el tercer partido volví al blanco y ganamos —2-1 a Gabón—, así que ya no me la quité", contó sobre su experiencia al mando de Zambia en la CAN 2010. Aquellos Chipolopolos perderían en cuartos de final ante Ghana pero Renard fue por más y llevó esa prenda en todos los encuentros disputados en el título zambiano en 2012 y repitió la cábala en el título con Costa de Marfil tres años después. "Esta camisa me ha dado suerte siempre, así que lo único que me preocupa realmente, antes de cada partido, es que esté limpia para poder usarla. Uno no debe correr riesgos innecesarios", señaló Hervé.

En 2017, otra vez Libia no podía garantizar las condiciones mínimas de seguridad y Gabón fue designado en su lugar. El 21 de enero, un grupo de hackers rusos llamado New World Hackers realizó un ataque informático contra el sitio de la CAF. El mismo no estuvo operativo por unas horas y al ingresar aparecía el siguiente mensaje: "No quiero disputar la Copa de África en un país en el que el dictador Ali Bongo mata diariamente a personas inocentes".

Con el debut de Guinea Bissau como dato de color y la participación de Marruecos —apeló al TAS y pudo estar luego de los sucesos del cambio de sede en la edición anterior cuando la CAF los sancionó—, el local no pudo superar la fase de grupos. Lo mismo que el campeón defensor Costa de Marfil. Fue Hervé Renard, el entrenador que los había llevado al título en 2015, el que se encargó de eliminarnos, ahora al mando del seleccionado marroquí.

Marruecos, a su vez, perdió en cuartos de final con el Egipto de Héctor Cúper que volvía luego de tres ediciones ausente. Burkina Faso fue el siguiente escollo de los Faraones que en la final se vieron las caras con Camerún. Los Leones Indomables, al mando del belga Hugo Broos, superaron 2-0 a Ghana en semis y en el duelo por el título comenzaron perdiendo —gol de Elneny— pero lo dieron vuelta 2-1 por N'Koulou y Aboubakar. Así, el seleccionado camerunés sumó su quinto título tras 1984, 1988, 2000, 2002 y se tomó revancha de las dos finales perdidas ante los egipcios, en Egipto 1986 por penales y en Ghana 2008 1 a 0 por un tanto de Aboutrika.

En un certamen discreto, el campeón solo tuvo a tres representantes en el equipo ideal: el arquero Ondoa, el central Michael Ngadeu-Ngadjui y el extremo Christian Bassogog, que además fue el MVP del torneo.

La última CAN tuvo varias particularidades. Camerún fue la sede designada por lo que el campeón iba a poder defender el título en su casa por primera vez en la historia de la Copa. En julio de 2017, el comité ejecutivo de la CAF aprobó la expansión de 16 a 24 equipos como así también el traslado del certamen de inicios del año a junio-julio.

Sin embargo, el 30 de noviembre de 2018, la entidad madre del fútbol del continente anunció el retiro de la localía a Camerún y todas las asociaciones miembros fueron invitadas a presentar sus candidaturas hasta el 14 de diciembre. Los más críticos al gobierno de Paul Biya manifestaron que lo que decidió la CAF fue acertado porque el país atravesaba muchos problemas sociales que se deberían haber resuelto antes de querer organizar un evento de tal magnitud.

En ese contexto, Sudáfrica, Marruecos y Egipto picaron en punta para hacerse con la sede. Pero fue finalmente el país de los Faraones el elegido, para ser anfitrión por quinta vez en la historia tras 1959, 1974, 1986 y 2006. Superó así a Ghana que organizó en cuatro ocasiones: 1963, 1978, 2000, 2008. Otra implementación histórica fue la del VAR desde cuartos de final.

Entre los participantes hubo tres debutantes: Mauritania, Burundí y Madagascar. Pero estos últimos fueron los únicos que pudieron superar la fase de grupos. Los malgaches ganaron su zona por sobre Nigeria y Guinea y fueron una de las revelaciones del certamen. Los locales tuvieron una buena primera fase con Salah como bandera pero se despedirían rápido, mientras que el campeón defensor Camerún también cayó en octavos ante Nigeria. Marruecos, Argelia y Senegal se empezaban a perfilar como candidatos en tanto que Benín, aún sin ganar partidos, fue avanzando hasta terminar entre los ocho mejores.

En primera persona

Desde que comencé con Sporting África, en septiembre de 2009, siempre había soñado con estar en una CAN. Tuvo que pasar una década para poder alcanzar ese anhelo. ¡Y acreditado como periodista! En mi primer día en El Cairo lo

primero que pude advertir fue que Salah estaba en todos lados. La máxima figura del fútbol egipcio decía presente en el aeropuerto, en las vidrieras, en las latas de bebidas, en los paquetes de snacks y hasta en un mural en el que parecía esconderse detrás de unos arbustos tras la eliminación de los Faraones a manos de Sudáfrica.

A mi llegada, la CAN 2019 ya no tenía a su anfitrión en carrera y eso lo noté en el Centro de Acreditación. Si no hubiese sido por el mapa que me hizo el colega italiano Álex Cizmic me hubiese sido aún más difícil llegar. Ya de por sí el predio del Cairo International Stadium es grande y tras pasar el control de los militares en el ingreso —algo contentos y extrañados de recibir a un argentino— empezó la búsqueda del sector de impresión de las acreditaciones. Al no haber competencia este día en dicha sede, casi no había movimiento pero luego de bajar y subir más de veinte laberínticas escaleras encontré el lugar.

Impresión de la credencial y vuelta al hotel en UBER, que tardó en llegar pero me dió tiempo a ver en el camino cómo Costa de Marfil le ganaba 1-0 a Malí para meterse entre los ocho mejores. Ya en la noche, y tras una recorrida por el barrio del Talaat Harb Maal, una breve cena en un café para vivir el triunfo de Túnez sobre Ghana y así conocer el último de los clasificados a cuartos de final, instancia que podría vivir desde el mismo lugar de los hechos.

En el segundo día en El Cairo, al no haber actividad, nos dedicamos junto a mi novia a conocer un poco lo que es la cultura egipcia visitando el Barrio Copto, el Museo Egipcio y algunos otros lugares tradicionales de la capital de Egipto, como la Ciudadela y las mezquitas de Alabastro y Amr Ibn Al As. Al subir a la combi para la excursión, el guía Ali nos dio algunas explicaciones sobre el significado del nombre Egipto y su otra denominación: El Misr -nombre oficial en árabe-. Nos comentó que la tierra de los Faraones es un país afroasiático ya que está ubicado mayoritariamente en el extremo noreste de África mientras que en Asia, se encuentra en la península del Sinaí. Además, limita con Sudán al sur, con Libia al oeste y con Palestina e Israel al noreste. En el norte y en el sureste, bañan sus costas el mar Mediterráneo y el mar Rojo, respectivamente.

El tema de la CAN surgió enseguida y Ali dijo que se veía venir la eliminación de los Faraones. Sudáfrica lo venció 1-0 en octavos de final y el anfitrión se quedó fuera mucho antes de lo esperado.

El miércoles 10 de julio comenzaron los cuartos de final, con dos encuentros: a las 18, en el 30 June Stadium, Senegal se impuso 1-0 a Benín con gol de Gana Gueye. Y luego de terminado el partido había una hora de espera para el siguiente partido que era en El Cairo International Stadium, así que nos tomamos un UBER a la salida del primer estadio y fuimos al segundo partido del día y de cuartos de final dónde se verían las caras Nigeria y Sudáfrica. Los nigerianos tuvieron un mejor inicio pero los Bafana Bafana poco a poco lo fueron emparejando. Sin embargo, Samuel Chukwueze, joven del Villarreal, abrió la cuenta para los nigerianos.

En el segundo tiempo no pasaba mucho, mientras el estadio tenía una de las capacidades más colmadas sacando los encuentros del seleccionado local. Sudáfrica empezó a acercarse más a partir de un buen juego de toques de balón y cuando parecía que no pasaba nada, un tiro libre que Bongani Zungu conectó de cabeza les dio el empate a los sudafricanos. Primeramente el árbitro lo anuló, pero intervino el VAR -utilizado por primera vez en esta instancia de la CAN- para modificar la sanción y establecer el 1-1 con poco por jugar.

Parecía que tendríamos alargue pero a los 88 en un tiro de esquina, William Troost-Ekong convirtió el segundo para el triunfo de Nigeria que se metió así en la semifinal después de estar dos ediciones ausente luego del título en Sudáfrica 2013.

En el segundo día de cuartos de final, tuvimos un viaje más largo hacia el estadio más alejado del centro de El Cai-

ro: Al Salam Stadium. A primer turno, en Suez, se midieron Argelia y Costa de Marfil. Vivimos el triunfo de los Zorros del Desierto en el centro de prensa mientras de fondo se escuchaban las quejas a la organización por priorizar a los periodistas tunecinos y malgaches para el Túnez-Madagascar que comenzaba a las 21.

Al estar cubierta toda la capacidad de la tribuna de prensa, la organización derivó a casi 300 periodistas a una tribuna aledaña muy cerca de la alegre parcialidad de Madagascar. Las Águilas de Cártago no pudieron vulnerar a la sorpresa de la CAN en el primer tiempo, pero en el complemento llegaron los goles de Sassi, Msakni y Sliti para el 3-0 que devolvió a Túnez a una semifinal luego de 2004, cuando fueron campeones como anfitriones. La vuelta -otra vez en UBER-fue larga pero entretenida junto a Alex de Calcio Africano, más los colegas Buster (Dinamarca) y Boubacar (Malí).

Entre cuartos de final y semifinal hubo tres días sin actividad por lo que tuvimos la chance de visitar las Pirámides de Giza y el mercado Khan El Khalili. En el hotel convivimos con muchos hinchas argelinos y algunos menos de Túnez, que aguardaban con ansias las semifinales: Argelia-Nigeria y Túnez-Senegal.

La noche anterior a la excursión desde la terraza del hotel pudimos divisar las pirámides, pero tenerlas ahí nomás y la primera impresión al verlas de tan cerca es impresionante. Esta zona de Giza es denominada por los locales como Al-Ahram —textualmente las pirámides—. Los tres monumentos funerarios de los Faraones Keops, Kefrén y Micerino desde hace siglos sorprenden a todos los que llegan hasta aquí. “Hay mucha gente pero el turismo ha bajado mucho, de a poco va levantando”, comenta el guía Ali. La merma se dio luego de la primavera árabe pero las cosas parecen mejorar. En una editorial del Diario El País de España que había leído por esos días, se hablaba de la “recuperación de los destinos turísticos del norte de África tras los años de inestabilidad que trajo consigo la denominada primavera

árabe. Plazas tan destacadas como Turquía o Egipto vivieron durante ese período un abundante éxodo de turistas extranjeros que arribaron a las costas españolas en busca de descanso y buenas temperaturas sin tener que renunciar a la paz y la seguridad".

El turismo es una de las principales fuentes de ingreso de Egipto y por eso su crecimiento es también una ayuda para el gobierno y para el pueblo trabajador. En sus tiempos de gloria, las pirámides llegaron a ser visitadas por 13 millones de turistas al año. Más allá de la inmensidad de las construcciones, el gran misterio sigue siendo cómo se llegó a tamaños monumentos hace tantos años y sin la tecnología de hoy en día.

La siguiente parada fue en una zona estratégica para poder tomar fotos con las tres pirámides de fondo. La sorpresa fue cuando estaba haciendo jueguitos con una pelota y un policía empezó a gritar que no se podía. Rapidamente el guía nos pidió que guardemos el balón —adquirido en un mercado de Giza por 50 libras egipcias— para no tener problemas. "Piensa que es para una publicidad o algo por el estilo. A la policía siempre hay algo que le molesta. No hace mucho quise hacerme una foto con una bandera del Fluminense que me regaló un turista brasileño y tampoco me dejaron", cuenta Ali.

Partimos rumbo a la cercana Gran Esfinge, esculpida en el desierto sobre una gran roca. Tiene cuerpo de león y cabeza de humano de cara a la Pirámide de Kefrén. Tiene 20 metros de alto y algunas leyendas dicen que la nariz habría sido destruida por tropas de Napoleón durante una batalla. Otras dicen que sería anterior, con el objetivo de desactivar la fuerza de una imagen. Según Edward Bleiberg, del Museo de Brooklyn, "los egipcios entendían que las representaciones de sus deidades tenían poder, por lo que la manera de acabar con sus capacidades no era otra más que romper su nariz, la vía por la que se respira y por la que se inicia y conserva la vida".

Tras esta interesante visita nos dirigimos al mercado más famoso de todo Egipto: Khan El Khalili. Es uno de los bazares más antiguos de El Cairo, cuyos orígenes se remontan a 1382, cuando el emir Dyaharks el-Jalili lo empezó a construir. Tras tomar un té de menta en el Café de los Espejos —reconocido por haber sido habitué en él el premio Nobel Naguib Mahfouz— culminó el paseo y volvimos al hotel.

El domingo era día de las semifinales y asistimos al segundo turno entre Argelia y Nigeria. En el primer encuentro del día, Senegal se impuso a Túnez en el tiempo suplementario con un penal errado por lado, un gol en contra y una decisión controvertida del árbitro Tessema que no les concedió un penal a los tunecinos tras una clara mano de Gueye.

Sobre las nueve de la noche cairota, y con una gran presencia de argelinos —los más numerosos— el Cairo International Stadium lucía con un marco espectacular. Los Zorros del Desierto buscaban llegar a una final después de 29 años y se fueron arriba al descanso —gol en contra de Troost Ekong—, pero en el segundo tiempo igualó Nigeria con un penal de Ighalo. Algunos hinchas de Egipto festejaron el empate, lo que ocasionó el enojo de muchos periodistas argelinos en la tribuna de prensa. Parecía que habría definición en tiempo extra, pero el capitán Riyad Mahrez no lo quiso así y con un tremendo tiro libre le dio la victoria 2-1 a Argelia para locura de los jugadores, periodistas y todo el pueblo argelino que festejó por todo el mundo.

El 19 de julio de 2019, con el Cairo International Stadium vestido de fiesta, se disputó la final y el vencedor fue Argelia. Los comandados por Djamel Belmadi se impusieron 1-0 a Senegal para quedarse con el certamen por segunda vez en su historia tras el de 1990 como locales.

Con un apoyo que se hizo sentir en las gradas, los Zorros del Desierto golpearon de entrada con un gol de Bounedjah y luego fueron los senegaleses los que llevaron el ritmo del partido pero no pudieron ser efectivos ante un Rais M'Bolhi que fue elegido como el hombre del encuentro. En el segundo tiempo, Senegal podría haber tenido la chance del empate pero el penal que el árbitro camerunés Allioum había marcado fue anulado a instancias del VAR.

Con seis triunfos y un empate —ante Costa de Marfil en cuartos—, la campaña argelina fue muy buena y culminó con 13 goles a favor y solamente dos en contra. Tuvo en Ismael Bennacer al mejor jugador del campeonato y a Mahrez y Feghouli como referentes.

De esta manera, Argelia alcanzó con dos CAN a RD Congo (1968 y 1974) y Costa de Marfil (1992 y 2015), siendo Egipto (7), Camerún (5), Ghana (4), Nigeria (3), Zambia, Túnez, Sudán, Etiopía, Marruecos, Sudáfrica y Congo el resto de los campeones a la fecha.

4. Selecciones africanas en los Mundiales

En colaboración con Diego Martín Yamus

Un continente invadido de colonias, de luchas, guerras, dictaduras, hambre, miseria, no tendría en teoría lugar para el fútbol. Sin embargo, África no sólo lo tuvo como fuente de mayor alegría y escaparate ante tanto dolor, sino que fue una de sus principales herramientas para hacerle fuerza a los poderosos en la historia más grande a nivel futbolístico: la de los Mundiales. Una historia que, a la par que la del continente, fue creciendo del casi olvido a la explosión y popularidad de hoy. De un solo país como Egipto en el 34 a los seis en 2010; de ni figurar a organizar una Copa del Mundo.

Sin embargo, la barrera de cuartos de final sigue siendo infranqueable para el continente africano. Tres países sucumbieron en dicha instancia siendo las mejores participaciones para África en la escena Mundial: Camerún en Italia 1990, Senegal en Corea-Japón 2002 y Ghana en Sudáfrica 2010.

Yendo al repaso histórico, en los inicios era Egipto el único país africano en competencias internacionales. En 1924

dieron un duro golpe a Hungría 3-0 en los Juegos Olímpicos de París. Y en 1928 en Amsterdam llegaron hasta el cuarto lugar. Así lograron una chance para el Mundial de Italia 1934. El 27 de mayo, en el estadio Giorgio Ascarelli de Nápoles, pusieron en jaque a los húngaros, quienes finalmente los vencieron 4 a 2. Abdel Rahman Fawzi marcó un doblete en el primer tiempo para remontar un 2-0 que luego no alcanzó para seguir, pero que quedó firme en la historia. Recién tomaron parte de nuevo en una previa para Suiza 54, cuando Italia los dejó afuera con contundencia.

En realidad, Egipto era el único porque casi todos los demás estaban tomados por las distintas potencias europeas. Fue luego de la Segunda Guerra Mundial, entre los años 50 y 60, que más de 30 países se emanciparon. Así, para Chile 62 varios disputaron una eliminatoria ganada por Marruecos. Pero la FIFA no creía en el nuevo territorio, y mientras allí emparejó a los marroquíes con España, para Inglaterra 66 concedió una mísera plaza conjunta para Africa, Asia y Oceanía. Tajantemente, los 15 anotados africanos se retiraron.

Un golpe tan duro conmovió a la siempre pétrea FIFA, que para México 70 les dio su lugar. Y Marruecos hizo honor a la decisión al ganar el primer punto para el continente en un Mundial, cuando Mahjoub Ghazouani le igualó a Bulgaria en el último partido de un grupo donde estaban Alemania Federal y Perú, a quienes también hicieron fuerza.

Esa gran actuación fue empañada por la de Zaire, el país del dictador Mobutu Sese Seko, que ejerció presión sobre el plantel que fue a Alemania 74. No les pagaron premios, y en protesta, durante el tercer compromiso ante Brasil, en un tiro libre en contra, el defensor Ilunga Mwepu pateó el balón antes que un contrario. Zaire terminó cayendo en los tres encuentros, sus futbolistas amenazados por los secuaces de Mobutu y dejando una floja actuación para la primera aparición de la denominada África Negra en la historia mundialista.

Por suerte, de allí y por años, Africa empezó a progresar en materia futbolística. En Argentina 78, Túnez movió de nuevo el tablero consiguiendo el primer triunfo africano, un 3-1 claro sobre México, y luego apretando a Polonia y a la gran Alemania con un 0-0 inolvidable. La FIFA tomó nota y le dio a la región dos lugares bien ganados. Y en España 82, Argelia y Camerún fueron dos dignos representantes: los de Madjer y Belloumi vencieron a los alemanes y fueron perjudicados por un lamentable arreglo entre éstos y Austria en el último encuentro del grupo; desde entonces, la entidad rectora estableció jugar a la misma hora la última fecha de cada zona. Y los de Roger Milla y Thomas N'Kono empataron los tres partidos, incluido un 1-1 con el futuro campeón Italia, y también fueron dañados con un gol mal anulado ante Perú y un penal no dado contra Polonia, ambos empates sin goles.

La tendencia alcista siguió en México 86, donde Marruecos fue el pionero (como en 1970) al pasar la fase de grupos como líder de su zona, con dos 0-0 con Polonia e Inglaterra y un sensacional 3-1 sobre el Portugal de Paulo Futre, siendo más tarde eliminado por los alemanes, luego segundos de Argentina; en cambio, Argelia no repitió su 82 y se fue rápido. Pero en Italia 90 regresó Camerún con dos apellidos notables. N'Kono mostró seguridad y Milla, con 38 años, marcó cuatro goles que lo impulsaron por primera vez a los cuartos de final, tras haber dado el golpe a Argentina en la inauguración y a Colombia en octavos. Egipto también volvió y le igualó a Holanda (campeón de la Eurocopa) e Irlanda, antes de caer por 0-1 con Inglaterra.

Entonces la FIFA tomó nota de nuevo de semejante trabajo y aumentó a tres sus lugares. Pero en Estados Unidos 1994, sólo el debutante Nigeria los hizo quedar bien arribando a octavos. Camerún recibió dos goleadas con Brasil y Rusia, y a pesar de que Roger Milla marcó el gol como más veterano ante éstos, a la vuelta le incendiaron la casa al arquero Joseph Bell. Marruecos fue el tercero y jugó muy bien, pero cayó en los tres cotejos, incluyendo uno con Arabia Saudita.

En Francia 98, ahora con cinco cupos, lo mejor lo hicieron Sudáfrica y Nigeria. Los sudafricanos, históricos retornados al gran concierto internacional tras el régimen racial del apartheid, lograron dos dignos empates ante Dinamarca y Arabia Saudita. Nigeria, brillante oro olímpico sobre Argentina en Atlanta 96, se atrevió a vencer a España y llegar otra vez a octavos. Marruecos estuvo a punto tras su 3-0 a Escocia, pero una impensada victoria de Noruega sobre Brasil lo sacó mientras los futbolistas festejaban en el campo creyendo que habían pasado. Camerún también mejoró lo del 94 con Omam Biyik, Tchami y el chico Samuel Eto' o, pero fue perjudicado por un gol mal anulado contra Chile. Y Túnez, en su vuelta luego de 20 años, dejó una pobre imagen que hasta removió al técnico polaco Henryk Kasperczak en el segundo partido.

En 2002, los senegaleses fueron la sensación no sólo batiendo al campeón saliente Francia en la inauguración o el inolvidable 3-3 con Uruguay, sino llegando a cuartos con Fadiga, Diouf y Bouba Diop como figuras. Los otros cuatro quedaron lejos de la proeza de los Leones de Teranga. En primer lugar Camerún, campeón olímpico en Sydney 2000 sobre España, que con Samuel Eto' o no pasó el grupo, igual que la Nigeria de Kanú, Túnez y otra pobreza y Sudáfrica, que al menos consiguió una victoria sobre Eslovenia.

Alemania 2006 fue muy particular, con cuatro debuts de habituales medianos, que bajaron a grandes en la eliminatoria. El Togo de Adebayor, verdugo de Senegal, Angola que sorprendió a Nigeria, Costa de Marfil gracias al famoso penal errado por el camerunés Wome contra Egipto en la última jugada y Ghana, mejor que Sudáfrica. Sólo Túnez repetía los de 2002. Los del oeste fueron lo mejor: los ghaneses llegando a octavos con Essien, Muntari, Appiah y Gyan, y los marfileños, comandados por Drogba, que no pasaron pero forzaron a Argentina y Holanda y batieron a Serbia y Montenegro. Angola cumplió dignamente, al punto de que estuvo a dos goles de llegar a octavos y jugar con Argentina.

En cambio, Togo perdió sus tres partidos, atravesó lío con la paga de premios y su DT, el reconocido alemán Otto Pfister, amenazó con renunciar justo antes del debut. Los tunecinos no salieron de otra tarea muy discreta, afuera en un grupo con España y Ucrania.

2010 fue el mejor año de este nuevo milenio. Tras tanta lucha impulsada por su líder Nelson Mandela, Sudáfrica finalmente recibió como primer africano al Mundial, con lo que por única vez fueron seis sus invitados. Y la Ghana de Muntari, André Ayew, Kevin Prince Boateng y Gyan estuvo a un penal de eliminar a Uruguay y por fin tocar semifinales, pero Gyan erró aquel penal en el minuto 120 y los charrúas pasaron en la definición desde los once pasos. La otra alegría africana fue el gran desempeño local, igualando la inauguración con México y venciendo a Francia. El resto volvió a decepcionar: Costa de Marfil no pudo con Portugal y Brasil, Camerún perdió sus tres cotejos, Nigeria fue incapaz contra Argentina y el accesible Grecia y Argelia, en su retorno tras los 80, sólo rescató un 0-0 contra Inglaterra y dos derrotas.

Desde esos días fríos del invierno sudafricano, los resultados volvieron a caer. Para Brasil 2014, Argelia fue el primero en marcar cuatro goles (4-2 a Corea del Sur) y con Nigeria se metieron juntos en octavos, complicando los argelinos al futuro campeón Alemania y las Águilas a Francia. Los otros tres dejaron mucho que desear: Costa de Marfil, en el último Mundial de Drogba, cayó de la fase inicial sobre la hora con Grecia. Ghana le robó un 2-2 a Alemania pero perdió bien con Estados Unidos y Portugal, y Camerún cosechó otras tres derrotas, dos jugadores (Assou-Ekotto y Moukandjo) se tomaron a golpes durante el encuentro con Croacia y terminó último en la tabla final.

Y en Rusia 2018, el continente africano no tuvo ningún representante que pudiese superar la primera ronda, lo cual no sucedía desde 1982. Entre ellos el Egipto de Héctor Cúper y un Senegal eliminado por estadística de tarjetas amarillas con Japón. Después, Marruecos se fue rápido pero apretó

a Portugal y España, Nigeria lo hizo con Argentina pero no logró pasar y Túnez, en una nueva vuelta, fue superado por el poderío de Bélgica e Inglaterra. A las Águilas de Cártago al menos les alcanzó con el triunfo sobre Panamá para volver a ganar en un Mundial después de 40 años.

Si se realizaba el estrambótico Mundial de 48 países para Qatar 2022, la FIFA había decidido nueve plazas para África. Todo quedó en 32 y cinco. Que saldrán de un proceso eliminatorio largo y duro como toda la vida fue. Cinco que soñarán con que llegue el día de una semifinal, un podio y hasta un título del mundo. Porque África, a pesar de sus dolores y sus resultados, no dejó de ser una potencia Mundial.

5. Las Copas continentales de clubes

En la actualidad, la CAF tiene tres certámenes destinados a los clubes del continente. El principal es la Champions y otorga el cupo africano para el Mundial de Clubes, en tanto que el segundo en importancia se denomina Confederation Cup. Los campeones de ambas competencias dirimen al campeón de la Supercopa Africana.

CAF CHAMPIONS LEAGUE ANTECEDENTES

Aporte de Juan Manuel D'Angelo

Mucho antes que la UEFA Champions League o la Copa Libertadores el primer torneo continental de clubes ya se disputaba en África.

No fue ni en Europa ni en Sudamérica. El origen de las copas internacionales de equipos fue en el continente africano. Antes de que se fundara siquiera la Confederación Africana de Fútbol (CAF) ya existía *Le Championnat d'Afrique du Nord de football* o Campeonato de África del Norte. En esta

copa organizada primero por la *Union des Sociétés Françaises de Sports Athlétiques* (USFSA) y más tarde por la Federación Francesa de Fútbol (FFF) participaban los campeones ligueros de los protectorados de Marruecos, Túnez y de la Argelia francesa.

A finales del siglo XIX el *football* había extendido su embrujo por varios rincones del mundo y la región del Magreb no era inmune. El 5 de febrero de 1897 se fundó en Argelia el primer club africano conocido como *Club athlétique liberté d'Oran* y al poco tiempo varias instituciones más vieron la luz. En ese entonces la Argelia Francesa estaba dividida en tres regiones o departamentos (Oran, Argel y Constantina) y en cada uno de ellos se organizó un certamen liguero.

La primera edición de este torneo "continental" se disputó entre 1911/12 y participaron los campeones de cada departamento argelino y el ganador del certamen de Túnez. Durante esa etapa primigenia la contienda era organizada por la USFSA pero no quedaron muchos registros sobre la misma. Lo que se sabe con certeza es que el primer campeón fue el FC Blideén. A partir de 1921 *Le Championnat d'Afrique du Nord de football* pasó a estar bajo la órbita de la FFF y el torneo adquirió otra relevancia. Tanto fue así que el gobernador de Argelia Theodore Steeg donó el trofeo que se le entregaría al campeón.

Durante la primera década los equipos argelinos fueron dominadores con el SC Bel Abbes conquistando cinco copas, cuatro de manera consecutiva. Recién en 1931 el USM Casablanca de Marruecos rompió la hegemonía logrando el tricampeonato. El ingreso de los equipos marroquíes se dio en 1928 ya cuando el torneo se había vuelto el certamen más popular en las colonias francesas. A pesar de esto los clubes de Argelia siguieron siendo los mas efectivos. La otra cara de la moneda eran los equipos de Túnez que nunca pudieron ganar un torneo y solo llegaron a la final en cinco oportunidades.

Durante los años álgidos de la Segunda Guerra Mundial el torneo prácticamente no se organizó. Con los nazis abriéndose paso por el norte de África los ánimos no estaban para un partido de fútbol y la única edición que tuvo lugar fue la de junio de 1942, que ganó el USM. Por esos días el Afrika Korps de Rommel avanzaba hacia el puerto egipcio de El-Alamein en lo que podría haber sido una victoria definitiva para Hitler si los aliados no lo hubiesen frenado casi a las orillas del Nilo.

Una vez finalizada la guerra, la Copa volvió a disputarse bajo el nombre de *Challenge Louis Rivet*. En esa etapa el Wydad Casablanca, hoy una de las escuadras más importantes del continente africano, consiguió el tricampeonato (48/49/50) pero al torneo le quedaba poco tiempo de vida. En 1956, cuando Marruecos y Tunez se declararon naciones independientes, el certamen llegó a su fin.

Mientras que los países recién descolonizados pasaron a jugar bajo el paraguas de la CAF (fue fundada en 1957) en Argelia se reemplazó el torneo con la *Coupe d'Algérie de football*. Esta colonia también estaba en pleno proceso independentista aunque siguió bajo dominio efectivo de los franceses hasta 1961. Durante ese tiempo la federación gala siguió controlando su fútbol y organizó este torneo en donde se enfrentaban los mejores clubes de los departamentos de Oran, Constantina y Argel. La Copa de Argelia se jugaría por última vez en 1962.

Historia

La Champions es la competencia de fútbol para clubes más prestigiosa del Continente Negro. Un certamen establecido en 1964, pero disputado con una fórmula similar a su hermana del viejo continente solo desde 1997. En más de medio siglo de historia, en la Copa de Campeones de África, y luego la CAF Champions League desde 1997, no faltó nada, dejando historias de hazañas milagrosas. Equipos establecidos en nombre de un ideal panafricano y luego abortados, como los Real Republikans apoyados por Kwame Nkrumah en la Ghana neo independiente; otros, sin embargo, entraron en la gracia de un dictador y lograron dar rienda suelta a éxitos en serie como los guineanos del Hafia de Conakry, gobernantes indiscutibles de los años setenta, hasta el presente con la grandeza de gigantes como los egipcios del Al-Ahly, el Esperance tunecino y los congoleños del TP Mazembe, que renacieron en el nuevo milenio (habían ganado dos veces la competencia en los años 60 con el antiguo nombre de TP Englebert) gracias al capital de un magnate minero obligado a vivir en el exilio por razones políticas. También porque, como sabemos, en África la política siempre ha ido de la mano del fútbol, lo que dificulta o ralentiza su crecimiento.

Pero últimamente el fútbol africano, y por lo tanto también la CAF Champions League, parece estar finalmente atravesado por una ola de cambios, algunos esperados por varios años. Una de las últimas maniobras del gobierno de Issa Hayatou, antes de dar paso al malgache Ahmad Ahmad en un trono que ocupó durante casi treinta años, fue renovar la estructura de la Champions, desde mediados de los años 90, inspirada en el modelo europeo. Fue en 1974 que se introdujo la fórmula del valor doble de los goles de visitante en caso de igualdades. También se recurrió a un formato más extenso y con un límite de dos equipos por país. La ecuación es clara: más equipos de más países, más partidos eliminatorios, más show. El motivo también: aumentar el atractivo internacional del torneo, ahora patrocinado por Total, y así atraer nuevas transmisiones interesadas en los derechos televisivos. Y algo, en este sentido, empezó a moverse hace algunos años: en 2017, por ejemplo, Bein Sports, una red líder en la industria, compró el paquete para transmitir la competencia en los Estados Unidos. La CAF Champions League está en el camino correcto, la reputación y el atractivo aumentarán con el tiempo, pero un crecimiento serio y

constante necesariamente debe comenzar desde los cimientos, desde la CAF, que a menudo se basa en el poder que representa, y que aún hoy ciertamente no es la adecuada en cuanto a organización, planificación y previsión.

Estructura

Con el paso de los años, la Champions africana ha ido cambiando también en su modalidad de juego y estructura de fases. En los inicios del certamen, eran pocos los equipos participantes y se iban eliminando en duelos a ida y vuelta hasta avanzar a la final. Así la ganaron, en las ediciones primeras, clubes como el Oryx Douala (Camerún), Stade d'Abidjan (Costa de Marfil), TP Englebert (RD Congo) o Ismaily (Egipto), entre otros. Con el paso de los años el certamen fue creciendo y se fueron sumando clubes de mayor cantidad de países siempre con el mismo formato. Pasaron el tricampeonato del Hafia FC (1972, 75 y 77), los primeros títulos de Al Ahly (1982 y 1987) y los cuatro del Zamalek (1984, 86, 93 y 96) pero hubo que esperar hasta la edición de 1997 para que la CAF introdujera la fase de grupos siguiendo los pasos de la mítica Champions europea.

Desde aquel año, los clubes de los países con menor tradición —y por lo tanto con menos posibilidades de lograr actuaciones destacadas— se eliminan en la ronda preliminar y luego se van sumando los más poderosos hasta quedar definidos los ocho mejores que se dividían en dos zonas cuyos ganadores disputaban la final. Así ganó el Raja Casablanca en la primera edición con este formato, que pasó también a denominarse CAF Champions League. En 2001 se implementaron las semifinales tras la fase de grupos. Los dos primeros de cada zona se cruzaban para pugnar por sus lugares en la final.

Hasta que finalmente, en 2017, la última modificación fue el aumento de participantes en la fase de grupos, pasando de 8 a 16 participantes. Eso conllevó también a la introducción de los cuartos de final que son jugados por los dos primeros de cada zona. Dichos duelos son sorteados con ventaja para los primeros de grupo que son ubicados en un mismo copón evitándose entre sí y midiéndose a un segundo en esa instancia. De esta manera, la CAF Champions League busca crecer a pasos agigantados dando lugar y esperanzas de destacar a cada vez más equipos.

Historial de campeones

En sus inicios, el principal torneo para los clubes africanos se llamó Coupe des Clubs Champions Africains. Con la CAF dando sus primeros pasos a pie firme y la CAN como competencia para los seleccionados, en 1964 comenzaron a tener su espacio los clubes. En la edición inaugural hubo 14 participantes en la etapa preliminar divididos por zonas geográficas y los tres clasificados a la etapa final disputada en Ghana fueron Cotton Factory Club (Etiopía), Stade Malien (Mali) y Oryx Douala (Camerún). El Real Republikans fue el representante del país anfitrión pero cayó en las semifinales ante los cameruneses, que en la final vencieron 2-1 al Stade Malien para convertirse en el primer campeón del certamen con jugadores de renombre como Jean Pierre Tokoto o Samuel Mbappé Leppe.

Al año siguiente, el campeón defensor ingresó directamente en semifinales pero cayó ante el AS Real Bamako maliense. Estos a su vez fueron superados en la serie final por el Stade Abidján (Costa de Marfil) que fue el segundo campeón de la competición. En 1967 la final tuvo una curiosa resolución entre Asante Kotoko (Ghana) y TP Englebert (RD Congo). Luego de empatar los dos partidos y como no hubo modificaciones en el tiempo extra, el árbitro determinó que el campeón se definiría el día siguiente con un sorteo. Sin embargo, desde la CAF designaron a Yaoundé como sede

del partido definitorio. Como los ghaneses no se presentaron el hoy TP Mazembe fue declarado campeón.

En 1968 repitió el TP Englebert venciendo al Etoile Filante togolés para convertirse en el primer bicampeón del certamen. Habría que esperar más de 35 años para que un equipo vuelva a campeonar en dos ediciones consecutivas. Los años sesenta se cerraron con el primer título de un equipo del norte, que con el paso de los años se volverían amplios dominadores entre los clubes africanos. Fue el Ismaily (Egipto) el que cortó la racha triunfal del bicampeón congoleño superando antes a Al Tahadi (Libia), Gor Mahia (Kenia) y Asante Kotoko. Justamente estos últimos se quedaron con la edición siguiente al vencer en la final otra vez al TP Englebert.

La década del 70 siguió con el predominio del África Negra, ya que de 1971 a 1979 solamente el MC Alger se pudo colar entre los clubes de Guinea, Camerún, Congo y Zaire. El Hafia guineano fue tricampeón en esos años (1972, 1975 y 1977) y perdió la final en dos ocasiones: en 1976 ante el MC Alger —primera final definida en los penales— y en 1978 ante el Canon Yaoundé (Camerún) que sumó su segundo título tras el de 1971. En 1973 el AS Vita Club (Zaire) venció en la final a los ghaneses del Kotoko y se quedó con el primer y único título de su historia. Un año después, el CARA Brazzaville, del Congo francés, se quedó con el único título a la fecha para su país. El Union Douala camerunés ganó la edición de 1979 al imponerse en la final al Hearts of Oak —también fue subcampeón en 1977— en la que fue la segunda definición del mejor por la vía de los penales.

En 1980 se dio la continuidad de la hegemonía camerunesa con el tercer título en fila para un país, algo que no se repitió nunca más en la historia del certamen. El Canon Yaoundé sumó su tercer título al vencer al AS Bilima zaireño, en lo que sería el último título de un club de Camerún en Champions.

Si en las primeras 16 ediciones solamente hubo dos campeones del norte (Ismaily 1969 y MC Alger 1976), en los siguientes veinte años la tendencia se revertiría fuertemente en favor de los equipos del Magreb. Empezaron a aparecer en el palmarés los gigantes egipcios: Al Ahly sumó sus primeros dos títulos en 1982 y 1987, lo mismo que Zamalek en 1984 y 1986. También el MC Alger tuvo sus sucesores con el Tizi Ouzou (campeón 1981) y el ES Setif (1988). El FAR Rabat (1985) y el Raja Casablanca (1989) pusieron la cara por Marruecos; en tanto que el Asante Kotoko se coló entre tantos campeones árabes sumando su segundo título en la final de 1983 venciendo a Al Ahly.

En los años noventa la tendencia se repitió y esta vez nada más que el Orlando Pirates sudafricano (1995) y el ASEC Mimosas marfileño (1998) interrumpieron la supremacía norteña. El Zamalek sumó dos títulos más en 1993 y 1996 —en ambas finales se impuso en los penales al Asante Kotoko y al Shooting Stars nigeriano, respectivamente—. Con el Club Africain (1991) y el Esperance (1994), Túnez tuvo sus primeros campeones. Si el Kabylie argelino fue el primer campeón de la década, el cierre fue a todo orquesta para el Raja Casablanca, que al igual que el Zamalek fue campeón gracias a los penales en 1997 (ante el Goldfields ghanés) y en 1999 (contra el Esperance). Fue el tercer título para la mítica ciudad en la década, ya que en 1993 el Wydad había vencido a Al Hilal (Sudán) en la final sumando su primer campeonato.

Entre 2000 y 2010 la cosa estuvo algo más repartida y con tres bicampeones. En el primer certamen del nuevo milenio, el Hearts of Oak ghanés se impuso al Esperance y le dio a su país el tercer y último título tras los dos del Asante Kotoko. 2001 y 2002 fueron para los gigantes egipcios Al Ahly y Zamalek, que con cinco era el líder en el historial pero se estancaría allí. Siguieron los primeros títulos para el fútbol nigeriano (bicampeonato del Enyimba en 2003-2004) y el primer bicampeonato para Al Ahly (2005-2006) que igualó con cinco títulos a sus rivales del Zamalek. En 2007, el Etoile Sahel (Túnez) impidió el tricampeonato de los Diablos Rojos al vencerlos en la final; pero en 2008 nuevamente Al Ahly se quedó con la Champions tras imponerse al CotonSport

Garoua (Camerún). La década se cerró con el regreso de un gigante dormido: el TP Mazembe congoleño. Ahora presididos por Moise Katumbi, los Todo Poderosos se hicieron con el bicampeonato 2009-10 imponiéndose en las finales al Heartland nigeriano y al Esperance.

Los últimos años el poderío magrebí se hizo sentir aún más y cinco de las nueve finales de 2011 a 2019 fueron entre clubes del norte del continente. El Esperance sumó tres títulos más (2011, 2018 y 2019), venciendo en la primera y en la última al Wydad Casablanca y en la intermedia a Al Ahly. Justamente estos últimos sumaron un nuevo bicampeonato (2012-2013) para liderar cómodamente el palmarés histórico con 8 títulos. En 2014, ES Setif sumó su segundo título para que el fútbol argelino llegue al quinto galardón.

En 2015 y 2016, el África Negra cortó la racha con los títulos de TP Mazembe (quedó a tres títulos de Al Ahly) y del Mamelodi Sundowns, que le dio a Sudáfrica su segundo campeonato luego de más de 20 años. 2017 fue para el Wydad Casablanca, previo campeón al actual Esperance, que cierra esta historia con el bicampeonato 2018-19 de la mano de Moine Chaabani y con jugadores como Moez Ben Cherifia, el capitán Chemmam, los extremos Badri y Belaili y el goleador Khenissi, entre otros.

Mundial de Clubes: El TP Mazembe y El Raja, los mejores

Desde que se empezó a jugar el Mundial de Clubes, en el año 2000, fue el vencedor de la Champions el encargado de representar al continente africano ante los mejores equipos del mundo. Pero hubo que esperar hasta la séptima edición (Emiratos Árabes Unidos 2010) para que haya un finalista que no fuera ni de Europa ni de América. El encargado de lograr tamaña proeza fue el TP Mazembe de la República Democrática del Congo.

Hasta ese año, los clubes africanos no habían tenido actuaciones destacadas, salvo el tercer puesto de Al Ahly (Egipto), en 2006. En la primera edición (Brasil 2000 con formato distinto al actual), el Raja Casablanca (Marruecos) fue el representante africano y perdió sus tres partidos en el Grupo A, ante Corinthians (Brasil), Al Nassr (Arabia Saudita) y Real Madrid (España).

En 2005, se reanudó la realización del torneo y Al Ahly quedó último por sus caídas ante Al Ittihad (Arabia Saudita) y Sydney FC (Australia). Al año siguiente repitieron los Diablos Rojos pero con una mejor actuación finalizaron terceros: el angoleño Flavio Amado y Aboutrika posibilitaron el 2-0 en cuartos ante el Auckland City, en semifinales fue caída 2-1 (gol de Amado) ante Inter de Brasil —sería campeón— y un doblete de Aboutrika fue suficiente para vencer 2-1 al América de México para terminar en el podio.

En 2007, el Etoile Sahel (Túnez) fue cuarto en Japón. Pachuca fue la víctima en cuartos gracias al gol del ghanés Moussa Narry pero luego siguieron caída 1-0 con Boca Juniors (Argentina) en semifinales y ante Urawa Red Diamonds (Japón) en los penales del partido por el tercer puesto.

En 2008 y 2009, los representativos africanos no pudieron ganar y terminaron en los últimos puestos. En el primero de ellos, disputado en Japón, Al Ahly perdió sus dos partidos y al año siguiente, en Emiratos Árabes Unidos, el TP Mazembe congoleño hizo lo propio pero esa experiencia le sirvió para ser subcampeón en 2010. Los dirigidos por el senegalés Lamine N'Diaye dejaron en el camino al Pachuca (1-0 con gol de Mbenza Bedi) y a Internacional (Brasil) 2-0 con goles de Kabangu y Kaluyituka para que se produjera la primera final con un africano. Muy recordado de ese Mundial el festejo del arquero Robert Kidiaba. En el partido por el título fue caída 3-0 ante el Inter de Samuel Eto'o, Milito y Zanetti, pero aquel equipo congoleño quedó para siempre en la memoria del mundo futbolístico.

En 2011, el Esperance (Túnez) cayó en sus dos presentaciones y en 2012 Al Ahly, otra vez, culminó en el cuarto puesto luego de vencer 2-1 al Sanfrecce Hiroshima y caer en semifinales (1-0 con el campeón Corinthians) y en el partido por el tercer puesto (2-0 ante el Monterrey de México).

La edición 2013 tuvo lugar en Marruecos y por lo tanto hubo dos representantes de África: Raja Casablanca como campeón de la liga doméstica y Al Ahly como campeón continental. Los egipcios defraudaron perdiendo sus dos partidos (2-0 con Guangzhou Evergrande (China) y 5-1 con Monterrey) mientras que los locales emularon al TP Mazembe llegando hasta la final según la siguiente campaña: 2-1 al Auckland City, 2-1 a Monterrey y 3-1 al Atlético Mineiro (Brasil) siendo Iajour, Moutouali y el centroafricano Mabidé, sus principales figuras. En la final, disputada en el Stade de Marrakech, el Bayern Munich se quedó con el título al imponerse 2-0.

Desde aquella edición, ningún africano pudo volver a meterse entre los cuatro mejores. En 2014, otra vez en Marruecos, el MAT Tetuán local y ES Setif (Argelia) culminaron séptimos y quintos, respectivamente. En 2015, volvió el TP Mazembe pero perdió sus dos compromisos. Y en las dos ediciones siguientes, Mamelodi Sundowns (Sudáfrica) y Wydad Casablanca (Marruecos) perdieron en sus dos presentaciones.

En 2018, el Esperance cayó por goleada ante Al Ain (EAU) en cuartos de final pero ganó el quinto puesto por penales y el fútbol africano volvió a festejar en un Mundial de Clubes tras el triunfo —también en los penales— del ES Setif sobre el Western Sydney en Marruecos 2014.

En 2019 repitió Esperance, que finalizó quinto en el Mundial de Qatar luego de caer con Al Hilal (Arabia Saudita) por 1-0 y vencer a Al Sadd local 6-2 en el segundo encuentro. La tabla de goleadores estuvo liderada por jugadores africanos. Con tres goles, el libio Hamdou Elhonui (Esperance) y el argelino Baghdad Bounedjah (Al Sadd) terminaron en la cima

del torneo en este rubro. Mientras que el campeón Liverpool tuvo a Salah, Mané y Naby Keita como titulares.

Africa Cup, Winner's Cup, CAF Cup y Confederation Cup

Luego de la Champions, la African Cup Winners' Cup (algo así como Copa Africana de Ganadores de Copa) se empezó a disputar en 1975 reuniendo a campeones de copas nacionales de los países del continente. En la primera edición, el Tonerre de Yaoundé —el año anterior había ganado la Copa de Camerún— se quedó con el título luego de superar al Mighty Jets Football Club (Nigeria), Al Ittihad Alejandría (Egipto), Mufulira Wanderers (Zambia) y Stella Club d'Ajamé (Costa de Marfil). Todas las instancias eran de ida y vuelta y en la final los cameruneses no dejaron dudas al imponerse 5-1 en el global.

Para la segunda edición se empezaron a sumar más equipos y el Tonerre de Yaoundé podría haber sido el primer bicampeón. Pero apareció el Shooting Stars nigeriano y se quedó con el título. Al igual que en la Champions en sus primeros años, el África Negra se quedó con la mayor cantidad de títulos: Enugu Rangers (Nigeria) en 1977, Horoya AC (Guinea) 1978, Canon Yaoundé (Camerún) 1979, TP Mazembe (RD Congo) 1980 y Union Douala (Camerún) 1981.

Recién en 1982, y luego de siete ediciones, llegaría el primer campeón del norte del continente: Al Mokawloon Al Arab Sporting Club (Egipto). Más conocido como Arab Contractors, este club donde años después daría sus primeros pasos Mohamed Salah, venció en la final al Power Dynamos zambiano y cortó la hegemonía. En 1983, repitió este mismo equipo al imponerse en la final al OC Agaza togolés. Y otro representativo egipcio, más precisamente el gigante Al Ahly, ganaría tres en fila en 1984, 1985 y 1986, con jugadores de la talla de Mahmoud El Khatib —balón de oro africano en 1983

y luego presidente del club—. Con este tricampeonato, Al Ahly se hizo acreedor de la Abdelaziz Mostafa Cup.

Gor Mahia (Kenia), Club Athlétique Bizertin (Túnez) y Al Merrikh (Sudán) cerraron el palmarés de los años ochenta.

La década del noventa fue la última completa en la que se disputó este certamen. Aunque empezó con dominio del África Negra, luego se emparejó hasta terminar con cinco títulos para esa región y cinco para los clubes del norte del continente. El Benue Cement Company Lions Football Club (Nigeria) se quedó con la edición de 1990 y al año siguiente repitieron final pero cayeron ante el Power Dynamos. En 1992 y 1993 el África Sports National (Costa de Marfil) fue el protagonista en ambas finales, ganando la primera al Vital'O FC (Burundí) y cayendo en la segunda ante Al Ahly. Siguieron títulos del Motema Pembe (RD Congo), JS Kabylie (Argelia) y el tercero para el Arab Contractors para cerrar con un doblete tunecino (Etoile Sahel 1997 y Esperance 1998) y el segundo para el África Sports National marfileño.

En el año 2000, el Zamalek sumó el octavo título para los clubes egipcios —país con más logros— al imponerse al Canon Yaoundé —tercera final perdida—. En 2001, el Kaizer Chiefs sudafricano venció al InterClube angolano para el primer título del país de los Bafana Bafana y al año siguiente Wydad Casablanca hizo lo propio por Marruecos tras ganarle la final al Asante Kotoko ghanés. Y en la última edición, el Etoile du Sahel tunecino dejó en el camino al Julius Berger (Nigeria) para ser el último campeón de la African Cup Winners' Cup.

Entre 1992 y 2003, y como iniciativa del camerunés Issa Hayattou (presidente de la CAF por ese entonces), se disputó la CAF Cup que reunió a los subcampeones de ligas nacionales que no jugasen ni Champions ni African Cup Winners' Cup. Las primeras tres ediciones fueron para Shooting Stars (Nigeria), Stella Club d'Adjamé (Costa de Marfil) y Bendel Insurance (Nigeria), pero después llegó la hegemonía norteña con tricampeonato del JS Kabilye argelino (2000, 2001

y 2002), dos títulos para el Etoile Sahel (1995 y 1999) y los restantes para Kawkab Marrakech (Marruecos) en 1996, Espérance 1997, CS Sfaxien (Túnez) 1998 y Raja Casablanca en 2003.

Con la fusión de la CAF Cup y la African Cup Winners' Cup, en 2004 surgió la Confederation Cup que tiene en la Europa League y en la Copa Sudamericana sus similares en Europa y Sudamérica, respectivamente.

Tienen acceso a esta copa los ganadores de copas nacionales y los terceros y cuartos de las ligas domésticas más poderosas (Marruecos, Túnez, Egipto, RD Congo, etc). En la ronda de play off se suman los que quedan afuera de la Champions para definir los clasificados a la fase de grupos: hasta 2016 eran dos grupos y en 2017 se subió a cuatro zonas con la introducción de los cuartos de final.

La primera final fue entre dos clubes ghaneses: el Hearts of Oak se impuso en los penales al Asante Kotoko en el Kumasi Sports Stadium. En 2005, el FAR Rabat marroquí se quedó con la segunda edición por sobre el Dolphins FC nigeriano. Siguieron tres títulos para el fútbol tunecino: Etoile Sahel 2006 y CS Sfaxien 2007 y 2008.

En 2009, el Stade Malien con Bakary Coulibaly y Ousmane Bakayoko como estandartes (siete y cinco goles, respectivamente) ganó su grupo y luego dejó en el camino al ENPPI egipcio y al ES Setif argelino, en la final, para quedarse con la Confederation Cup.

En 2010 y 2011, los marroquíes del Fath Union Sport (más conocido como FUS o FUS Rabat) y del Maghreb Association Sportive de Fez (ó MAS de Fez) campeonaron tras imponerse a los tunecinos del CS Sfaxien y Club Africain.

AC Leopards (Congo), CS Sfaxien, Al Ahly (Egipto) y Etoile du Sahel siguieron en el listado de ganadores. Con estos dos últimos títulos de los equipos tunecinos, el país del norte se convirtió en el más ganador con cinco títulos.

En 2016 y 2017 hubo bicampeonato del TP Mazembe congoleño superando en las finales al MO Béjaïa (Argelia) y al

SuperSport United (Sudáfrica). El francés Hubert Velud fue el entrenador en la primera conquista y el local Mihayo en la segunda, contando ambos con jugadores como el arquero marfileño Gbohouo, el zambiano Rainford Kalaba o el defensor Issama Mpeko.

El Raja Casablanca marroquí y el Zamalek egipcio fueron los campeones de las últimas dos ediciones para confirmar la hegemonía de los clubes del norte en las competiciones de clubes africanos.

Supercopa Africana

Esta competición es el certamen actual que enfrenta al campeón de la Champions con el de la Confederation Cup. Entre 1993 y 2004 enfrentaba al vencedor de Champions y al ganador de la la African Cup Winners' Cup.

Su primer campeón se conoció en enero de 1993, cuando los campeones del año anterior se midieron en el Stade Houphouët-Boigny de Abidjan. El Africa Sports local se impuso al Wydad Casablanca en los penales. Fue la primera vez que el equipo campeón del torneo de segundo orden le ganó al de la Champions. Eso se repetiría tres veces más: en 1998 el Etoile du Sahel le ganó al Raja, el otro grande de Casablanca; en 2012 el MAS Fez venció como visitante al Esperance en los penales; mientras que en marzo de 2019 en Qatar, el Raja Casablanca le ganó 2-1 al Esperance.

Yendo a los máximos ganadores, el gigante egipcio Al Ahly la ganó en seis ocasiones (2002, 2006, 2007, 2009, 2013, 2014) y perdió las finales en 1994 (con Zamalek) y 2015 (ante ES Setif). Con tres aparecen el TP Mazembe (2010, 2011 y 2016) y Zamalek (1994, 1997 y 2003). Completan el podio con dos Etoile du Sahel (1998 y 2008), Raja Casablanca (2000 y 2019) y Enyimba (2004 y 2005).

6. Fútbol, misión y religiones en África

Hay una frase del sudafricano Desmond Tutu que dice: "Cuando los misioneros vinieron a África, ellos tenían la Biblia y nosotros la tierra. Nos dijeron: vamos a rezar. Cerramos los ojos; cuando los abrimos, nosotros teníamos la Biblia y ellos la tierra". Puede que en parte sea verdad, pero también es cierto que muchos misioneros le dejaron al continente africano un legado de entrega, solidaridad y ayuda que puede ser percibido hoy en día. Aquí nos centraremos en el legado futbolístico ligado a la misión y a la religión en su conjunto.

Por ejemplo, hacia 1939, en el Congo Belga —hoy República Democrática del Congo— los monjes benedictinos comenzaban a dar forma al que hoy es el TP Mazembe. Primero se llamó FC Saint Georges y reunía a los alumnos del Institut Saint-Boniface. Luego pasó a llamarse Saint Paul y cuando comenzaron a primar otros intereses y el equipo empezaba a ser reconocido, los monjes se alejaron del proyecto. Al poco tiempo, la empresa de neumáticos Englebert tomaba las riendas del club.

En suelo congoleño no es el único ejemplo. El Cercle Sportif Don Bosco, más conocido como CS Don Bosco, que ganó en 2012 la Copa de Congo y jugó la Confederation Cup 2013, está estrechamente ligado con el santo Juan Bosco y su congregación Salesiana, con presencia en gran parte del territorio de RD Congo. Este santo italiano fue un gran admirador de las culturas extranjeras y así fue que su obra se expandió por todo el mundo. Tanto que en 2010, el periodista Albert Christian Sellner propuso en las páginas del diario austriaco Der Standard que Don Bosco sea nombrado patrón del fútbol. "Don Bosco y sus salesianos dieron al juego y al deporte un espacio importante como lugares de educación y de promoción humana, subrayando más el valor agregacional que el competitivo", destacó Sellner en aquella ocasión.

“El activo rol de los misioneros europeos se puede advertir en la aparición de nombres religiosos para los clubes como el Jeanne d’Arc en Dakar o el Saint-Eloi en el Congo”, sostiene Peter Alegi.

También en Congo, pero en Goma, un salesiano español llamado Honorato Alonso organiza desde 1981 una Copa África para los niños de allí. Suelen participar más de 100 equipos —con nombres de clubes españoles en su mayoría— y 1600 jóvenes. “Es un buen medio para superar todos los problemas de tribalismo, racismo, etc. A través del fútbol buscamos dar una formación humana y no sólo cristiana porque aquí aceptamos a todo el mundo”, destacó Alonso en una nota para Cadena Ser.

Otro español llamado Chema Caballero realizó algo similar pero con los niños soldados de Sierra Leona. “Utilizamos el fútbol como modo de engancharles, de aglutinarles y de mantenerles entretenidos de una forma sana. Todo empezó en el año 2004, cuando creamos un equipo de fútbol de niños de 14 a 16 años que dio paso poco después a otros de distintas edades. Hablamos con los niños que fueron combatientes, con los refugiados y con aquellos que tuvieron que abandonar sus estudios a causa de la guerra para ver de qué forma podemos ayudarles (...) El fútbol es diversión, pero al mismo tiempo ayuda a transmitir valores de trabajo *en equipo, de resolución de conflictos de forma pacífica, de perdón y reconciliación, de superación y sacrificio*», comentó en una nota de la revista Panenka.

En 2010, se realizó en Sudáfrica el campeonato de Fútbol por la Paz, que surgió como idea en Nigeria pensada por “algunos grupos de paz que impulsamos en Nigeria, tras la etapa de violencia religiosa que vivió en 2008 ese país. En ese caso, la idea consistió en combinar musulmanes, cristianos y animistas en el mismo equipo, para comprobar lo que significa tener un compañero de equipo que, por su nacionalidad o creencias, esté considerado un enemigo. Fue un gran éxito”, contóThomasLancelot, uno de los impulsores de la iniciativa.

«Toda Sudáfrica y el mundo están bajo la fiebre del fútbol. Aunque los equipos compitan contra otros, esperamos que la paz y la construcción de interrelaciones culturales sean los ganadores del día», concluyó Thomas en aquellos días en los que estaba a punto de jugarse el Mundial.

Benantzi Echevarría, más conocido como Hermano Venancio entre los Padres Blancos, trabajó con jóvenes en la ciudad de Kampala, capital de Uganda, en un centro educativo que lleva el nombre de *Sharing Youth Center*, que traducido al español sería "Centro de Jóvenes que Comparten". Venancio contó: "He tenido esta gran suerte, doy gracias a Dios por ello, de desarrollar tres años de trabajo misionero en un centro de jóvenes en Kampala en el cual, además de otras actividades educacionales y culturales, hemos desarrollado también un programa de deportes. Tuve la suerte, además, de ser el administrador del centro y el coordinador de deportes. Sin embargo, ahora estoy en Nairobi a donde he sido nombrado para completar estudios de teología y ministerio social. En la vida misionera no puedes decir me voy a dedicar a esto o a lo otro o me gusta predicar o enseñar o me gusta el fútbol. Ser misionero es antes que todo disponibilidad y servicio dentro de la congregación donde a uno le llamen".

Ejemplos como estos muestran que el fútbol puede ofrecer grandes oportunidades a los sectores más desfavorecidos de un continente tan golpeado. Y que hay organizaciones y gente común que hace mucho por ver una sonrisa y dar alegría a los niños con algo que muchos pueden tener fácilmente al alcance en sus manos pero que en África se aprecia mucho más: una camiseta, un botín o simplemente un balón.

7. La brujería y el fútbol africano

El tema de la brujería dentro del fútbol de África no es nuevo. Ya en 1981, Roger Milla declaraba a France Football que "la magia no tiene ninguna relevancia. La prueba es Camerún. No es el mejor país en temas de magia y brujería, pero futbolísticamente es mejor que los países que si destacan en eso como Benín, Togo o Nigeria".

Sin embargo, y a pesar de la afirmación del gran Roger, casi todos los equipos de África practican el muti o el yuyu. Marabú, ju-ju o ndoki son otros términos relacionados con este tipo de prácticas que se dan en el continente. La mayor parte de los seleccionados son proclives a utilizar y creer en el poder oculto de la ancestral brujería africana.

Para el periodista Toni Padilla, "la brujería en muchas zonas no deja de ser una superviviente de religiones ancestrales que fueron borradas del mapa a golpe de sable y Biblia. La brujería tiene mucho de identidad, de conexión con la tierra y los ancestros. Como todo, es cuestión de fe. Si crees en ella, es normal que la uses en el trabajo, el amor o el deporte. Sigue teniendo bastante fuerza hoy en día". Según el camerunés Claude Kana, "la brujería en sí misma no puede ganar una competencia. Si ese fuera el caso, África ya habría ganado un mundial". Mientras que para el historiador Eric García Moral, "es un tema transversal en todas las sociedades africanas y está vinculado a la inmensa espiritualidad de las cosmovisiones africanas. La creencia en lo sobrenatural, en fuerzas invisibles, es algo común en cualquier esfera de la vida cotidiana, así que el fútbol no escapa a esta tendencia".

"Estas prácticas —sostiene el ex jugador burkines Madou Dossama— son un legado de nuestros antepasados y son una parte integral de nuestra cultura. Lejos de reemplazar las habilidades individuales y colectivas, son un tipo de apoyo psicológico que en ningún caso puede reemplazar el trabajo y el entrenamiento". Mientras que el entrenador argentino

Rodolfo Zapata no cree pero respeta la práctica: "A veces —cuenta— encontramos velas prendidas en los vestuarios, o volviendo de los partidos, cuando ven excremento de elefantes en la ruta, los utileros paran el bus para juntarlo. Luego lo mezclan para formar un liquido que lo desparraman en las canchas cuando hacemos el reconocimento del campo".

Burkina Faso tiene a Mahamadou Sidibé, Costa de Marfil a las Mama Elephants, Ghana a Lawrence Tetteh o Togo a su Mama Togo y así podríamos seguir con cada país. Pero oficialmente nadie puede utilizar sus servicios. En la previa de la CAN del 2002 que organizó Malí, la CAF emitió un comunicado que manifestaba que no estaban dispuestos a seguir viendo hechiceros en las canchas. La entidad madre del fútbol continental sostuvo que la prohibición era necesaria para eliminar una imagen tercermundista.

Pero durante ese torneo, el arquero del inolvidable Camerún de Italia 90 Thomas N'Kono, miembro en ese momento del cuerpo técnico, fue acusado de hacer magia en la portería de la selección de Malí en la semifinal que los Leones Indomables ganaron 3-0 con goles de Salomon Olembe y Marc Vivien Foé. Y no sería de extrañar. Según cuenta David Ruiz en el artículo El fútbol es cosa de brujos, "los santeros cameruneses concentran sus fuerzas telúricas en un ataud que pasean por toda la ciudad el día que juegan los Leones Indomables con la palabra RIP y el nombre de su rival bien visibles, escritos con sangre de elefante sobre la madera".

El autor del tercer gol de la goleada camerunesa sobre los malienses fue Foé, clave en aquel título de Camerún. Al año siguiente, en la Copa Confederaciones 2003, el por entonces mediocampista del Manchester City cayó fulminado en la semifinal ante Colombia y murió. Algunos adjudican esa muerte súbita a algún tipo de "trabajo". Según el testimonio de un aldeano vinculado con el caso del futbolista: "A Foé lo mataron los brujos pues todos aquí sabemos que alguien, envidioso de su éxito, decidió hacer un muñeco a su semejanza, parecido a los del vudú, y luego lo enterraron durante

dos meses. La brujería negra mató a Foé". Quince años después, o sea en 2017, Camerún pudo volver a ser campeón de la CAN. El número 17, frecuentemente asociado a la desgracia, era el número preferido que utilizaba el jugador.

Hacer incisiones con cuchillos sobre la piel de los jugadores, orinar sobre el balón, sacrificar animales para hacer pociones que luego se huntarán en botines, camisetas o vestuarios, frotarse una mano de mono por el rostro, impregnarse con sangre de gallina degollada o bailar en noches de luna llena sobre tumbas de antepasados son solamente algunas de las cosas en las que creen los africanos para obtener mejores resultados.

En el último tiempo, los casos más impactantes se dieron a fines de 2016 en Rwanda y a principios de 2017 en Zambia. Lo primero ocurrió durante el duelo liguero entre el Rayon Sports y el Mukura Victory, cuando Moussa Camara colocó algo detrás del arco contrario y en la jugada siguiente, luego de ser amonestado por su accionar y repudiado por sus rivales, convirtió el gol que se le venía negando. Tras ese suceso, la Federación Ruandesa de Fútbol anunció sanciones deportivas y económicas a quientes practiquen la brujería en medio de los partidos.

El otro altercado se dio en la Campeonato Africano de Selecciones Sub 20, durante la final disputada en el National Heroes Stadium de Lusaka, donde el local Zambia se sintió perjudicado por un amuleto colocado por el senegalés Ndiaye dentro del arco y hubo empujones entre los jugadores. Para ese entonces, Zambia ya ganaba 2-0 por goles de Patson Daka y Edward Chilufya. La jugada de Senegal no cambiaría la historia y los zambianos se consagraron campeones en la categoría por primera vez, por lo que la brujería no funcionó.

Hay quienes creen y hay quienes no. "Para la mayoría de los jugadores africanos, la brujería no es más que una forma de superstición personal", sostiene Simon Kuper en Fútbol contra el enemigo. La brujería no es tan importante para ellos como se cree. Similar a las cábalas que se dan en Sudamérica o Europa, quizás la brujería africana sea más pintoresca y por eso cuando aparece causa tanta curiosidad. No obstante, con otros nombres y otras particularidades, prácticas similares conviven en el fútbol de todo el mundo.

8. De sexo, edades y nacionalidades

Dentro del fútbol africano, y desde hace ya mucho tiempo, hay algunos temas que preocupan en el seno de la dirigencia continental. Por un lado la adulteración de edades en jugadores juveniles y por otro las irregularidades en nacionalización de jugadores. En mucha menor medida también se han dado casos sospechosos de hombres jugando en equipos femeninos.

En la previa del inicio de la CAN Sub 17 Marruecos 2013, nueve jugadores tuvieron que ser desafectados de sus planteles al no superar las pruebas de edad. O sea tenían más años de lo que decían sus documentos. Fueron tres nigerianos, tres marfileños y tres congoleños. Sin embargo no era algo nuevo. Ya en 2009, la Federación Nigeriana se vio obligada a desafectar a quince jugadores por el mismo motivo. En 2013, Zarco Zecevic, presidente del Partizán de Belgrado, sostuvo que Taribo West —nigeriano que jugó en el club entre 2002 y 2004— "dijo tener 28 años cuando lo fichamos. Más tarde descubrimos que en realidad tenía 40". "Son declaraciones poco serias y carentes de cualquier fundamento. Si tenía 40 años al llegar a Partizán, ¿cuántos tendría ahora? Zecevic no es serio y no hay nada de cierto en sus afirmaciones", declaró el ex jugador de las Súper Águilas y el Inter de Milan, entre otros.

Las sospechas en torno a los juveniles nigerianos son muchas. Laide Okanlawon, arquero campeón del mundo en Corea del Sur 2007 entre los menores de 17 años, fue recibido en el aeropuerto por su señora y sus hijos. Su registro de nacimiento dice que llegó a este mundo el 30 de diciembre de 1990, se casó en 2004 y antes de consagrarse en suelo asiático tuvo dos hijos. Okocha, Kanú u Obafemi Martins son otros nigerianos sobre los que se sospecha sobre su verdadero año de nacimiento.

En 2010, tras el tercer puesto de las Súper Águilas en la Copa Africana de Naciones (CAN) de Angola, las críticas no tardaron en llegar a pesar de ocupar el último lugar en el podio. Ken Augweje, miembro de la Federación Nigeriana, dijo: "Nuestros muchachos son viejos, estamos pagando el precio por mentir tanto respecto de las edades de los futbolistas", a lo que Anthony Kojo Williams, cabeza de la Federación a finales de los noventa, agregó de forma lapidaria: "Siempre hacemos trampa. Es un hecho".

Otro caso muy curioso fue el del congoleño Chancel Mbemba Mangulu, que fue registrado hasta con cuatro fechas de nacimiento distintas. Ante sus dos primeros equipos congoleños —E.S. La Grace y Mputu—, la fecha de nacimiento de Mbemba era en 1988. Aunque, en una eliminatoria para la Copa de Naciones en junio de 2011, se registró su fecha de nacimiento como 30 de noviembre de 1991. La fecha de nacimiento con la que fue registrado ante su club belga, el Anderlecht, fue 8 de agosto de 1994. Para complicar más las cosas, el mismo Mbemba cree que nació en 1990. Del fútbol belga Mbemba pasó al Newcastle (Inglaterra) y luego al Porto.

Según Peter Alegi, "la mayoría de los fraudes de edad son deliberados y buscan asegurar victorias en torneos juveniles internacionales o contratos en el extranjero, especialmente en Europa". Para el ex presidente del Barcelona Sandro Rosell, "cuando tú vas a ver un partido de infantiles o cadetes ves chicos que vienen de África que tienen una edad superior. Tú ves los carnés de estos chicos y casualmente todos han nacido el 1 de enero. Todos. Es un tema de registro de estos países. Los chicos no tienen la culpa".

Chema Caballero va en ese mismo sentido. "La falta de registros civiles o la lejanía de ellos en muchos países hace muy difícil determinar la verdadera edad de una persona. Este es un problema que en muchos países se intenta atajar con campañas promocionando el registro de los recién nacidos. En zonas urbanas es mucho más fácil y está bastante asimilado, pero en muchas zonas rurales es casi imposible acceder a los registros civiles", cuenta.

En octubre de 2017, Brasil venció a Níger por 2-0 y se quedó con la cima del Grupo D de la Copa Mundial Sub-17 de India. El partido se jugó en el Estadio Pandit Jawaharlal Nehru, de Goa, y a pesar de la derrota los nigerinos pasaron como uno de los mejores terceros gracias al triunfo en la primera fecha 1-0 sobre Corea del Norte.

Pero la polémica, y la noticia que repercutió en todo el mundo, tuvo que ver con la edad y la fecha de nacimiento de los jugadores del seleccionado que dirigía Ismaila Tiemoko. En dicho Mundial hubo 12 jugadores nacidos en 'Año Nuevo' y siete eran de Níger. Ismael Issaka, Habibou Sofiane, Yacouba Aboubacar, Rachid Soumana, Ibrahim Boubacar nacieron el 1 de enero de 2000 y Kairou Amoustapha y Abdoulaye Boubacar el mismo día pero de 2001.

La pregunta y la duda: ¿estuvo manipulada la edad de nacimiento de los integrantes del seleccionado de Níger?

Un ex entrenador de las juveniles de Níger que pidió que su nombre no sea revelado manifestó: "Algunos no la saben —la edad— y otros pues... imagínate. Las pruebas detectan la edad pero hay unos márgenes altos de error. Yo te aseguro que hay chicos de 24-25 años jugando esa competición. No podría decirte que sé las edades reales de los chicos porque algunos no las saben ni ellos. Lo que yo nunca he permitido y nunca permitiré es cambiar edades. Tampoco me lo han sugerido nunca. A nosotros nos dejaron fuera dos chicos y yo dejé afuera alguno más. Si juegas con gente mayor el equipo no evoluciona. Quizás ganes en sub 17 pero los jugadores jamás evolucionarán para seguir jugando en sub 20 y

absoluta. Yo tenía alguno con fecha de nacimiento 1 de enero y fue ahí donde empecé a dudar de estas cosas".

Desde Marruecos, Rabie Takassa —ojeador de la Federación Marroquí—, sostiene que "el test médico que se hace en el brazo para determinar la edad no es de resultados 100% fiables. Por ejemplo a nosotros nos privaron de contar en las clasificatorias para la CAN 2017 con un jugador porque el test determinó que su crecimiento no iba en paralelo con la edad que tiene. El jugador era Mohamed El Gourari, jugaba en el Borussia Dortmund y nació en 2000 en Alemania, donde es imposible falsificar la edad. Presentamos todos los papeles, incluso los del hospital donde nació con fecha, hora y otros datos de su nacimiento, pero aún así fue excluido".

En las Eliminatorias para participar de la CAN Sub 17 de Gabón -clasificatoria para India-, Marruecos superó a Mauritania en la ronda preliminar pero luego cayó en primera ronda ante Guinea, uno de los cuatro representantes africanos en el Mundial. A su vez, los 8 seleccionados que lucharon en suelo gabonés por los cuatro pasajes a India fueron de la denominada África Negra. "Por este motivo —irregularidades en las edades de los jugadores— las selecciones del norte de África no ganan Copas África en juveniles y no se clasifican a los mundiales. Jugamos con jugadores de 17 contra jugadores de 20 en teoría", afirma Rabie.

Entre los Sub 17 a nivel continental, hay un amplio dominio del África Negra. Solamente una vez -Egipto en 1997- sobre trece ediciones disputadas hubo un campeón que no fue de esa zona del continente.

El campeón de dos de las tres últimas ediciones fue Malí —en Níger 2015 y Gabón 2017— que fue cuarto del Mundial de India. Desde Bamako, otra fuente cuenta: "En África hay algunos jugadores que no juegan con su edad real. Eso existe desde hace muchos años, pero la culpa es de las federaciones. En Chile 2015, Malí fue subcampeón y hubo tres jugadores que con 19 años lo jugaron. Lo sé porque son de mi misma generación".

“Hace un tiempo teníamos que hacer un viaje a España con un equipo de niños, y dos de ellos no tenían ningún papel, no tenían acta de nacimiento, no iban al colegio. Eran chicos de la calle sin padres y con mucho talento. Los miré y determiné que deberían tener 10 u 11 años y fueron anotados así. Ellos mismos no conocen sus edades y son los problemas que existen también...”, agrega la fuente maliense consultada.

Según cuenta el contacto marroquí, en 2016 la Confederación Africana de Fútbol obligó a todas las federaciones africanas a mandar la lista de jugadores con los que iban a participar de la etapa clasificatoria para que pasen un test en presencia de un médico de la entidad para determinar la edad. Nigeria y Costa de Marfil tenían jugadores con la edad falsificada y la CAF lo detectó antes de la clasificatoria. Congo fue uno de los clasificados a Gabón 2017 tras vencer a Tanzania, pero los tanzanos protestaron la inclusión de Langa Lesse Bercy quien no se había realizado la prueba de imagen de resonancia magnética (RM) y los congoleños quedaron descalificados.

“Níger es de los países más pobres del mundo. Es difícil que estén en el mundial con la edad amañada, creo que es porque no se sabe la edad exacta de nacimiento. Allí la gente se preocupa más por la comida que por ir al registro civil, si es que hay, para inscribir a los recién nacidos”, cierra Rabie Takassa sobre un tema que siempre va a generar polémica y suspicacias.

Sabido es que muchas federaciones buscan sacar ventajas con algunas maniobras pero la realidad es que también hay casos en que niños sin papeles ni documentación deben ser registrados con alguna fecha estimada de nacimiento y se corren este tipo de riesgos.

En cuanto a incongruencias en las nacionalidades,uno que siempre es protagonista es Guinea Ecuatorial. Tras la victoria por 4-3 sobre Cabo Verde por las Eliminatorias para el Mundial de Brasil, la FIFA comunicó que estaba investigando la

selección de aquel país por irregularidades en varios de sus jugadores, la mayoría extranjeros nacionalizados. En aquella citación, hubo brasileños, liberianos, marfileños, nigerianos y colombianos. Todos nacionalizados claro. Al mismo tiempo, también hubo en la lista varios españoles hijos o nietos de guineanos, o sea descendientes.

“Ante la gran cantidad de nacionalizados, la Oficina de Información y Prensa de Guinea Ecuatorial ha “ecuatoguineanizado” los nombres de los jugadores extranjeros, principalmente de los nuevos colombianos y brasileños. David Monsuy Ndong, redactor de las noticias deportivas; en lugar de citar a Ricardo Martins Pereira, lo ha hecho a nombre de Ricardo Mba Isao, siendo éste apenas uno de los muchos nombres que el presidente de la prensa deportiva de Guinea Ecuatorial mencionó dándole un corte nacional y ocultando el original”, informaron desde el sitio Nzalang Mundial.

Danilo, Judson y Ricardinho, tres de los brasileños del plantel, declararon en Bol Noticias que nunca habían puesto un pie en el país y que fueron contactados por Jordan de Freitas, entrenador de Brasil que dirigió al Nzalang hace algunos años. «Este entrenador se puso en contacto conmigo, me hizo todo el papeleo. Pero es sólo una oportunidad de trabajo. Yo percibo valores fijos por jugar por Guinea Ecuatorial y no por partido como muchos otros», expresó el arquero Clementino Danilo.

La polémica en torno al tema es muy grande. “Creo que hay muchos guineanos que pueden aportar grandes cosas a la selección sin tener que nacionalizar gente de otros países. Tenemos algún compañero nacionalizado que aporta grandes cosas pero creo que la base de nzalang tiene que ser guineana, hay que cuidar y crear escuelas de futbol para que los niños de Guinea Ecuatorial se formen como futbolistas”, declaró al blog Falso 9 el defensor David Kily, guineano que jugó la CAN 2012 para su país.

Entre las chicas, Guinea Ecuatorial también tuvo inconvenientes de este tipo. En octubre de 2018, el Comité Disciplinario de CAF determinó la descalificación de las ecuatoguineanas tras una queja presentada por Kenia por la mala inclusión de Annette Jacky Messomo, sospechosa de ser camerunesa. Tras investigar el caso, el organismo rector del fútbol africano llegó a la conclusión de que la jugadora no era elegible por Guinea Ecuatorial. Así, se confirmó la descalificación más una multa de diez mil dólares.

Messomo en declaraciones de 2015 al sitio CamerounSports manifestaba que quería jugar con la selección camerunesa. Ante esta situación, Kenia tomaba el lugar de Guinea Ecuatorial en Ghana 2018. Sin embargo, la CAF volvió la decisión atrás y las ecuatoguineanos pudieron estar en la cita ghanesa.

Pero no es Guinea Ecuatorial el único país que tiene problemas en relación a las nacionalidades. En 2011, Namibia protestó la inclusión por parte de Burkina Faso del camerunés Hervé Zengué. "El hecho de que él haya obtenido la ciudadanía no es suficiente para que sea elegible para jugar por Burkina Faso", dijo el secretario general de la NFA Rukoro. "Hay un montón de otros procedimientos que debe superar para que pueda jugar", agregó el directivo en aquel entonces.

También en las Eliminatorias para la CAN Egipto 2019, Gambia presentó una protesta ante la CAF por la inclusión de Adewale Olufade en el once inicial de Togo. La Federación de Fútbol de Gambia (GFF) cuestionó la elegibilidad del lateral izquierdo esgrimiendo que en 2016 fue registrado como nigeriano ante la entidad madre del fútbol africano cuando defendió los colores del New Stars Douala (Camerún). Además, habría discrepancias con respecto al nombre del jugador. "En el formulario de partido proporcionado por Togo, su nombre aparece como Adewale Oloufade, pero en el sistema CAF está registrado como James Adewale Olufade y su fecha de nacimiento es el 21 de agosto de 1994", afirmaba la protesta.

Un caso curioso en torno al tema es el de Mohamed Tchité. Nacido en Burundi, el jugador que militó en el Racing de

Santander, Anderlecht, Standard Lieja y Brujas de Bélgica, tiene cuatro nacionalidades —Burundí, Rwanda, RD Congo y Bélgica— pero no pudo jugar por ninguna selección absoluta. ¿El motivo? En categorías juveniles jugó primero por su país de nacimiento y luego para Rwanda y el reglamento de la FIFA solo permite cambiar una vez de equipo nacional. En 2008, el delantero obtuvo la nacionalidad belga pero, a pesar de haber sido convocado para las Eliminatorias rumbo a Sudáfrica 2010, nunca pudo vestir la camiseta de Bélgica.

Por último, también sospechas de cambio de sexo se han dado en el fútbol africano. A mediados de 2011, las jugadoras de Guinea Ecuatorial, Salimata y Bilguisa Simpore, fueron acusadas de ser hombres tras un juego ante Ghana, situación que provocó que ambas futbolistas dejaran la concentración de su equipo.

Mundialistas de otras selecciones nacidos en África

Durante Rusia 2018, mucho se habló acerca de los jugadores de Francia —campeón del mundo— y Bélgica —revelación— que nacieron en África o que están relacionados con dicho continente. También podríamos sumar a la lista a Suiza, Dinamarca, Suecia e Inglaterra, entre otros; a esta realidad que se vio plasmada en el último mundial.

En este apartado nos centramos exclusivamente en jugadores nacidos en África que representaron a otros países en la historia de los Mundiales. Por empezar, dos de los líderes de este equipo que elegimos fueron campeones con Francia. Es que Mandanda y Umtiti, el primero nacido en RD Congo y el segundo en Camerún, se suman a Desailly, Vieira y Gentile como campeones del mundo nacidos en el continente. Con todos ellos, acompañados por casos similares pero que no pudieron quedarse con el título, armamos un equipo de Hijos de África.

Al arquero Mandanda y al central Umtiti se sumarían para complear la defensa Patrice Evra —nació en Dakar (Senegal)—, Marcel Desailly —nacido en Ghana— y el excéntrico Abel Xavier -nacido en Mozambique-. El primero jugó en Sudáfrica 2010 y Brasil 2014, en tanto que Desailly fue campeón del mundo con *Les Bleus* en 1998. Nacido en Accra, fue adoptado de niño por un diplomático francés y dio sus primeros pasos en el fútbol en el Nantes y Marsella. Por último, Abel Xavier tuvo en 2002 su única participación mundialista. Nació en Nampula y hasta se dio el gusto de dirigir al seleccionado de su país de nacimiento.

En el mediocampo aparecen nacidos en Libia, Ghana, Senegal y Malí. El primero es quizás el más sorprendente y se trata de Claudio Gentile. El campeón del mundo con Italia en 1982 nació en Trípoli, la capital libia, en el seno de una familia siciliana. El nacido en Senegal es Patrick Vieira, quien fuera campeón con Francia en 1998 y subcampeón en Alemania 2006. Otro que también representó a los franceses en los Mundiales de 1982 y 1986 fue Jean Tigana, nacido en Bamako, la capital maliense. Y, por último, el nacido en Ghana es Gerald Asamoah, que jugó los Mundiales 2002 y 2006 por Alemania.

Para la delantera los puestos quedaron reservados para dos mitos del fútbol mundial. Eusebio da Silva Ferreira nació en Mozambique pero fue la figura de Portugal en Inglaterra 1966 anotando nueve goles y llevando a los lusos a un histórico tercer puesto. Un caso similar de aquel equipo fue Coluna, elegido en el equipo ideal de ese Mundial y luego presidente de la Federación de Mozambique y Ministro de Deportes del país entre 1994 y 1999.

Pero en este equipo quien acompaña a Eusebio en la delantera es Just Fontaine. El autor de 13 goles para Francia en el Mundial de Suecia 1958 había nacido 25 años antes en la hoy ciudad marroquí de Marrakech, que en ese tiempo era parte del Protectorado francés en territorio de Marruecos.

Entre los suplentes escogidos aparecen algunos esperables por haber nacido en las colonias de los países que representaron luego, como Ayache (Argelia/Francia) o Makelele (RD Congo/Francia) y otros no tan comunes como un caboverdeano jugando por Suiza (Gelson Fernandes) o un nigeriano jugando por Polonia (Olisadebe). Completan la lista de convocados Roy Wagerle (nacido en Sudáfrica y mundialista con Estados Unidos en 1994 y 1998), Mark González (nacido en Sudáfrica y mundialista con Chile en 2010) y Roberto López Ufarte (nacido en Marruecos y mundialista con España en 1982).

Polémica por el título francés

Tras el título de Francia en el Mundial de Rusia (el segundo de su historia tras el que ganaron como locales en 1998), algunos medios hablaron del primer campeón del mundo africano o se preguntaban si el campeón no era en verdad un seleccionado de África por las raíces de la mayoría de su plantel.

Para Toni Padilla —periodista español y autor de *Atlas de una pasión esférica*—, aquello "formó parte del debate identitario que vive Francia y medio mundo en general en estos años de emigración masiva de millares de personas hacía lugares más prósperos. La realidad de Francia es esa, millones de habitantes franceses son africanos o son hijos de africanos. Francia llegó a África, como otros estados, sacó provecho y creó puentes que provocaron viajes en las dos direcciones. Ser francés quiere decir muchas cosas ahora, y algunos no quieren que sea así. Evidentemente que puede sorprender la proporción de jugadores de origen africano. Quizás eso demuestra que el fútbol permite dar oportunidades a chicos pobres, más que la universidad u otros sectores".

En tanto que para Munir, arquero de Marruecos en Rusia 2018: "Francia ha sido justa vencedora, siendo el equipo más regular y ofreciendo un fútbol efectivo. Los jugadores de origen africano han elegido representar a un país que los acogió y no lo veo mal. Francia es un país que acoge a mucha gente de otros países y ellos han sentido que tienen que representar al seleccionado francés y en Rusia tuvieron su premio".

9. Nigeria, amplio dominador entre las chicas

Si lo comparamos con el fútbol masculino, la rama de las mujeres es relativamente nueva en el continente. Por ejemplo, la Copa Africana de Naciones (CAN) Femenina comenzó a disputarse en 1991 mientras que para ese entonces los varones iban por la edición número 17.

Ya desde mediados de los ochenta, las estrategias femeninas africanas tomaron un impulso mayor y se reavivó el activismo femenino y feminista. Las mujeres trascendieron los nacionalismos y utilizaron las plataformas internacionales (Conferencias Mundiales de las Mujeres, por ejemplo) para presionar en materia de legislación y derechos. En los noventa, las mujeres empiezan a luchar por presidencias y ministerios. Gran cantidad de Estados del continente crean ministerios de Asuntos Sociales y de las Mujeres, para garantizar equidad de género como una política fundamental.

Con el paso del tiempo, el rol de la mujer en el continente fue tomando mayor importancia y con él el fútbol también. Aún así, todavía queda mucho por hacer.

En 2013, Isha Johansen, a sus 48 años, fue elegida Presidenta de la *Sierra Leone Football Association* (SLFA), y se convirtió en la segunda presidenta en activo de una asociación nacional del planeta, junto con Lydia Nsekera, de Burundi.

Cuatro años después Togo dio sus primeros pasos para una liga doméstica para las chicas. Christine Mana Dzodopé, presidenta de la comisión para el fútbol femenino, logró que la Federación Togolesa de Fútbol (FTF) conceda una subvención del equivalente a 762 euros a cada club participante de la nueva liga.

Mientras tanto Senegal vio como una ex futbolista era nombrada como primera ministra. El presidente Macky Sall dio tal responsabilidad a Aminata Touré, quien había jugado en el Gazelles de Dakar —club emblemático de la capital senegalesa— y también apasionada del atletismo y del balonmano. Fue la segunda mujer que ocupó el cargo, después de que Mame Madior Boye ejerciera la jefatura del Gobierno entre marzo de 2001 y noviembre de 2002.

"Las cosas mejoran poco a poco —contó la argelina Rayan Brahimi en 2017—, y el fútbol femenino se va desarrollando en nuestro país. Se aprecian grandes avances en relación a los últimos años, pero hay que seguir trabajando para recuperar nuestro retraso. También hay que mejorar la formación en la base y tener una estrategia a largo plazo para garantizar el futuro del fútbol femenino en nuestro país". Brahimi sabe de lo que habla, es una de las más talentosas del país e internacional desde la categoría sub-17, juega con la absoluta desde 2013 y es consciente de lo que se ha avanzado estos años.

"Es un testimonio del compromiso de la CAF con el desarrollo del fútbol femenino. También brindará a las mujeres oficiales de partidos una plataforma más grande para exponer sus talentos y también adquirir experiencia a nivel competitivo considerando los partidos y competiciones limitadas, que a menudo afectan su progreso y desarrollo", se informó desde la web oficial de la CAF en marzo de 2019 ante una decisión pionera, que dio por primera vez al arbitraje femenino la responsabilidad de comandar encuentros de un certamen masculino de selecciones. La principal Jonesia Rukyaa Kabakama (Tanzania) y las asistentes Mary Wan-

jiru Njoroge (Kenia) y Lidwine Rakotozafinoro (Madagascar) fueron las seleccionadas para impartir justicia en la CAN para menores de 17 años, que se desarrolló en Tanzania del 14 al 28 de abril.

"La igualdad de género —dijo el presidente de la FIFA— es una cuestión que debemos tomarnos muy en serio, y estoy convencido de que todos ustedes apoyarán a las tres selecciones africanas que van a participar en la Copa Mundial Femenina de la FIFA que se celebra en Francia este verano. En la nueva FIFA estamos decididos a cambiar, y nuestra propia Secretaria General, Fatma Samoura de Senegal, fue la primera mujer que asumió este cargo en 2016, siendo la primera vez que una mujer pasó a ocupar este cargo en 112 años de historia de la FIFA. Ella es un ejemplo brillante de las habilidades y competencias de África", fueron las palabras de Gianni Infantino, ante la 32ª Asamblea Ordinaria de la Unión Africana en Adís Abeba (Etiopía). Su intervención ante el organismo compuesto por 55 países y que preside el Presidente de Rwanda, Paul Kagame, siguió a la de Bill Gates, y supuso la primera vez que un Presidente de la FIFA se dirigió a la Unión.

Hasta Guinea, en donde el fútbol femenino no ha tenido casi desarrollo en la última década, declaró a Yéo Mathias Moriba, ex jugadora del seleccionado guineano y madre de los hermanos Pogba, como embajadora del fútbol femenino de su país. Para la CAN Femenina Ghana 2018, las chicas de Guinea ni siquiera participaron de las Eliminatorias. Quizás con la figura y el apoyo de Moriba el fútbol femenino del país empiece a tener mejoras a futuro.

En agosto de 2019, en Sudán se dieron los primeros pasos para la formación de la liga. "La liga femenina de fútbol empezará en la primera semana de septiembre", declaraba Mirvat Hussein, la responsable de la Federación Sudanesa para el fútbol femenino. "En el pasado era difícil para las mujeres jugar al fútbol, había muchas dificultades", explicó la joven Rayan Ibrahim Rajab, del club Tahadi.

En julio del mismo año, el seleccionado de Mauritania tuvo su primer partido en la historia. Las chicas dirigidas por Abdoulaye Diallo recibieron a Djiboutí en el Cheikha Boïdiya de la capital y a pesar de la derrota por 3 a 1 dieron un gran paso con la formación del equipo y el comienzo de las participaciones a nivel internacional. Además, el encuentro sirvió de preparación para disputar el torneo de COTIF en España.

Aún ante estos avances, muchos países del continente siguen sufriendo la mala percepción social del fútbol femenino. En Nigeria, el vicepresidente de la NFF, Seyi Akinwunmi, afirmó que los malos resultados de su selección femenina se debían al "lesbianismo", algo que está prohibido en el país. "El lesbianismo acaba con los equipos" y "la gente tiene miedo de hablar de ello", lanzó en un encuentro con periodistas deportivos en Ibadan. Ya en junio de 2011, la por entonces entrenadora Eucharia Uche había dicho que la homosexualidad era "espiritualmente y moralmente condenable", admitiendo que había despedido a jugadoras homosexuales en su equipo. La homosexualidad está prohibida en Nigeria y puede llegar a ser castigada con hasta 14 años de prisión.

Más allá de las dificultades, los avances y el empoderamiento de la mujer en el ámbito deportivo se hacen cada vez más visibles. Al mismo tiempo, algunos países con más trayectoria como Nigeria, Ghana, Guinea Ecuatorial, Camerún o Sudáfrica intensifican el desarrollo y el progreso del fútbol femenino continental.

Las ghanesas estuvieron por primera vez en la Copa Mundial Femenina de la FIFA en Estados Unidos 1999, o sea, siete años antes que sus homólogos varones lo hicieran en Alemania 2006. Además lograron clasificarse para tres ediciones seguidas de la cita global. Sin embargo, recién tuvieron su liga oficial en 2012.

Copa Africana de Naciones

Nigeria es el amplio dominador en la CAN, aunque Guinea Ecuatorial logró arrebatarle el trono en dos ocasiones; mientras que camerunesas y sudafricanas siempre están al acecho.

Desde 1998, la CAN se disputa con el formato actual: dos grupos de cuatro y los dos mejores a semifinales. Las nigerianas ganaron las cinco primeras ediciones en fila, tres como locales (1998, 2002 y 2006) y dos en territorio sudafricano (2000 y 2004). Las tres siguientes fueron para Guinea Ecuatorial (2008 y 2012, como locales) y otra vez Nigeria en Sudáfrica (2010). De 2012 a esta parte tricampeonato nigeriano (Namibia 2014, Camerún 2016 y Ghana 2018) con Asisat Oshoala, Francisca Ordega y Desire Oparanozie como principales figuras.

Mundial

En la historia de los Mundiales femeninos Nigeria siempre ha dicho presente. Desde la primera edición, disputada en 1991 en China, hasta Francia 2019, las chicas nigerianas han tenido asistencia perfecta, al igual que Estados Unidos, Alemania, Noruega, Brasil, Suecia y Japón. Además, es uno de los dos seleccionados africanos que pudo superar en dos ocasiones la fase de grupos: en Estados Unidos 1999 cayó 4-3 con Brasil en cuartos de final y en la última edición perdió 3-0 con Alemania en octavos.

Camerún, que solamente participó en Canadá 2015 y Francia 2019, también superó en esas dos ocasiones la fase de grupos cayendo en octavos ante China e Inglaterra, respectivamente.

Ghana (1999, 2003 y 2007), Guinea Ecuatorial (2011), Costa de Marfil (2015) y Sudáfrica (2019), son los otros países africanos que han jugado Mundiales femeninos.

Juegos Olímpicos

El fútbol femenino en las citas olímpicas se introdujo recién en Atlanta 1996. Nunca las chicas africanas obtuvieron una medalla, ítem dominado por Estados Unidos (cuatro oros y una plata en seis ediciones).

Nigeria (Sydney 2000, Atenas 2004, Pekín 2008) fue la representante en las primeras ediciones hasta que en Londres 2012 aparecieron Sudáfrica y Camerún. Las chicas sudafricanas repitieron en Río de Janeiro 2016 acompañadas por la debutante Zimbabwe.

Seleccionados Juveniles

En el fútbol formativo aún hay mucho trabajo por hacer. Pero las niñas africanas empiezan a dar sus primeros pasos en los Mundiales juveniles.

Entre los Sub 20, solamente tres países han tenido la gracia de jugar un Mundial de la categoría: Nigeria, Ghana y la República Democrática del Congo. Las nigerianas son claramente las más fuertes de África, con dos subcampeonatos en 2010 y 2014. En ambas ocasiones el verdugo en la final fue Alemania. En Canadá 2014, al menos el consuelo fue la elección de Asisat Oshoala como mejor jugadora del torneo.

A nivel Sub 17 Ghana es el de mejor performance (5° en la tabla histórica), con presencia en las seis ediciones y un tercer puesto en Azerbaiyán 2012 como ubicación más alta. En Uruguay 2018 tuvo en Mukarama Abdulai a la goleadora del certamen (7 goles) y Balón de Bronce detrás de la española Claudia Pina y la mexicana Nicole Pérez.

Nigeria (5 participaciones), Camerún y Sudáfrica (2), Zambia y Gambia son los otros países que han representado a África en esta categoría sin demasiado éxito.

10. Fútbol y ébola

Suele escucharse y decirse que en África todo tiene que ver con todo. Y allí donde pareciera que fútbol y ébola nada tienen que ver ambos se unen para ser el tema en boga en los medios especializados de fútbol africano. Eso fue lo que pasó a mitad de 2014.

A principios de agosto de ese año, por la vuelta de la segunda ronda de las Eliminatorias para la CAN Marruecos 2015, Seychelles debía recibir a Sierra Leona con el objetivo de dar vuelta el 0-2 de la ida y meterse en la fase de grupos. Sin embargo, eso no fue posible ya que las autoridades de inmigración de Seychelles impidieron el ingreso de la delegación sierraleonesa por riesgo al probable contagio del virus, que para ese momento ya tenía registradas casi 1000 muertes con el nuevo brote surgido a principios de marzo.

Elvis Chetty, presidente de la Seychelles Football Association, en diálogo con la BBC Sport, declaró: “La decisión tomada hace que nuestro país pierda el partido. Hemos tomado la decisión debido a los consejos que nos ha enviado el Ministerio de Salud de Seychelles. También recibimos una carta del Ministerio de Inmigración diciendo que no permitiría que el equipo de Sierra Leona ingrese en nuestra jurisdicción”. Seychelles podría haber pospuesto el partido pero prefirió retirarse directamente del camino a Marruecos 2015 ante esta situación. La delegación de Sierra Leona estaba en viaje rumbo a las islas, pero en una escala en Nairobi (Kenia) se les comunicó de este inconveniente y detuvieron su traslado.

Pero, ¿qué es el ébola? Por empezar, hay que marcar que es un virus que tuvo su primera aparición en 1976 en Zaire (hoy República Democrática del Congo), cuando un profesor llamado Mabalo Lokela falleció en 14 días. Aquel primer brote tuvo, según la Organización Mundial de la Salud (OMS), 318 casos y 280 fallecidos con una tasa de mortalidad del

88%. En el mismo año, en el limítrofe Sudán se registraron 284 casos más con 151 muertes.

Según la OMS, "se considera que los murciélagos frugívoros, en particular Hypsignathus monstrosus, Epomops franqueti y Myonycteris torquata, son posiblemente los huéspedes naturales del virus del ébola en África. Por ello, la distribución geográfica de los Ebolavirus puede coincidir con la de dichos murciélagos".

Entre 2013 y 2014, Guinea, Liberia y Sierra Leona fueron el epicentro de la epidemia más grave de la historia, con 11.000 muertos. La propagación del virus alteró los planes (futbolísticamente hablando) para guineanos y sierraleoneses que tuvieron que buscar nuevos destinos donde acoger sus encuentros por las Eliminatorias para la CAN 2015. Guinea llegó a un acuerdo con el gobierno marroquí y fue local en el Stade Mohamed V de Casablanca. Le salió bien y pudo clasificar a la CAN 2015 sin haber jugado en casa. Sierra Leona recurrió a otra estrategia, mucho más curiosa. Fue local en los países a los que debió enfrentar en el Grupo D: Camerún, Costa de Marfil y República Democrática del Congo. Así, jugó dos partidos en Yaoundé, dos en Abidjan y dos en Kinshasa. Y fue el peor del grupo: con sólo un punto sumado y viendo como sus tres rivales se metieron en la edición número 30 de la CAN. Cameruneses y marfileños por los dos cupos que dio cada zona y los congoleños como el mejor tercero de todos.

No sería la última vez que el ébola estaría en el centro de la escena en el camino a la CAN. A menos de dos meses para el inicio, desde Marruecos se decidió seguir adelante con la realización del Mundial de Clubes pero se planteó la necesidad de posponer la CAN por el riesgo de la propagación del virus dentro de su territorio. En El Cairo, el Comité Ejecutivo de la CAF tomó nota de la solicitud pero luego de analizarla durante unos días decidió que los Leones del Atlas fueran descalificados automáticamente y no participen en la 30ª edición de la CAN.

Fue así que empezó otra historia. ¿Quién tomaría la responsabilidad de albergar el certamen? El camerunés Issa Hayatou, presidente de la CAF dialogó con France 24 por aquellos días y manifestó: "Hay muchas razones que nos llevan a no cambiar las fechas. Tenemos un problema con los clubes franceses, que no liberarán a nuestros jugadores si movemos la Copa África de Naciones". "Posponer este evento sería matar al fútbol africano, se abrirá la puerta para que todo el mundo pida retrasar cualquier competición y ya no seremos creíbles y no organizaremos nada. Perjudicaremos a nuestros patrocinadores; todo el mundo dirá que no estamos preparados y la CAF es la que pagará por ello. Esto es lo que dije a los marroquíes", afirmó. "Ellos dijeron que la razón de su pedido era el ébola. Pero cuando vemos también que Marruecos continúa por las vías normales el proceso de organización del Mundial de Clubes, sólo 25 días antes de la CAN, entendemos que ese es un argumento que debe ser borrado rápidamente", concluyó tajante mientras comenzaban a sonar Angola, Gabón, Guinea Ecuatorial, Nigeria y Egipto, entre algunos de posibles candidatos a albergar la competición.

El viernes 14 de noviembre fue el día. Después del encuentro con Teodoro Obiang Nguema, presidente de Guinea Ecuatorial, y en una rueda de prensa realizada en el Sofitel Internacional de Malabo, el presidente de la CAF, Issa Hayatou, anunció la nueva sede de la CAN 2015: Guinea Ecuatorial. Cuatro meses después, la misma entidad que los había suspendido por la mala inclusión de un jugador, le confiaba la organización de su torneo más importante. Las maniobras de nacionalizaciones adulteradas son moneda corriente en el país de Obiang. Jugaban en el seleccionado que dirigía Andoni Goikoetxea, futbolistas nacidos en Brasil, Colombia, Camerún, Costa de Marfil y Congo. Con tal de poder llevar adelante la CAN, la máxima dirigencia del fútbol africano olvidó eso por un rato y la pelota siguió rodando. Y el ébola, aunque ya no ocupe las portadas de los principales diarios

del mundo, sigue sumando víctimas en un continente siempre castigado.

En mayo de 2018, la OMS advirtió que un nuevo brote de ébola que afectaba a RD Congo significaba un riesgo de salud pública "muy alto" para el país. El aumento de la valoración del riesgo se debió a que el virus había salido de la zona rural donde se habían registrado todos los casos del brote para llegar a la ciudad de Mbandaka, de 1,2 millones de habitantes. En la previa del amistoso del seleccionado congoleño en Nigeria, el Ministro de Deportes nigeriano, Solomon Dalung, manifestó: "el equipo congoleño llegará en un vuelo especial, (y los jugadores) serán controlados a su salida de la República Democrática del Congo y también a su llegada a Nigeria". Medidas que obviamente apuntaban a prevenir cualquier contaminación en territorio nigeriano.

"Hemos escrito al Ministerio de Salud para que se examine a todos los que vienen a Nigeria. Sin embargo, la mayoría de los jugadores congoleños para el partido tienen base en el extranjero", había declarado días antes Seyi Akinwumi, el primer vicepresidente de la Nigeria Football Federation. De los 28 convocados por Ibenge para ese amistoso, once militaban en clubes congoleños: cuatro en el TP Mazembe, cinco en el AS Vita Club, uno en el Sanga Balende y uno en el Motema Pembe. La casa del Mazembe, Lubumbashi, por ejemplo, está situada a más de 3000 kilómetros del epicentro de aquel nuevo brote de ébola. Ocurre lo mismo con Kinshasa, la capital, que es la sede del AS Vita y el Motema Pembe; mientras que el Sanga Balende es de la zona del TP Mazembe. Finalmente el amistoso se llevó a cabo sin problemas y fue empate 1 a 1 en el Adokiye Amiesimaka Stadium de Port Harcourt.

El último antecedente tiene también a la RD Congo como protagonista y data de marzo de 2019, por las Eliminatorias para la CAN 2019. Los congoleños debían recibir a Liberia en busca de la clasificación por el Grupo G pero los liberianos solicitaron a la CAF que reubique este partido crucial -ambos con chances de clasificación- programado en el Stade de Martyrs en Kinshasa.

Para justificar su solicitud, la Federación de Liberia (LFA) destacó la amenaza del virus del ébola en territorio congoleño, donde se registraron 927 casos y 584 muertes desde agosto de 2018. Aunque la epidemia tenía su epicentro lejos de la capital, más precisamente en Kivu -al norte-, la LFA resaltó los malos recuerdos de 2014/15 cuando Liberia fue uno de los países más afectados por el virus

"Basándonos en nuestra experiencia con el ébola en Liberia y las muertes que causó a muchos de nuestros hermanos, creemos que esto podría tener un impacto psicológico significativo en la mente de nuestros jugadores", dijo Isaac Montgomery, secretario general de LFA, a la BBC.

La solicitud fue enviada al secretario general de la CAF, Amr Fahmy, el 10 de marzo pero como no existía riesgo inminente para la salud, la respuesta fue negativa. Así fue que el 24 de marzo, los Leopardos se impusieron 1-0 con gol de Bakambu para clasificar como segundos de su zona.

SEGUNDA PARTE

CAPÍTULO 2

ÁFRICA DEL NORTE

11. El primer Zidane (Argelia)

Antes que Zinedine hubo otro Zidane. Jugó dos Mundiales y con destacada participación. Se trata del argelino Djamel. Cuando en la previa del Mundial 2014 me contactaron para escribir sobre Argelia en el libro *Un Picado en el Maracaná* pensé en Djamel. Hasta donde sabía, era el tío de Zinedine. Pero no. Al comenzar mi búsqueda y mi investigación me encontré con informaciones que diferían entre sí. En un lado decía que era el tío, otro sitio aseguraba que eran primos, al mismo tiempo que un redactor sostenía que eran hermanos. Desconcertado llamé a uno de los periodistas argentinos que más sabe de fútbol internacional: el gran Pablo Aro Geraldes.

—¡Hola Pablo! Te llamo para hacerte una consulta. Estoy haciendo una nota sobre Argelia. ¿Sabés si existe algún parentesco entre Djamel y Zinedine Zidane? —le dije.

—Justo ayer estuve haciendo un archivo sobre vínculos familiares en la historia de los Mundiales y no los tengo. Pero lo mejor es confirmarlo con un periodista de allá, ni siquiera un francés creo que lo sepa a ciencia cierta —me respondió seguro.

Tras consultar por diferentes medios, llegaron finalmente las respuestas y certezas. "There's NO relation between Zinedine Zidane and Djamel Zidane", respondió el periodista argelino Maher Mezahi a mi consulta vía Twitter. Sí, así con el no en mayúscula, para que quede claro. "No hay relación entre los dos jugadores, ni familiar ni barrial. Sus padres son nativos de Argelia. Uno jugaba con el equipo nacional de Argelia. El otro eligió el equipo de Francia pero su corazón quedó con Argelia", afirmó el colega Nacereddine Laroussi desde Argel. Así comienza la historia del otro Zidane, del primer Zidane.

*

Principios de 1982. En Bélgica, el K.V. Kortrijk está a punto de comenzar el entrenamiento. Djamel Zidane hace dos años que milita en el club belga y charla con su compañero alemán Diedle.

—¡Qué paliza les vamos a dar! —le dice el teutón. Se refería a la primera fecha del Grupo B del Mundial de España. La República Federal de Alemania estrenaría al seleccionado argelino en los Mundiales. Un mes antes del inicio de la cita española, y luego de las constantes cargadas de Diedle, Djamel retrucó y le dijo que sería Argelia el vencedor de dicho encuentro. El alemán lo miró como si fuera un tonto, según contó Djamel años después en una entrevista.

El 16 de junio de ese año, en El Molinón de Gijón, los tantos de Rabah Madjer y Lakhdar Belloumi le dieron el triunfo 2-1 al elenco de Zidane, que jugó los primeros 64 minutos. Rummenigge había empatado transitoriamente pero no pudo evitar una de las grandes sorpresas de la historia de los Mundiales.

—Cuando quieras me pagas el trago que me debes y de paso charlamos un poco del partido —Lo apuró Djamel a Diedle cuando se volvieron a encontrar en los entrenamientos del Kortrijk.

Y así fue, charlaron de eso y de todo lo que hizo Argelia en aquel Mundial. Los Zorros del Desierto, tras el triunfo ante los alemanes, perdieron con Austria 2-0 y en la última fecha derrotaron 3-2 a Chile en un partidazo. Goles de Salah Asaad, en dos ocasiones, y Tedj Bensaoula. En el otro partido se medían alemanes y austríacos y sólo un resultado dejaba afuera al equipo que dirigía Rachid Mekhloufi: el 1-0 a favor de los primeros. Así sucedió. A la mañana siguiente, el diario El Comercio, de Gijón, publicó la crónica del encuentro en la sección de policiales con un llamativo titular: "Timo a cuarenta mil personas". Estafa, tongo, amaño, acuerdo, arreglo, y/o pacto fueron otras de las palabras que se utilizaron para definir aquel accionar que dejó a los argelinos sin poder acceder a la siguiente instancia en su primera participación mundialista.

Argelia protestó ante la FIFA pero no hubo caso. No pudo pasar la fase de grupos pero al menos logró algo con su estadía en España 1982. Después de ese Mundial, los últimos dos partidos de cada grupo —o sea la tercera fecha— se juegan en el mismo horario para que no vuelvan a darse este tipo de "acuerdos" entre los equipos.

"Mi primer Mundial es uno de los mejores y más hermosos recuerdos que tengo de mi carrera como futbolista. Hicimos caer a un gigante como Alemania. Son momentos que quedan en la historia. Éramos un grupo unido que hablaba en la cancha. En mi etapa en la selección no era mucho el tiempo que estábamos juntos ya que jugábamos y después cada uno volvía a su club, pero en el campo todo funcionaba bien y éramos como una familia", recordó Djamel sobre aquella experiencia en una entrevista con el sitio especializado *DZ Foot*.

*

"La figura de Ben Bella fascinaba a todo el mundo. El presidente adoraba el fútbol. Dedicaba mucho tiempo a ver los partidos, y tampoco desperdiciaba las ocasiones de jugar. A menudo, entre el trabajo sobre nuevos decretos y la reunión del Buró Político, iba al campo de fútbol para correr detrás de un balón. Su compañero en estos juegos, también futbolista aficionado, era el ministro de Asuntos Exteriores de Argelia y uno de los principales organizadores del complot contra Ben Bella, Abdel Azis Buteflika", se puede leer en el artículo *Argelia se cubre el rostro* del polaco Ryszard Kapuscinski.

Desde 1999 y hasta abril de 2019, Buteflika fue el presidente del país. Junto con Ben Bella —primer presidente de la Argelia independiente— formaron parte del Frente de Liberación Nacional (FLN), vital en la lucha contra Francia por el fin de la colonización. Los franceses habían dominado desde 1830, pero entre 1954 y 1962 estalló una lucha encarnizada entre la metrópoli y el FLN. En ese período, más precisamente el 28 de abril de 1955, Djamel Zidane nacía en Argel y luego transitaba los primeros años de su infancia. Según el periodista Wahab Med, "Djamel nació en el barrio Abiar Chaabi y desde pequeño demostraba su gran amor por el país que estaba por surgir. Hay quienes dicen que los revolucionarios lo utilizaban para mandar mensajes, al igual que a otros niños y jóvenes. En 1962 salió, junto a sus amigos, a festejar por las calles al grito de Argelia libre e independiente".

El fútbol también estuvo involucrado en la causa revolucionaria argelina. El 11 de abril de 1958, Rachid Mekhloufi –el mismo que sería el entrenador de Zidane en España 1982– desapareció de la concentración del seleccionado francés junto a un compañero. A los pocos días comenzaba a tomar forma el equipo de fútbol del FLN. Mekhloufi podría haber jugado el Mundial de Suecia para Francia, sin embargo tenía otros planes.

Aquel equipo, que jugó un total de 91 partidos con 65 victorias, 13 empates y 13 derrotas, representaba la defensa y el apoyo hacia el objetivo argelino de independizarse. "Me hubiera encantado jugar la Copa del Mundo, pero no era nada comparado con la independencia de mi país. Al principio nadie creía que podíamos formar un equipo competitivo, pero a medida que fuimos logrando victorias, todos nos fueron viendo como militantes, como luchadores. En todo el mundo nos veían como gente luchando por la justicia, por la independencia", aseguró años después Mekhloufi en declaraciones a la revista *France Football*.

El denominado Once de la Independencia es, junto al de la década del 80, el equipo más recordado en la historia del fútbol argelino. Zidane formó parte de este último que además de España 82 disputó el Campeonato del Mundo siguiente: México 1986. Allí, en el debut de los Zorros en tierra azteca, esta vez con Rabah Saadane en el banquillo, Zidane marcaría el único gol de su equipo en el Mundial.

En el Estadio 3 de Marzo de Guadalajara, Norman Whitside adelantó a Irlanda del Norte a los cinco minutos. En el segundo tiempo, a los 59, tras una serie de toques a la salida de un tiro libre, un zurdazo bajo de Zidane decretó el 1-1. El número 14 y una extraña camiseta roja que usó Argelia son recuerdos de aquella jornada, en la que los de Saadane festejaron sú único punto ya que seguieron derrotas 1-0 y 3-0 con Brasil y España, respectivamente.

Veinticuatro años después, en Sudáfrica, otra vez de la mano de Saadane, los Zorros del Desierto volvieron a decir presente en un Mundial pero no pudieron festejar ni siquiera un gol. Zidane fue invitado por la Federación Argelina de Fútbol (FAF) junto a otras glorias del fútbol del país a presenciar los partidos pero se fue con las ganas de festejar al menos un tanto. El equipo perdió 1-0 con Eslovenia, empató sin goles con Inglaterra y se despidió con una nueva derrota 1-0 ante Estados Unidos. Ni Ghezzal, ni Djebbour ni Saifi, entre otros, pudieron emular a Zidane, por lo que Argelia llegó a Brasil 2014 con cinco partidos y 31 minutos sin convertir goles en citas mundialistas.

*

“Djamel Zidane ocupa un espacio central en la historia del fútbol argelino. Formó parte de una talentosa generación de volantes ofensivos junto a Rabah Madjer, Lakhdar Belloumi, Salah Assad y Mustapha Dahleb. Muchas veces, por considerarlo como parte de un grupo o una generación, se pierde noción de lo buen jugador que era. En este sentido, él siempre fue un jugador infravalorado. Además, forma parte del pequeño grupo de jugadores argelinos que marcaron en un Mundial, junto a Madjer, Belloumi, Assad y Bensaoula”, afirmaba en la previa de Brasil 2014 Maher Mezahi, argelino y especialista en fútbol africano.

Ni bien Argelia obtuvo la clasificación al Mundial, con el bosnio Vahid Halilhodzic en la dirección técnica, se pudo ver en Twitter una foto que combinaba en un festejo a Zidane y Belloumi con Soudani y Feghouli, dos de las estrellas más recientes. En las Eliminatorias para la cita en suelo brasileño, Argelia convirtió 16 goles. Cinco de ellos los hizo Islam Slimani. Feghouli, Taider, Soudani, Ghilas, Medjani y Bougherra fueron los otros que se anotaron en la lista de artilleros.

En el Mundial de Brasil, Argelia fue el mejor africano llegando hasta los octavos de final y perdiendo en el suplementario con Alemania que sería campeón del mundo. Feghouli, en la caída en el debut 2-1 ante Bélgica, fue el primer sucesor de Zidane en eso de gritar un gol en un Mundial. Siguieron tantos de Slimani (2), Djabou (2), Halliche y Brahimi para triunfo sobre Corea del Sur, empate ante Rusia y la mencionada caída versus los alemanes. En Rusia 2018, y después de dos apariciones consecutivas, los Zorros del Desierto volvieron a ausentarse de un Mundial.

Mientras tanto, Djamel será siempre recordado como el primer Zidane.

12. Memorias del subsuelo (Egipto)

— ¿Por qué me salvé yo y no pude hacer nada para evitar lo que pasó? —le pregunta Oscar Elizondo a Laura, su psicóloga.

— ¿Qué ibas a hacer, Oscar? No podías hacer nada. Sólo tenés que estar agradecido de poder seguir con vida.

***

—Hoy no vas a filmar —le avisa el entrenador Manuel José a Elizondo, que está encargado de filmar los partidos y analizar los rivales, en la previa de Al Masry-Al Ahly, por la Liga de Egipto. El ambiente está enrarecido, y el entrenador del Al Ahly, el equipo más importante del África, lo percibe. "Los vamos a matar a todos", reza una bandera de los hinchas locales en la tribuna del estadio Port Said.

Es la tarde noche del 1 de febrero de 2012, y el Al Masry pierde 1-0 en su casa contra el líder Al Ahly al inicio del segundo tiempo. Un hincha local ingresa a la cancha con una bengala. Los otros hinchas, con fierros y palos, le exigen que vuelva a la tribuna para que el partido siga. Una botella cae en la cancha. El partido se interrumpe. Uno de los árbitros asistentes muestra una piedra que le acaban de arrojar. El árbitro decide continuar pero cada vez hay más hinchas del Al Masry detrás del arco del Al Ahly, en la pista de atletismo. Al Masry lo da vuelta y se pone 2-1 a los 38 minutos.

—Ni bien pita el árbitro, corremos todos para el vestuario —les dice el entrenador Manuel José a los suplentes y al cuerpo técnico, Elizondo incluido. A los 47, Al Masry se pone 3-1.

Llega el final, y los jugadores del Al Ahly corren desesperados hacia el vestuario mientras los hinchas de Al Masry inundan como hormigas la cancha.

"Fue desesperante, íbamos corriendo y recibiendo golpes. Recuerdo haberme caído de una patada que me dieron.

Pero me levanté y seguí corriendo", repasa Elizondo. En total, corre 100 metros desde el banco de suplentes hasta una suerte de túnel —el mismo por el que habían ingresado a la cancha—, donde sintió un golpe en el techo de plástico: una piedra lanzada por un hincha lo hizo añicos. La piedra le rozó la cabeza. Elizondo llega, por fin, al vestuario.

Él no sabe aún que el saldo de ese día sería de 74 muertos y alrededor de mil heridos.

***

La inmolación de un joven tunecino llamado Mohamed Bouazizi el 17 de diciembre de 2010 fue el detonante de una insurrección popular que rápidamente atravesó las fronteras de Túnez. La Primavera Árabe seguiría en Siria, Yemen, Libia y Egipto.

"Los hinchas de Al Ahly habían jugado un papel destacado en la caída del presidente de Egipto, Hosni Mubarak, porque fueron los primeros en organizar la resistencia en la Plaza Tahrir de El Cairo. Aportaron su experiencia de años de enfrentamientos con la policía en los estadios. Algo que, con el tiempo, les reportó la animadversión del régimen", sostiene el catalán Carles Viñas, historiador especializado en grupos radicales ligados al fútbol.

Elizondo estuvo allí, alojado a metros de la Plaza Tahrir, para ver cómo en tres semanas caería Mubarak luego de 30 años de dictadura.

Los hinchas del Al Masry eran pro-Mubarak.

***

—¡Capitán, soñaba con conocerte, y hoy puedo morir tranquilo porque te conocí! —le dice un hincha del Al Ahly al ídolo del club, Mohamed Aboutrika, que lo tiene en sus brazos y trata de consolarlo en un vestuario por el que pasarían alrededor de 500 personas en cuatro horas.

Otro hincha grita el nombre de su hijo al mismo tiempo que golpea su cabeza contra la pared. Lo perdió en la corrida.

Hay hinchas muertos porque los tiraron de la tribuna, otros por asfixia o por apuñalamiento.

"Fueron más de cuatro horas en el vestuario, dio para montones de pensamientos. No había espacio físico. Mucho ruido, griterío. Piñas de nuestro capitán contra las cámaras de televisión. Encima en medio del caos me empiezan a llamar de medios argentinos y me tengo que meter en un baño a hablar", recuerda Elizondo.

Ese día, Elizondo fue el único argentino en el estadio de Port Said.

***

Elizondo nació en Córdoba en 1959. Jugó de volante en General Paz Juniors y a los 22 años se fue a España, al segundo equipo del Rayo Vallecano. Pero no se pudo afianzar. Entonces decidió hacer el curso de director técnico. Tras algunas experiencias en clubes regionales de España, en 2010 viajó a Portugal: lo había contratado, para las categorías inferiores, el Olhanense, de Primera División. Fue entonces cuando conoció al entrenador Manuel José, quien había descubierto a Luis Figo. A Manuel José le interesó un programa que Dady —el apodo de Elizondo, en honor a un tío— había creado para analizar rivales, así que lo contrató. En 2010 dirigieron a la selección de Angola y a un equipo de Arabia Saudita: Al Ittihad. En 2011 los convocó el Al Ahly. Debutaron un mes antes de que cayera Mubarak. De visitantes, empataron 1-1 contra Masr El Makasa. El primer gol del ciclo lo metió Aboutrika, el ídolo del club.

***

Chiclana de la Frontera, Cádiz, España: allí vive la familia de Elizondo. Laura, su esposa, atiende el teléfono. La llaman de una radio de Córdoba para pedirle el número de Elizon-

do. Laura no sabe nada todavía. Mientras el productor de la radio le cuenta lo que pasó, su hijo, Matías, avisado por un amigo, prende la tele y ve las imágenes de la tragedia en vivo y en directo. Laura vuelve a atender el teléfono: la llaman del canal de noticias TN.

—Lo tenemos a Oscar, Laura, a su marido. A ver... Puede saludarlo a su marido, Laura, lo tenemos en línea —Arranca un conductor de TN.

—¿Dady? ¿Dady? —dice Laura.

—Ahí está, ahí está Oscar. Oscar, podés saludar a Laura Elizondo —insiste el conductor.

—Sí, sí —Aparece Elizondo.

—¿Dady? ¿Dady? —insiste, también, Laura.

—Sí, sí, estamos en este momento... nos están subiendo a camiones de la armada para sacarnos de aquí. Lo que pasa es que vos sabés cómo organiza estas cosas esta gente, entonces...

—¿Ustedes y los jugadores están todos bien? —pregunta Laura.

—Estamos bien, quedate tranquila.

—Bueno...

—Oscar, cuéntenos cuál es la situación—reaparece el conductor de TN.

—Bueno, dentro de lo malo, lo mejor posible, porque, gracias a dios, en ningún momento perdí la calma, pero bueno... eh... lógicamente te afecta.

—Yo no entiendo cómo se ha jugado —dice Laura.

—Ésa es la pregunta del millón. Este partido dio opciones para haberlo suspendido por lo menos cinco veces. Pero como nadie mueve un dedo... —responde Elizondo.

—Realmente es tremendo —acota Laura.

—Lo más triste son los muertos, los hinchas nuestros muertos.

—Dady, ¿el campo todavía está con gente o ya lo han desalojado?

—Sí, a la gente sí ya la desalojaron. Pasa que en los alrededores está lleno de militares esto.

—Y escuchame, ¿ustedes en los camiones van a estar seguros?

—Sí, son camiones blindados, para que nos hagan algo nos tienen que tirar un misil.

—¿Son los azules como la otra vez?

—No, estos son más seguros todavía. Son tipo tanques de guerra.

—¿Tienen los teléfonos operativos? ¿Han podido hablar con más gente?

—Sí, sí, sí.

—A nosotros nos empezaron a llamar hasta los amigos del Mati.

—Y sí, me imagino. Si esta noticia va dar la vuelta al mundo. Es algo muy grave lo que ha pasado.

—¿Dady? ¿Hola?

—...

—¿Hola? ¿Dady?

—Con este griterío es imposible. Quedate tranquila que estamos bien. Después charlamos.

***

—Mientras mis jugadores y mis hinchas peleaban por su vida, yo me refugié en un baño a hablar con la prensa de mi país— le cuenta Elizondo a su psicóloga.

***

Cuando el caos mengua, viene el tiempo del retiro de la delegación del Al Ahly del estadio de Port Said. Elizondo le dijo a su esposa que los iban a sacar en camiones blindados, pero no. "Nos sacaron en una tanqueta militar descapotada. Si nos hubiesen querido disparar lo podrían haber hecho, nos habrían dado", recuerda.

En un avión militar, la delegación aterriza en El Cairo.

—¿Por qué tanto odio? —se pregunta Aboutrika al llegar a El Cairo. Elizondo lo escucha y no sabe qué responderle. Es de noche, y están los dos solos, a la intemperie.

Días más tarde, para saber cómo tratar la situación, Elizondo consulta telefónicamente a Patricia Ramírez, psicóloga del Betis y autora del libro *Entrénate para la vida*, a la que llega gracias a un preparador físico con el que había estudiado en Granada.

—Cuánto antes denles descanso a los jugadores, traten de sacarlos de ese entorno y no hablar del tema hasta que estén más tranquilos. Deben tratar de evitar los síntomas del síndrome de estrés postraumático —le recomienda Ramírez.

Pesadillas, rememoración del trauma (flashbacks), ansiedad, palpitaciones o dificultad para respirar eran anomalías que buscaba evitar Elizondo en los jugadores del plantel. Las buscaba evitar porque él ya las sentía.

"Es que esos minutos en el vestuario fueron los peores de mi vida. Nunca había tenido la sensación de pánico que te hace reaccionar de forma casi instintiva. Fue horrible ver la gente ensangrentada, herida, oírla gritar. Son imágenes que me quedarán grabadas por siempre."

Aun meses después de la tragedia, Elizondo no podría dormir bien.

"Fue un suceso —amplía su esposa— que a mi marido le costó mucho tiempo superar. Las horas y los días que siguieron fueron estresantes."

"Y cuando vi las imágenes del tren llegando con los cadáveres a El Cairo tomé real dimensión de lo que nos habíamos salvado", cuenta Oscar.

Pero ese tren con cadáveres no fue lo más duro, dice Elizondo.

"Lo más duro fue ir dando el pésame padre por padre de cada una de las víctimas en el velatorio oficial que organizó el club."

***

—¿Pero por qué no pude hacer nada? —le pregunta Elizondo a su psicóloga.

—Tenés que tratar de evitar todo eso, Oscar. El temor a lo que puede venir y el recuerdo excesivo de lo que pasó no te está permitiendo vivir bien el hoy.

—¿Pero por qué?

—Es que no podés reducir todo a los días en los que te pasaron cosas malas. Es injusto quedarte solamente con eso y olvidar todo lo bueno que te pasó en tu carrera.

***

"Bamako es como un gran pueblo caótico. Hay un tráfico infernal. Es desordenada y vital, enorme. Se extiende a ambos lados del río Níger y la cruzan tres puentes. Los mercados ocupan las calles adyacentes. Tiene poco asfalto y muchas calles de tierra", describe desde la propia África el periodista Pepe Naranjo.

Bamako es la capital de Malí, y allí, tres meses después de Port Said, el Al Ahly perdió 1-0 ante el Stade Malien en la ida de la segunda ronda de la Champions Africana. Ese día, también, estalló una contrarrevolución llevada adelante por los seguidores del ex presidente Amadou Toumani Touré.

"Estábamos terminando de cenar cuando nos enteramos. El aeropuerto de Bamako estaba cerrado. Fueron cinco días eternos en los que no sabíamos casi nada. Reuniones permanentes, el embajador y gente cercana que iba y venía. Nunca supimos de qué se hablaba. Las propias informaciones de la televisión local eran confusas. El hotel se quedó sin alimentos así que la Embajada encargaba comida y la traía. Todos estábamos nerviosos y a la noche era el peor momento porque se oían muy cercanas las detonaciones de bombas y los tiros", rememora Elizondo sobre los cinco días en que permaneció encerrado en el Azalai Grand Hotel de Bamako. "A pesar de que no hubo muertos —agrega—, en Malí sentí mucho más miedo que en Port Said. Podían entrar, irrum-

pir en el hotel y acribillarnos a tiros. Gracias a Dios no tuvo casi repercusión en España y mi familia no tuvo espacio para preocuparse."

Otra vez un avión Hércules del Ejército de Egipto le permitió huir. Después de viajar 14 horas en la bodega de un Hércules, Elizondo aterrizó en El Cairo con el plantel.

***

La derrota por 3-1 contra Al Masry sería el último partido de Elizondo en la Liga de Egipto. La situación en Egipto se agravó, el campeonato se suspendió y los sponsors eligieron desaparecer. Entonces, Elizondo volvió a Chiclana de la Frontera junto a su familia.

Cuenta Elizondo: "Me agarró un bajón. Se me juntaron la ansiedad de querer volver a trabajar con la hipersensibilidad que me había quedado después de la tragedia. Lloraba por cualquier cosa".

Todos los años, desde el 1 de febrero de 2012, el Al Ahly realiza un acto en homenaje a las víctimas. Allí, como cada vez que el equipo juega de local, una bandera con los rostros de cada uno de los 74 muertos se despliega en una tribuna. "La primera vez que vi esa bandera me llené de angustia —relata Elizondo—. El Al Ahly es un club muy familiar y ver caras conocidas, de muchos jóvenes con los que había compartido un café o una charla, me destrozó."

En marzo de 2013, un tribunal de Port Said condenó a muerte a 21 personas, acusados de perpetrar asesinatos premeditados y con alevosía. También fueron condenados cinco personas a cadena perpetua, 19 a distintas penas de prisión y otras 28 fueron absueltas. Pero en 2014, el Tribunal de Casación anuló ese fallo. Dos años después, tras un nuevo proceso judicial, las penas quedaron en 11 condenas a muerte.

***

Elizondo no trabaja más con Manuel José. Ahora, este asistente cordobés trabaja para la Aspire Academy, una escuela de fútbol de donde salieron todos los jugadores de la selección de Qatar que ganó la Copa Asia Sub 19 en 2014.

Y aunque por primera vez en los últimos casi diez años su esposa lo ha acompañado al país en el que tiene que trabajar, Dady tiene ganas de volver a Egipto: «Volvería con los ojos cerrados. Me siento con ganas de volver. Lo que pasó ese día no empaña mi paso por Al Ahly sino que ahonda mi sentimiento para con el club».

El club que tiene hinchas que cantan en todos los partidos un estribillo que dice así: "El día que te deje de apoyar será sin dudas porque estaré muerto".

13. El Doctor y los Caballeros del Mediterráneo (Libia)

Hasta 1999, el mayor logro futbolístico de Libia había sido el subcampeonato en la Copa Africana de Naciones que lo tuvo como anfitrión en 1982. Ya con Muamar Gadafi al mando del país, aquel equipo perdió el título a manos de Ghana en los penales.

Si hablamos de Mundiales, nunca el nombre de Libia había aparecido entre los candidatos de la zona africana para obtener la clasificación. Fue por eso que a mediados de 1999, se decidió recurrir a un entrenador campeón del mundo para ir por la hazaña de meterse en Corea/Japón 2002. El elegido fue Carlos Salvador Bilardo, campeón en México 1986 y subcampeón en Italia 1990 con la Argentina.

—Me dijo que había una posibilidad para ir a Libia. Pero Carlos te tiraba la bomba y se iba. Como lo conocía de años, enseguida le pedí a mis hijos que me buscaran información en Internet sobre Libia, Trípoli, los clubes que había allá... —cuenta Miguel Ángel Lemme en un bar céntrico de Buenos Aires.

Al poco tiempo, Bilardo, Lemme, Eduardo Manera y el preparador físico Eduardo Rafetto llegaron a Trípoli para hacerse cargo de los Caballeros del Mediterráneo, tal como se conoce al seleccionado libio.

"Un funcionario del gobierno de Libia se contactó conmigo para hacerme una oferta que me sorprendió: ser el técnico de la selección de ese país. En un primer momento, rechacé la propuesta. Al otro día, me volvió a llamar y me dijo que tenía dos pasajes abiertos en la aerolínea Swissair, porque Gadafi hijo quería conversar conmigo", cuenta el Doctor Bilardo en su autobiografía *Doctor y Campeón*.

Gadafi hijo es Al-Saadi Gadafi, por aquel entonces jugador profesional y titular de la entidad madre del fútbol libio. A Bilardo, el Gadafi jugador y dirigente le cayó simpático. "No era un crack pero era un buen jugador. Habilidoso y rápido", recuerda Lemme. Sobre la remuneración económica no hubo problemas para llegar a un acuerdo, pero Bilardo puso otra condición: cada diez días quería visitar un país diferente de África para conocer su fútbol. La respuesta también fue positiva.

La propuesta era para dirigir la primera etapa de la Eliminatoria africana y superar el cruce ante Malí por un lugar en la fase de grupos. La serie fue en abril de 2000 —ida en Trípoli y vuelta en Bamako— pero los primeros meses de trabajo consistieron en la captación y búsqueda de los jugadores a integrar el plantel. La mayoría militaba en la liga local y la figura, Tarik El Taib, jugaba en el Club Sportif Sfaxien (Túnez). Hacia allí fue Lemme, quien se hospedó en la casa del jugador durante su estadía en la ciudad de Sfax. Mientras, Bilardo visitaba Chad, Congo, Níger, Uganda y Costa de Marfil, entre otros.

A su vez, las bondades del régimen Gadafi se vieron reflejadas en el ciclo Bilardo al mando del seleccionado. Cuando fueron a visitar la oficina de la Federación, a Carlos Salvador le gustó. Pero al pasar comentó lo lindo del edificio vecino, plagado de oficinas de petroleras extranjeras. "A los pocos días volvimos y lo que sería la AFA nuestra, allá en Libia, había ocupado las oficinas de las petroleras", recuerda Lemme. Al-Saadi había sacado a todos los petroleros para poner en su lugar la sede de la Federación de Fútbol de Libia. Tomó un piso para la presidencia y otro para las selecciones.

Como stage de preparación, toda la delegación viajó a Palma de Mallorca para la puesta a punto de cara a la serie ante los malienses. El respeto que había hacia Bilardo era muy grande. En ese viaje en avión, el Narigón estaba inquieto y no se podía dormir. Se acostó al lado de la puerta del avión para intentar descansar, tras lo que fueron dos custodios y se acostaron uno a cada lado a hacerle compañía en su locura.

El 9 de abril llegó el duelo de ida en el Estadio Nacional de Trípoli. En la previa, Malí era un equipo más poderoso y complicado según el análisis del cuerpo técnico. Jehad Montasser, Ahmed Masli y Khaled Mhemed convirtieron los goles del 3-0 de los Caballeros del Mediterráneo para alegría de Bilardo.

Había que esperar dos semanas para la revancha en Bamako. La ventaja era importante pero todavía no estaba nada dicho. El plantel estaba concentrado en un hotel de la capital. Una noche hubo una discusión que alteró la tranquilidad del grupo. Según recuerda Lemme, la cosa había empezado entre dos jugadores en la práctica por una broma sobre las novias. Siguió en el ascensor camino al comedor. Durante la cena continuó hasta que uno agarró el cuchillo y, cuando Bilardo intentaba calmar las aguas para separar, tiró el puntazo contra su compañero y lo lastimó al Doctor en el brazo derecho. "El médico del equipo me vendó y todo se acabó ahí", afirma Bilardo en *Doctor y Campeón*.

Agrega Lemme: "Después de esa cena, vinieron a mi pieza como cuatro o cinco jugadores a pedirme que los acompañe a pedirle disculpas a Carlos. Le golpeamos la puerta y le digo: 'Carlos quieren hablarle unos muchachos'. Cuando se arregló todo, me aplaudían. Después de ahí no hubo

ningún problema más en ese sentido. Los hicimos hablar, se abrazaron y terminaron amigos". Y cierra el tema Bilardo en su autobiografía: "Recuerdo a esos jugadores con mucho cariño por el comportamiento que tuvieron".

Luego del episodio del "cuchillazo", la delegación partió rumbo a Malí con un Bilardo preocupado en averiguar por la embajada argentina más cercana a Bamako en caso de quedar eliminados. Aunque Libia perdió no hizo falta recorrer los 400 kilómetros a través de la selva para refugiarse en el Congo. La derrota fue por 3 a 1 y el gol de Faisal Bushaala le dio la clasificación a los dirigidos por el Narigón gracias al 4-3 en el global.

El regreso a Trípoli fue heroico. Lemme lo compara con la llegada de Argentina a Buenos Aires después del título en México 86 con el mismo Bilardo. Gritaban por su país y por el técnico argentino y hubo festejos hasta altas horas de la noche en las principales plazas de Libia.

Por presiones políticas, Bilardo no pudo utilizar a Al-Saadi Gadafi en ninguno de los duelos ante Malí, pero su trabajo gustó tanto que le ofrecieron seguir en el cargo para afrontar el Grupo A ante Camerún, Angola, Zambia y Togo. Bilardo cumplió el objetivo de pasar la serie ante Malí y tras siete meses puso fin a su ciclo en Libia. "Después de cumplir el objetivo al vencer a Malí nos volvimos todos. Querían que nos quedemos o que Carlos dejara a gente de confianza y fuera y viniera cuando quisiese. Pero como grupo de trabajo decidimos que si Carlos no estaba nos volvíamos todos con él", confiesa Lemme.

En junio de 2001, Al-Saadi Gadafi visitó Buenos Aires para un Congreso de la FIFA. En una de las fotos de aquella jornada aparecen Bilardo, el alemán Franz Beckenbauer y el libio rodeando la preciada Copa del Mundo. El único que la mira es Gadafi. El único que no la ganó es Gadafi. Como Libia. Como África, el continente que hace décadas el Doctor sostuvo que tendría un país campeón del mundo.

De Gadafi al título en la CHAN 2014

Cada vez que Al Saadi Gadafi escuchaba "Pelusa" se daba vuelta. Cuando hacía jueguitos con el balón, cuando hacía una buena gambeta o cuando dejaba un contrincante en el camino siempre llegaba el "bien, Pelusa".

"Al principio no entendía por qué le decía así y miraba para todos lados. Pero a medida que fue pasando el tiempo, y más cuando se enteró que el apodo era por Maradona, le empezó a gustar", cuenta Lemme.

Cuando Lemme llegó a Libia en 1999 como parte del cuerpo técnico de Bilardo, el presidente del país ya era el padre de Al Saadi. Aunque en sus primeros años gobernando Gadafi se hizo eco de los beneficios del fútbol, desde su entorno más cercano siempre sostuvieron que odiaba el deporte. En 1979, por ejemplo, suspendió la liga local supuestamente al ver pintadas en favor de futbolistas que podían cuestionar su popularidad e incitar a las masas a algún tipo de revuelta social.

Tres años después, cuando Libia organizó la Copa Africana de Naciones (CAN) de la que sería subcampeón, dijo Gadafi en la ceremonia inaugural del certamen: "Todos ustedes espectadores estúpidos, aquí tienen su estúpido juego".

A pesar de mantener sus reticencias, según el catalán Carles Viñas, "Gadafi no perdió la oportunidad de utilizar el fútbol como herramienta de control social y arma diplomática para mejorar su imagen a nivel internacional".

La siguiente aparición de Libia en la CAN fue en Egipto 2006, pero no pudieron emular el subcampeonato de 1982 al quedar últimos en el Grupo A luego de perder 3-0 con los locales, 2-1 con Costa de Marfil y cerrando con empate a cero ante Marruecos. Ya para ese entonces, Al-Saadi estaba cada vez más inmiscuido en el fútbol libio y había buscado, sin pena ni gloria, el éxito en el fútbol italiano con pasos fugaces por Juventus, Perugia, Udinese y Sampdoria.

A nivel local, el tercer hijo del presidente en aquel tiempo, había intentado ubicar a los capitalinos clubes Al Ittihad y Al Ahli Trípoli en la cúspide del fútbol de su país con un clásico aparte con su homónimo de Bengazi, ciudad siempre crítica del gobierno del que formaba parte. Tanto que entre 2000 y 2005, el Al Ahli Bengazi, fue suspendido por la Federación Libia y su estadio demolido por orden de los Gadafi.

"Bengazi tenía una larga tradición de rebeldía, por eso el régimen la miraba siempre con enorme desconfianza (...) Gadafi mantuvo siempre una presión enorme sobre Bengazi, segunda ciudad en tamaño del país ubicada justamente del lado donde se encuentra el corazón del negocio petrolero. Para esmerilar el orgullo de sus habitantes, el dictador llegó a usar bulldozers con los que destruyó la sede de un equipo de fútbol que tuvo la insolencia de amenazar la supremacía de sus rivales, amparados por el tirano", confirma Marcelo Cantelmi en Una primavera en el desierto.

Y en 2011, los seguidores del Al Ahli y los habitantes de Bengazi se convirtieron en los primeros en salir a la calle para protestar contra el régimen de Gadafi siendo uno de los principales detonantes que desencadenaron la llamada Revolución del 17-F —por el 17 de febrero cuando comenzaron los enfrentamientos.

"La ciudad, con su millón de habitantes, se convirtió en el principal feudo de los rebeldes. La Plaza de los Juzgados, rebautizada por los opositores como Plaza de la Libertad, que acogía uno de los cuarteles generales de los sublevados se convirtió en el símbolo de las protestas. Fue allí donde el Al Ahli Bengazi instaló una tienda para conseguir fondos para la revolución. Bengazi pasó a ser el corazón de la Libia rebelde y los shebabs, jóvenes manifestantes reconvertidos en guerrilleros, fueron los protagonistas de la revuelta", afirma Carles Viñas en su blog dedicado al extremismo político y deportivo.

La eclosión de la Revolución del 17- F coincidió con la presencia de Al Saadi Gadafi en Bengazi. Por indicaciones de su padre aprovechó su estancia para liderar a las tropas leales y reprimir las protestas populares. Y entre sus promesas para calmar las aguas estuvo la de acelerar las obras de reconstrucción del estadio del Al Ahli, en un intento desesperado por congraciarse con la multitud. También probó buscando la complicidad del capitán y el presidente del equipo. Pero ambos se negaron; el primero a presentarse en la TV para grabar un mensaje condenando públicamente las protestas y el segundo a relacionar a los manifestantes con Al-Qaeda.

Nadie creía en los Gadafi y Al- Saadi tuvo que huir junto a sus guardaespaldas y secuaces no sin antes ordenar a sus fieles disparar contra los manifestantes desarmados.

Aunque en esos momentos el fútbol era lo que menos importaba, Libia transitaba su camino en las Eliminatorias rumbo a la CAN 2012 y lideraba el Grupo A por sobre Zambia, Mozambique y Comores. Con cuatro partidos por jugar, y un país en llamas, el seleccionado libio no pudo hacer las veces de local en Trípoli y la CAF debió buscar otras alternativas. En la fecha 3, disputada el 28 de marzo de 2011, el escenario fue el Stade 26 de Marzo de Bamako (Malí) con goleada 3-0 sobre Comores. Tres meses después visitaron a los isleños y obtuvieron un empate a un gol, mientras que en septiembre de 2011 ya con la nueva bandera vencieron 1-0 a Mozambique en El Cairo con gol de Rabee Allafi. "Estoy muy feliz, es la primera vez que apoyo al equipo libio, antes estaba en contra de la selección porque pertenecía a los hijos de Gadafi, pero ahora pertenece al pueblo libio", declaró a Efe esa noche un informático de 45 años que había acudido a la plaza de Bengazi para celebrar el triunfo.

A los gritos de júbilo, las bocinas de los coches y los fuegos artificiales se sumaron los disparos al aire que los rebeldes lanzaron para celebrar la victoria del conjunto nacional. El uniforme que lució el equipo era íntegramente blanco pero ya lucía la nueva bandera, ahora sin el verde como único color y sí con el negro, el verde y el rojo a franjas horizontales representando a las tres históricas provincias del país: Tripo-

litania, Cirenaica y Fezzan. Un empate, en la última fecha en octubre, como visitante de Zambia aseguró la clasificación de Libia a su tercera CAN. En septiembre, la Asamblea General de las Naciones Unidas ya había reconocido al Consejo Nacional de Transición (CNT) como nuevo gobierno legítimo del país por lo que en Gabón-Guinea Ecuatorial 2012, Libia competiría con una nueva bandera y un nuevo orden gubernamental. Y sin los Gadafi detrás.

Entre 2010 y 2012, el entrenador de Libia fue el brasileño Marcos Paquetá quien logró llevar a sus dirigidos a la mejor ubicación de su historia en el ranking FIFA en el puesto 54. "Es un momento increíble. No juegan solo para el equipo nacional, juegan por todas las personas que han tenido vidas difíciles. Ponen su corazón en cada partido. El objetivo es superar la fase de grupos", manifestó Paquetá en la previa de la CAN 2012. Los Caballeros del Mediterráneo no pudieron sortear el Grupo A pero empezaron a mostrar temple tras el duro momento que atravesaba el país: le empataron a Zambia, que sería el campeón, y le ganaron en el cierre a Senegal, una de las potencias continentales.

"Tras la revolución, debemos hablar de reconciliación e incluso de perdón. La juventud debe sentirse unida, y para eso el deporte sirve de gran ayuda", decía Nabil Elalem, Presidente del Comité Olímpico Libio. Y el premio para el fútbol de Libia llegaría en 2014.

Las buenas noticias empezaron a darse en 2013 cuando la liga local, poco a poco, se fue normalizando. Y cuando los jugadores del certamen doméstico ya pensaban en Argelia para buscar un lugar en la CHAN Sudáfrica 2014, los dirigentes argelinos decidieron retirar el equipo. Según la versión oficial la decisión fue por el bajo rendimiento de los seleccionados juveniles del país aunque otros trascendidos mencionaban el miedo a visitar suelo libio en la era post-Gadafi.

Con el retiro de Argelia, el seleccionado libio obtuvo el pase directo a la CHAN, que es un certamen similar a la CAN pero exclusivo para jugadores de las ligas locales. Sudáfrica iba a albergar la tercera edición del torneo, que tenía a la RD Congo (2009) y a Túnez (2011) como los vencedores en las ediciones anteriores. Libia la había disputado en 2009 pero ahora llegaba con una nueva ilusión y comandado con un entrenador de renombre: el español Javier Clemente.

A pesar de haber ganado solamente en su partido presentación (2-0 sobre Etiopía), los de Clemente fueron un duro rival y llegaron hasta la final con dos empates en la fase de grupos (ante Ghana y Congo) y dos empates con posteriores victorias en los penales, en cuartos y semifinales, ante Gabón y Zimbabwe. Nombres como Abdelsalam Omar, Fetori, Abushnaf o Nashnoush se hicieron eco en las calles de Trípoli y Bengazi. La final ante Ghana, el 1 de febrero de 2014 en el Cape Town Stadium, se definió también en los penales y los Caballeros del Mediterráneo se llevaron la definición por 7 a 6 con una gran actuación de su arquero Nashnoush. Así, Libia obtuvo el logro más importante de su historia a nivel futbolístico.

“Estoy contento por la felicidad que se ve por todos los sitios donde hemos ido. Cuando llegamos de Sudáfrica con la copa estuvimos seis horas montados en el autobús, porque todo el mundo nos paraba para celebrarlo con nosotros. Es el primer éxito de Libia en el fútbol y esto ha sido, es, una fiesta nacional por todos los lugares de este inmenso país”, manifestó Clemente al regreso a Libia.

“No tenemos agua, no tenemos luz, pero tenemos a Clemente!”, cantaban los hinchas libios en las plazas del país. El primer ministro, Ali Zidán, recibió a la delegación al llegar a Trípoli. El éxito era una forma de lograr la unión de un pueblo que había soportado tantos sufrimientos. “Este país ha sufrido una guerra y el fútbol es una de las cosas que une. El triunfo ha unido a un pueblo que lo ha pasado mal”, sentenció Clemente.

Pero como todo sigue, y los resultados son los que mandan en el fútbol, cuando el equipo empezó a no lograr los objetivos Clemente tuvo que dejar el cargo. “La liga libia tie-

ne problemas de seguridad, y eso se refleja en el nivel de los jugadores, en su condición física y en el nivel general de la selección. Pero las cosas están mejorando y la vida retoma su curso normal en nuestro país. Esperamos que esto tenga un impacto positivo sobre la selección en el futuro", sostuvo en noviembre de 2016 el entrenador Jalal Damja en diálogo con la web de la FIFA.

Libia siguió adelante y pudo volver a estar en la CHAN 2018 terminando en el cuarto puesto. Un país que sigue intentando, porque se levantó y porque el fútbol es una de las pocas esperanzas en un país tan castigado en el último tiempo y que cada día busca salir de las tinieblas.

14. Un día en la casa del campeón africano (Marruecos)

El segundo país de África al que pude viajar en estos diez años de seguimiento de fútbol africano fue Marruecos. En 2015 había estado en Senegal y tres años después fue el turno de Marrakech. Los Leones del Atlas —tal como se conoce al seleccionado marroquí— habían obtenido la clasificación a Rusia 2018 volviendo así al máximo evento futbolístico a nivel mundial tras 20 años.

De Marrakech había leído que era conocida como la Ciudad Roja, pero al llegar me encontré con una ciudad de mil colores. Por la gran variedad de especias en sus mercados, los mil aromas de sus callecitas y la variedad de tonalidades de sus telas y vestimentas. Tras unos días para conocer la Medina y la famosa Plaza Jemma el Fna, como así también varias mezquitas, fue el turno de cambiar de ciudad.

De Marrakech a Casablanca fuimos en tren, en un viaje que dura alrededor de cuatro horas en unos trenes de primer mundo. En el primer recorrido por las calles de la ciudad nos topamos, casi sin quererlo, con el Stade Ben Barek. Cerca de la zona portuaria y de la estación Gare Casa Port,

el escudo del Wydad Casablanca destacaba en las paredes externas con sus colores rojo y blanco. No nos quedó otra alternativa que ver la forma de entrar a conocer el recinto, pequeño pero pintoresco.

Al consultar a unos chicos que andaban en las inmediaciones nos indicaron una escalera hacia abajo, donde funciona un estacionamiento. No convencidos, seguimos indagando hasta encontrar la entrada. Tras ingresar al hall enseguida aparecieron fotos de viejos planteles del Wydad y algunas más actuales de formaciones juveniles de la entidad.

En un salón vidriado tres hombres hablaban enérgicamente hasta que nos vieron. El más joven, con un conjunto deportivo rojo y las siglas WAC, salió a nuestro encuentro. Por suerte, hablaba bastante bien español y entendió nuestra presencia allí, no sin antes extrañarse por nuestro país de origen y el interés por el fútbol africano.

—Este estadio tuvo su época de esplendor en los años 40 y 50, en época todavía del colonialismo, cuando llevó el nombre de Stade Philippe pero luego quedó en desuso y hoy se utiliza para entrenamientos de algunas categorías juveniles del Wydad —nos dijo.

Nos permitió ingresar a ver el estadio, tras superar una puerta de vidrio, con la condición de no pisar el campo de juego. El césped bastante aceptable me sorprendió, como así también ropa puesta a secar en las tribunas. ¿Viviría gente? Sin mucho más tiempo, nos despedimos de los amigos del WAC y seguimos el recorrido.

Con dos meses por delante para el inicio del Mundial, en los mercados callejeros de Marrakech y Casablanca se podía conseguir el modelo de camiseta que Marruecos había utilizado en las Eliminatorias y hasta tres o cuatro “supuestos” nuevos modelos mundialistas. “La oficial de Marruecos no ha salido todavía para evitar el plagio, ya que en los mercados las reproducen y las venden a menos precio. El marroquí es un mercado donde florece mucho el mercado de la imitación porque no hay leyes que castiguen eso. Por lo tanto

van a tardar lo máximo posible antes de anunciar la camiseta", me informó un contacto de la Federación Marroquí a mi paso por Casablanca. Al otro día, en un supermercado de la mítica ciudad, me encontré con tres modelos (blanco, rojo y verde) a 99.95 dirhams. "*T-SHIRT MAROC COUPE DU MONDE 2018*", decía el cartel. Made in Morocco se leía en la etiqueta. Claro que sabía que ninguno de esos sería el uniforme de los dirigidos por Hervé Renard en su debut en el Grupo B ante Irán. Claro también que no pude evitar comprarla.

Según el diario local *Al Massae*, esta modalidad es muy común en Marruecos. En Casablanca hay muchas falsificaciones de indumentaria deportiva y han llevado, por ejemplo al Wydad —uno de los grandes de la ciudad junto al Raja—, a sufrir pérdidas millonarias en ventas.

A la vuelta del seleccionado a los Mundiales, hubo tres títulos que acrecentaron el gran momento del fútbol del país entre fines de 2017 y principios de 2018. En 2017, el Wydad había ganado la Champions al imponerse a Al Ahly (Egipto) quedándose con la competición por segunda vez en su historia tras el título de 1992. El mismo equipo, se quedó con la Supercopa Africana a principios de 2018 sobre el TP Mazembe al que venció 1-0 en el Stade Mohamed V. En el mismo estadio, unos días antes, Marruecos se consagró campeón de la CHAN 2018, certamen similar a la CAN pero exclusivo para jugadores de las ligas domésticas.

Con este panorama, y teniendo en cuenta que siempre trato de ir a algún partido en los países que visito, comenzaron las averiguaciones para asistir a un encuentro de la liga local: la Botola Pro Telecom D1. Wydad Casablanca vs Olympique de Khouribga marcaba el calendario por la fecha 24.

Salimos temprano con mi novia rumbo al Mohamed V, donde el partido daría comienzo a las 18 horas. Tras pasar la zona de la medina de Casablanca, y después de caminar casi tres kilómetros, sobre el Boulevard D'Anfa empezamos a ver los primeros hinchas con las camisetas del Wydad. Íbamos en la dirección correcta.

"No hace falta que saques las entradas anticipadamente, llegas al estadio y las sacas en la zona de boleterías", me había informado un colega marroquí en relación a los tickets para ver al Wydad, el campeón vigente africano por aquellos días. Sin embargo, al llegar a las inmediaciones del estadio advertimos que había controles policiales de acceso. ¡Y nosotros sin entradas!

Luego de ver como ingresaban algunos hinchas locales, consultamos a la gente del control entendiendo que no había más entradas. Cosa que me extrañó ya que el Wydad venía en mitad de tabla y no era un partido de primera línea. Por eso seguimos caminando por los alrededores hasta que en una esquina vimos a un grupo de hinchas y entre señas y una mezcla de francés y español entendieron que queríamos entradas. Llamaron a otra persona que se acercó y con una piedra escribió el valor de las entradas —más su comisión— en la calle. En total eran unos 220 dirhams. Como dimos el visto bueno buscó entre una de sus medias y nos dio las dos entradas.

Era temprano y faltaban dos horas para el arranque así que el ingreso fue tranquilo. Nos ubicamos en la platea techada y poco a poco se empezó a llenar.

Mientras esperábamos el inicio del partido me sorprendieron las diferencias en la tribuna con respecto a mi país. El lugar de los choripanes, las hamburguesas y las cervezas eran ocupados aquí por los Kit Kat, los chupetines y los vasitos de café. Cada hincha que llegaba a su asiento o traía un almohadón o algo para poner sobre su butaca o bien lo limpiaba antes de sentarse con alguna servilleta o papel.

Pronto los hinchas del Wydad le empezaron a poner color a la tarde-noche con sus cantos, sus banderas y coreografías en las gradas. Mientras que del otro lado, la mucho menos numerosa parcialidad del Olympique de Khouribga no se quedaba atrás.

Y aunque no es muy común ver jugadores argentinos en las ligas africanas, en este partido dos argentinos pudieron

ver como un compatriota —Alejandro Quintana— se despachó con un doblete para el triundo 5-2 de los dirigidos por Faouzi Benzarti. Con la noche cayendo, y contento de mi segunda experiencia en un estadio africano, emprendimos el regreso.

15. La dudosa muerte de Mohamed Ali Akid (Túnez)

Hasta 1978, solamente tres seleccionados africanos habían tenido participaciones mundialistas. El primero fue Egipto en Italia 1934 que se despidió rápido tras perder ante Hungría por 4 a 2 en la ronda preliminar. En México 1970 fue Marruecos, que logró el primer punto al cerrar su intervención en el Grupo 4 con un empate 1-1 ante Bulgaria; antes había perdido 1-2 con Alemania y 0-3 con Perú. Cuatro años más tarde fue el seleccionado zaireño que a pesar de ser el campeón vigente del continente perdió sus tres partidos ante Brasil, Escocia y Yugoslavia —14 goles en contra y ninguno a favor— y se despidió sin pena ni gloria para nunca más volver a un Campeonato del Mundo.

Para la cita mundialista en Argentina, el representante africano fue Túnez. Las Águilas de Cártago, como se conoce a este seleccionado, fueron superando en las primeras instancias a Marruecos, Argelia y Guinea hasta llegar al grupo final de tres países por un lugar. Nigeria y Egipto los rivales. Las cosas no comenzaron bien para los dirigidos por Abdelmajid Chetali que empataron sin goles, como locales, ante Nigeria. Pero la revancha en Lagos, gracias a un gol en contra, les dio a los tunecinos la posibilidad de definir el pasaje con los Faraones egipcios. En El Cairo, los locales ganaron por 3 a 2. El 11 de diciembre de 1977, a Túnez solamente le servía el triunfo.

Mohamed Ali Akid, de cabeza, abrió la cuenta en el Stade El Menzah y finalmente sería goleada por 4 a 1 y clasificación

a Argentina 78 para los tunecinos. Justamente Akid, quien se desempeñaba en la delantera del CS Sfaxien (307 partidos y 126 goles) era una de las figuras de Túnez. Akid, un 9 goleador y de gran cabezazo caracterizado por un prolijo bigote, había sido clave para la obtención del Campeonato Árabe de Naciones en 1973 y también lo sería en el cuarto puesto en la Copa Africana de Naciones de 1978, en Ghana. Pero su máximo logro a nivel selección fue haber jugado en los tres partidos de Túnez en el Mundial de Argentina, en el que el 3-1 sobre México supuso la primera victoria de un representativo africano en los Mundiales. La misma fue catalogada por la FIFA como "una victoria poco probable que se convirtió en un momento clave para el desarrollo del juego del continente". Luego del triunfo en el debut del Grupo 2, siguieron una derrota 1-0 ante Polonia y un empate sin goles ante Alemania, el campeón defensor.

Con 3 puntos Túnez se quedó a las puertas de la clasificación pero la actuación sirvió para que África ganara una plaza para el Mundial siguiente. Además, algunos jugadores pudieron emigrar al extranjero.

***

El 24 de junio de 1978, un día antes de la final que Argentina le ganó a Holanda para adjudicarse su primer Mundial, Mohamed Ali Akid acordó su traspaso del CS Sfaxien al Al Nassr de Arabia Saudita.

Pero la estadía de Akid en tierra saudí no duraría mucho. Y es que el 12 de abril de 1979, menos de un año después del Mundial, falleció en circunstancias no muy claras. La versión oficial fue que murió luego de ser alcanzado por un rayo cuando estaba entrenando con el club saudita.

"La última vez que Mohamed me llamó fue la noche del 10 de abril. Tras cortar sentí algo extraño, sobre todo porque insistió mucho en el cuidado de Hada y Riadh —sus hijos—. Al día siguiente no me contactó, cosa que me preocupó y el 12 de abril conocimos la trágica noticia", contó su mujer Mamia a medios de su país.

Sus familiares nunca se convencieron de los motivos de la muerte, más teniendo en cuenta que el cuerpo fue repatriado en un ataúd herméticamente sellado y con la prohibición de abrirlo. Y hasta circuló la versión de que el cuerpo enterrado no sería el de Akid.

"Cuando murió Akid yo tenía 10 años. Fue un shock para todo el país. Nunca antes había visto a mi padre llorar de aquella forma", recuerda Sami Nasfi, fanático del fútbol tunecino. "Murió oficialmente por un rayo durante una sesión de entrenamiento, pero existen controversias sobre las circunstancias reales de su muerte, incluso se habla de un problema con un príncipe. No conocemos la verdad sobre su muerte", sostienen desde el sitio *FootiTun* ante la consulta.

En 1984, en un relato titulado *Le mort se reveille* para la publicación *Realités*, se da cuenta del testimonio de una tunecina que trabajó en un palacio de un país de Oriente. "Un día, todos los periódicos anunciaron la llegada de futbolistas de mi país. Mi jefa, una mujer de treinta años, tan pronto como su marido dejaba la casa, llenó su habitación de gritos de placer (...) Días después vi a un hombre acompañado por cuatro guardias que salían de la habitación de mi jefa. Estaba amordazado e intentaba escapar (...) nuestro futbolista fue condenado a muerte y ejecutado. Me quedé en silencio por más de cuatro años. Ahora que he regresado a casa, puedo decir la verdad", dice en resumen el relato firmado por T. Ben M´Rad.

***

Dos años después del fallecimiento, en declaraciones a los medios, Mamia manifestó que no se daría por vencida en la búsqueda de la verdad sobre la muerte de su marido. Tras ello fue amenazada por soldados tunecinos armados. El tiempo pasaba y Mamia criaba sola a sus hijos Hada y Riadh.

En 2003 se repitió un hecho similar. En un artículo del periódico *Al Jomhouria*, se afirmaba que Mamia no estaba convencida de la versión "oficial" sobre la muerte de Akid. "Recibimos una llamada que nos sorprendió. Era el embajador saudí en Túnez para reprochar nuestra intención de querer manchar la imagen de sus semejantes acusándolos de matar gente. Nos ofreció alrededor de 12 millones de dinares tunecinos. Y fue entonces cuando nos dimos cuenta de que la historia del rayo no era más que una mentira", declaró Riadh años después en un programa radial de *Jawhara FM*.

"Es una historia increíble, pero el gobierno no quiere tener problemas con Arabia Saudita", manifiesta desde París el periodista Lotfi Wada, miembro del colegio electoral de los CAF Awards, los premios de la CAF para los mejores del continente. "Túnez y Arabia Saudita son aliados políticos y comerciales desde hace rato. Incluso durante la Primavera Árabe los saudíes apoyaron al régimen tunecino de todas las formas imaginables. Lo de Akid no me sorprende. En general por allá, con ese tipo de casos, no se va nunca a fondo en la investigación", sostiene Rashid Ali García, periodista argentino y gran conocedor del mundo árabe.

***

El 17 de diciembre de 2010, un joven tunecino llamado Mohamed Bouazizi se prendió fuego a lo bonzo como forma de protesta ante la opresión del régimen del presidente Zine El Abidine Ben Ali. Hubo choques entre la policía y la gente que protestaba por el aumento del desempleo, la falta de libertad de expresión y la corrupción gubernamental. El 4 de enero falleció el joven Bouazizi y diez días después una manifestación multitudinaria exigió la destitución de Ben Ali, quien al día siguiente abandonó el país hacia Arabia Saudita.

En 2012, la familia Akid contrató al abogado Kais Ben Saida, quien logró que se llegue a una exhumación del cadáver. Cuando Akid murió el presidente tunecino era Habib

Bourguiba (en el cargo desde la independencia en 1957 hasta 1987), pero ni durante su mandato ni durante el de su sucesor Ben Ali (1987-2011) la familia pudo lograr que se haga la exhumación del cadáver. Tras la primavera árabe, y la llegada de Moncef Marzouki al poder, las cosas cambiaron, al menos algo en este aspecto.

Los restos fueron trasladados desde el Cementerio Badrani de Sfax al Hospital Universitario Habib Bourguiba, donde un equipo forense determinó las causas de la muerte y si efectivamente eran sus restos, haciendo una comparación con el ADN de su madre. La autopsia fue tajante: el cuerpo tenía dos disparos, uno en uno de sus ojos y otro en el estómago. Riadh Akid nunca negó los rumores sobre un posible romance de su padre con una princesa que le habría costado la vida.

***

Tras la muerte de Akid, el seleccionado tunecino participó en tres mundiales más: Francia 1998, Corea-Japón 2002 y Alemania 2006. Recién en Rusia 2018 se dio la vuelta mundialista.

De la mano de Nabil Maaloul, las Águilas de Cártago cayeron en el complicado Grupo G, con Inglaterra, Bélgica y Panamá. El último triunfo databa de Argentina 78 a lo que siguieron seis derrotas y tres empates. Después de mucho esperarlo, y a pesar de nuevas caídas ante ingleses y belgas, Túnez volvió al triunfo en su despedida de Rusia al imponerse 2-1 sobre los panameños.

Mientras tanto, la familia de Akid sigue luchando por la verdad al mismo tiempo que los autos circulan por la Avenida Mohamed Ali Akid de la capital y la imagen del 9 tunecino en Argentina 78 sigue viva en los murales de las calles tunecinas y en los homenajes televisivos que cada 12 de abril se pueden ver en canales como *Diwan* y *Attesia*.

CAPÍTULO 3
ÁFRICA OCCIDENTAL

16. Thomas Sankara: pasión y legado futbolístico (Burkina Faso)

Al hablar de Thomas Sankara hay que situarse en la República del Alto Volta (en francés, *République de Haute-Volta*). La denominación fue establecida por la ubicación geográfica del país, en la parte norte del río Volta. El 11 de diciembre de 1958 fue declarada como una república autónoma dentro de la Comunidad Francesa. Antes de conseguir la independencia había sido denominado Alto Volta Francés, parte de la Unión Francesa. El 5 de agosto de 1960 consiguió la independencia y a nivel deportivo se empezó a conformar el seleccionado nacional de fútbol.

Pero no sería recién hasta las Eliminatorias para el Mundial de Argentina 1978 que tendría su única aventura mundialista: pasó la primera ronda superando a Mauritania y cayó en la segunda instancia ante Costa de Marfil.

Por aquellos años comenzó a erigirse la figura de un carismático capitán: Thomas Sankara. Hijo de un soldado que había derramado su sangre por la libertad de Francia en la Segunda Guerra Mundial, este joven caudillo había elegido la carrera militar porque era la única que le permitiría

continuar con sus estudios. Profundizó su formación política junto a su amigo de toda la vida, Blaise Compaoré.

El 4 de agosto de 1983 un golpe de estado militar llevó al poder a Sankara, quien formó el Consejo Nacional para la Revolución (CNR), consigo mismo como presidente. Bajo su mandato el país cambió de nombre, el 4 de agosto de 1984, por Burkina Faso, que en idioma mossi significa "la patria de los hombres íntegros". Al extraer el nombre de las lenguas indígenas, el gobierno afirmó la identidad africana del nuevo estado que estaba tratando de crear, un estado que buscaba basar su legitimidad no en una designación geográfica colonial sino en los diversos pueblos que la habitaban. Así, todos se sentirían representados.

Desde entonces, la *Fédération voltaïque de football* pasó a llamarse *Fédération Burkinabè de Football* (FBF). Aficionado al deporte y al baile, Sankara construyó pequeñas salas de cine en las barriadas (donde se proyectaban películas africanas), canchas de fútbol y hasta pistas de baile, que visitaba una noche por semana.

Su casa se encontraba detrás del Estadio Municipal de la capital Ouagadougou. Era una vivienda modesta que compartía con su mujer Mariam y sus dos hijos. Desde su acceso al poder Sankara había destinado algunos días de la semana para la práctica colectiva del deporte. Los funcionarios de todo el país estaban invitados, durante su horario de trabajo, a dedicar una hora y media a la práctica de algún deporte. En el complejo presidencial, fútbol, básquet y handball eran los más elegidos por el máximo mandatario.

Según contó Laurent Dona Fologo, ex ministro de Felix Houphouet-Boigny –presidente de Costa de Marfil entre 1960 y 1993-, en una entrevista al sitio *IZF.net*, "en una reunión de ministros de deportes de habla francesa, Sankara organizó un partido de fútbol entre el gobierno de Burkina Faso y los ministros de Relaciones Exteriores *(...)* Fue el árbitro. El primer gol fue marcado por los miembros de su gobierno, el otro equipo peleaba y buscaba anotar, pero no pudo hacerlo, y hacia el final, Sankara les concedió un penal para que consiguieran el empate".

En un video presentado por un lector en la redacción de *Burkina 24* disponible en Youtube bajo el título *Inédit - Thomas Sankara joue au foot derrière la présidence du Faso*, se lo ve a Thomas jugando en octubre de 1986 junto a empleados y colaboradores gubernamentales, detrás de los edificios de la Presidencia del país en Koulouba. De jogging rojo, remera amarilla y zapatillas blancas Sankara se anima a enganchar, la pisa y hasta hace algunos toques de calidad con la parte externa del pie.

Siempre marcaba el deporte como uno de sus pasatiempos junto al cine. Y al hablar de los beneficios de la práctica deportiva resaltaba lo bueno para la salud, el coraje para luchar, el dominio de uno mismo y el querer superarse cada vez entre las cosas que otorgaba, como así también la importancia de su utilización para organizar al pueblo. Según su pensamiento, los partidos entre sus ministros y colaboradores ayudaban luego para una mejor toma de decisiones gubernamentales.

A la hora de mirar o escuchar los partidos del seleccionado se comportaba como un verdadero seguidor, el defensor número uno de su equipo. Cuestionaba las decisiones del arbitraje, se quejaba de las fallas y pedía tarjetas para los rivales.

Aunque los principales clubes del país se habían fundado desde antes del nacimiento y hasta la adolescencia de Sankara (*Association Sportive du Faso-Yennenga* -1947-, *Etoile Filante* -1955-, *Union Sportive des Forces Armées* -1962- y *Silures Bobo-Dioulasso* -1965-, entre otros) no hay indicios ciertos de que tuviese simpatía por alguno de ellos. Durante su corto mandato, se dio la promoción masiva del fútbol entre otras cosas por servir como herramienta de reputación en el extranjero. Y el 18 de julio de 1984 fue inaugurado el Stade 4 de Agosto —nombre en honor al día de la revolución del año anterior— en la capital Ouagadougou.

Entre 1983 y 1987, el gasto en salud pública aumentó en un 27% y el gasto en educación en un 42%. También se tomaron nuevas iniciativas importantes en otras áreas vitales para el bienestar social, como vivienda, transporte, asistencia infantil, creación de empleo, agua y planificación familiar. Sus palabras fueron reforzadas por un comportamiento personal que proyectaba sinceridad, apertura y humildad, a menudo transmitidas a través de gestos tan simples como andar en bicicleta por las calles o jugar al fútbol en pantalones cortos.

"Hambre, malnutrición, insuficiencia alimenticia. Si no hay victoria sobre estos enemigos no habrá ni soberanía nacional, ni independencia económica, ni paz interior, ni desarrollo autónomo", reflexionaba.

"Debemos contar con nuestras propias fuerzas", afirmaba a la hora de explicar su plan de economía popular, y por eso la autosuficiencia alimentaria fue uno de sus principales desvelos, así como también el impulso de la industria textil nacional: como ejemplo, Sankara exigía que todos los funcionarios y diplomáticos vistieran trajes artesanales de algodón de producción nacional. Además, las limusinas del Estado fueron sustituidas por el coche más barato del mercado, el Renault 5.

Se reconoció admirador del Che Guevara y fue un enemigo acérrimo del apartheid, razón por la que llegó a enfrentarse con François Mitterrand —presidente de Francia de 1981 a 1995— durante su visita oficial a Burkina Faso: Sankara le reprochó ante los micrófonos de la prensa su tibieza con el régimen racista de Sudáfrica. Fue la referencia de una vía africana al socialismo, que ya había sido esbozada por otros líderes regionales como Patrice Lumumba y Amilcar Cabral, pero que con su impronta comenzó a ganar terreno entre sus pares.

Sankara fue asesinado el 15 de octubre de 1987 junto a 12 de sus colaboradores después de que un comando golpista asaltara su despacho. Treinta años después, el cariño de sus seguidores da la razón a una de las frases más populares que se le atribuyen: "Aunque los revolucionarios puedan ser asesinados, jamás podrán matar sus ideas".

Desde aquel año hasta el 31 de octubre de 2014, Campaoré se mantuvo en el poder siendo aliado del gobierno francés, apoyando también a Charles Taylor —criminal de guerra y ex presidente de Liberia—, vendiendo armas a rebeldes de Sierra Leona y apoyando golpes de Estado en Níger y República Centroafricana. Pero lo que nos incumbe es el fútbol. Y Campaoré es un gran aficionado al mismo. Ha llegado a regalar ropa y dinero a los jugadores y hasta a prestarles su avión personal. Cuando el camerunés Issa Hayyatou buscaba apoyo para pelear por el sillón de la FIFA, visitó la capital burkinesa y se reunió con el presidente en busca de su apoyo para el objetivo. En una nota de Lawali Paret de 2003, titulada "*Bienvenidos al nepotismo africano*", se menciona a Franck Campaoré —miembro del clan presidencial—, como presidente del comité de apoyo del equipo nacional de fútbol.

Desde que Campaoré tomó el poder, el fútbol burkinés participó en ocho CAN. La mejor ubicación fue el subcampeonato en Sudáfrica 2013, de la mano de Alain Traoré, Jonathan Pitroipa, Saidou Panandetiguiri y Wilfried Sanou, entre otros.

Lo mejor hasta este segundo lugar había sido el cuarto puesto en 1998, cuando fueron anfitriones con Ouagadougou y Bobo-Dioulasso como sedes. Aquel equipo lo dirigía el francés Philippe Troussier y lo conformaban Kassoum Ouédraogo, Oumar Barro, Seydou Traoré y Firmin Sanou, entre otros.

Para Madou Dossama, integrante de ese plantel, "Sankara fue capaz de influir en nuestra juventud con su amor por el deporte (...) Hoy su presencia se siente más en los debates políticos, incluso también durante nuestros viajes deportivos al extranjero, nuestros huéspedes siempre nos recuerdan la pérdida de este gran hombre. Era un panafricanista de línea dura. Su ideal era ver un África unida. Su trágica muerte lo

ha convertido en un icono internacional y también en el símbolo de la lucha contra el opresor, contra el imperialismo".

Más allá de sus intervenciones como árbitro o jugador en sus tiempos de presidente, el nombre de Sankara sigue presente en la actualidad de varios clubes o proyectos ligados al fútbol, como el Sankara Nations Football Club, de Yendi (Ghana), el Sankara FC de Guinea o el Sankara FC italiano.

Este último participa en un Campeonato de Fútbol 7. "El nuestro es un proyecto de inclusión social. El deporte es el adhesivo ideal y el fútbol es una lengua que se habla en todo el mundo. Sin fronteras y sin barreras", explica Alessandro Bartolini, presidente de Sankara FC, cuyos sloganes son "Mil colores, un equipo" y "Leones para toda la vida". El Sankara FC es una unión de diferentes culturas y países con muchachos que vienen de todos los rincones de África como Costa de Marfil, Camerún, Nigeria o Senegal. Para Carles Viñas, profesor de la Universidad de Barcelona, "este tipo de proyectos le da la posibilidad a muchos africanos, que se ven forzados a huir de sus países, de poder interrelacionarse y contar con un espacio de libertad en una sociedad a menudo hostil".

"Sankara abogó por el respeto del medioambiente, el panafricanismo, los derechos de la mujer, la austeridad, la condena enérgica de la pobreza, la autosuficiencia. Apeló a la descolonización del pensamiento y la consecución de la felicidad fue insistente en su discurso. Obró como 'presidente de un país pobre', según dijera, con el ejemplo, y actuó con dignidad, opuesto al culto a la personalidad. Fue un militar que rechazó la guerra, algo bastante inusual", sostiene Omer Freixa.

A finales de 2011, un año excepcionalmente turbulento en la vida política burkinesa, un grupo de jóvenes organizó un partido de fútbol en la carretera principal del barrio capitalino de Zogona como forma de protesta. Manifestaron así su oposición a la construcción de un hotel en un terreno que, desde el primer año del gobierno de Sankara, era utilizado como campo deportivo. Tras prometer el alcalde del distrito que la mitad del terreno en cuestión sería para construir un nuevo complejo deportivo, los manifestantes acordaron levantar el corte de la ruta.

Cada 15 de octubre, en el aniversario del golpe de estado de 1987 que provocó su muerte, la tumba de Sankara recibe a muchos jóvenes, que aún habiendo nacido después de la muerte del líder siguen manteniendo vivo su legado y su impronta.

El 21 de octubre de 2018 se celebró en la ciudad alemana de Hamburgo la primera edición de la Copa Sankara, en honor al ex presidente burkinés y en conmemoración del 31 aniversario de su asesinato. La jornada estuvo marcada por una atmósfera militante y positiva, con presencia de consignas antiimperialistas. El certamen reunió a varias comunidades africanas de Alemania, Suiza y Francia. Una selección de la comunidad burkinabé se terminó quedando con el título al imponerse a un equipo llamado "Costa de Marfil" que compitió con jugadores de diferentes países.

El legado de Sankara quedó y quedará por siempre. Al igual que sus ideales y pensamientos. Al conocerse su muerte, en toda África hubo manifestaciones para despedir a un héroe para los jóvenes. Con él murió una esperanza, en un continente donde casi nadie esperaba nada. No era un ángel o un santo. Era un hombre como cualquiera, con sus defectos y virtudes. Pero si Sankara continúa vigente es sobre todo porque logró que toda una generación de africanos soñara. El fútbol, en los casos mencionados, permite que su nombre siga estando vigente en todos los ámbitos.

Les Etalons

Cada vez que juega el seleccionado de Burkina Faso se los menciona como *Les Étalons* (los potros, en francés). También son conocidos como Los Sementales. El apodo está relacionado con una ceremonia denominada "la falsa partida", cargada de simbolismo y que recuerda un hecho real. La tradición cuenta que hace muchos años una de las esposas de un Moro Naba —rey de los mossi— decidió escapar de palacio e irse con un rey vecino, lo que despertó el enojo del soberano. Al día siguiente saldría con su caballo a buscar a su rebelde esposa para arrebatarla de brazos de su rival. Sin embargo, los nobles y cortesanos temían que se desate una guerra entre mossis, por lo que acudieron en gran número la mañana de la partida del rey a suplicarle que no rompiera la paz de su pueblo. El Moro Naba aceptó finalmente quedarse en palacio.

Aparentemente anecdótica, esta historia simboliza para los burkineses la lucha de la monarquía mossi por su supervivencia. Los Mossi, en la actualidad, son el grupo étnico más grande en el país y constituyen el 40% de la población, unos 6,2 millones de personas. Así, el semental blanco es emblema del país y también está presente en el escudo de la Federación Burkinesa.

Aparte de las ya mencionadas actuaciones en las CAN, y aún sin participaciones mundialistas, el fútbol burkinés también ha tenido buenas intervenciones entre los juveniles. Todavía se recuerda el tercer puesto en el Mundial Sub 17 de Trinidad y Tobago en 2001. En aquel certamen, Burkina integró el Grupo C junto a Argentina, España y Omán. En su debut, igualó 2-2 ante el elenco albiceleste que contaba en su plantel con jugadores de la talla de Tevez, Mascherano y Zabaleta. Por la segunda fecha, y con gol de Sanou, vencieron 1-0 a la España de Iniesta y el Niño Torres. Cerraron con un 1-1 ante los asiáticos y clasificaron segundos detrás de Argentina, dejando afuera nada más y nada menos que a España. Ya en cuartos, superaron 2-0 a Costa Rica con otro gol de Sanou. Hasta que en semis, Nigeria lo bajó con un 1-0 ajustado. El duelo por el tercer puesto los volvió a cruzar con Argentina, pero esta vez hubo triunfo burkinés, para entrar en la historia del fútbol de su país. Aquel plantel estaba comandado por Jacques Yameogo, quien en 2010 falleció luego de una larga enfermedad. Panandetiguiri y Sanou se mantuvieron y fueron subcampeones con la mayor en la CAN Sudáfrica 2013.

En todo este camino, el fútbol juvenil ha jugado un papel vital en el desarrollo del deporte en Burkina Faso. Al tercer puesto en Trinidad y Tobago, se sumó el título también del Sub 17 en el Campeonato Africano de Rwanda que le dio el pase al Mundial de México 2011. Allí perdieron sus tres partidos, pero el trabajo en las divisiones menores debe seguir teniendo su lugar en la tierra de Sankara. Como expresó el presidente de la Federación Burkinesa de Fútbol, Sita Sangaré, en entrevista a FIFA a mediados de 2012, "la generación de los sub-17 de 2001 y sub -20 de 2003, que obtuvo excelentes resultados en las Copas Mundiales de sus respectivas categorías, estaba basada en los centros de formación. Hay que señalar que algunos de aquellos jugadores, como Saidou Panandetiguiri o Daouda Diakite, forman parte actualmente de la absoluta. Pero aquella política no tuvo continuidad, y además no existían campeonatos para las categorías inferiores. Se trata de una situación que ahora queremos remediar. Es preciso que los centros de formación existentes participen en estos campeonatos y que se vinculen a los clubes".

Por diez años, la *Planète champion international* (PCI), una academia fundada por el francés Philippe Ezri en 1997 albergó a los mejores jugadores del país. En el tercer puesto en Trinidad y Tobago, por ejemplo, eran siete los representantes del PCI. Pero en 2007, Ezri decidió poner fin a su proyecto. Muchos chicos se quedarían sin la formación adecuada para poder llegar a jugar en Europa y representar al seleccionado nacional. Habiendo pasado por ahí y conociendo lo que a partir de aquel proyecto se había logrado, dos ex miembros de la academia decidieron recuperarla y refundarla. Los dos nombres fueron subcampeones en 2013: Pitroipa y Wilfried Sanou. Pitroipa, quien tuvo sus inicios en la PCI, se vio muy consternado ante la noticia y por eso se juntó con Sanou

para reabrir el lugar y seguir contribuyendo al crecimiento del fútbol burkinés.

Un año después del alejamiento de Ezri, ambos jugadores la reabrieron con el nombre de Centro de Formación Kada. Los ojeadores buscan nuevos talentos en nueve ciudades repartidas por todo el país y, al parecer, transcurrida más de una década desde su fundación, el trabajo está dando los primeros frutos. En el Mundial Sub 17 de México en 2011, además del capitán Sounkalo Sanou, otros cinco integrantes de la selección sub-17 habían salido de la academia Kada. "Es una escuela magnífica, donde es posible crecer hasta convertirse en un gran jugador", afirmó Sanou.

Pero no son los únicos. Kassoum Ouédraogo, miembro del plantel de la CAN 1998, creó en 2010 la Kassoum Ouédraogo Zico Academie de Football (KOZAF). La misma, tiene como objetivos otorgar un lugar para entrenamiento para los más jóvenes conjuntamente con oportunidades de estudios que den el entorno ideal para el desarrollo del fútbol juvenil. Además, participa en la liga nacional dando posibilidad de jugar en la primera división del país a los jóvenes que se destaquen.

En enero de 2019, el presidente de Burkina Faso, Roch Marc Christian Kaboré, recibió a una delegación de alto nivel de la FIFA, encabezada por Gianni Infantino, y declaró lo siguiente: "Que yo sepa, esta es la primera visita de un presidente de la FIFA a Burkina Faso, lo cual nos llena de orgullo, puesto que demuestra que el señor Infantino confía en la gobernanza del fútbol en nuestro país. Como aficionado al fútbol y dirigente político, soy plenamente consciente del poder del fútbol y de que ganar un partido puede cambiar las expectativas de todo un país. Mi Gobierno está trabajando estrechamente con la Federación de Fútbol de Burkina Faso para consolidar el fútbol y lograr que ocupe una posición privilegiada dentro de nuestras fronteras".

Por su parte, el presidente de la FIFA comentó sus impresiones sobre Burkina Faso: "La primera vez que visité Burkina Faso fue en 1998. En aquel entonces, aún no trabajaba en la industria del fútbol y era un simple hincha que quería vivir el fútbol en África. Fascinado por las actuaciones de Camerún durante el Mundial de 1982, quería experimentar ese algo tan especial que solo tiene el fútbol africano, y la CAN de 1998 me brindó una oportunidad inmejorable".

"No se imaginan lo emocionante que es para mí estar aquí por segunda vez en mi vida. El fútbol es el único deporte del mundo que puede desatar esa emoción y es nuestro deber, como amantes del fútbol, alimentar y preservar ese inigualable bienestar que el fútbol puede aportar a las próximas generaciones. Mi enhorabuena al presidente Kaboré por su firme apoyo al fútbol, que reporta alegría a tantas personas, y por sus variadas contribuciones al desarrollo del fútbol", agregó Infantino.

La visita culminó con el presidente de la FIFA inaugurando un nuevo proyecto piloto de iluminación basado en energía solar del estadio del club local Étoile Filante de Ouagadougou. Al respecto del evento, Infantino comentó: "La inauguración del sistema de paneles solares en este estadio es un sueño hecho realidad. Cuando me informaron sobre las condiciones bajo las cuales se jugaba fútbol en Burkina Faso hace tres años, pensé en probar un sistema de ahorro de energía en este país, el primer país africano que he visitado. Mi deseo es que este proyecto se implemente en todos los países que enfrentan altos costos de energía y condiciones climáticas adversas para permitir que millones de niños y niñas disfruten jugando en condiciones más seguras".

Con el objetivo de lograr por primera vez la clasificación a un Mundial y de volver a estar en una CAN tras ausentarse en Egipto 2019, el fútbol burkinés sigue creciendo.

17. La Copa Amílcar Cabral (Cabo Verde/ Guinea Bissau)

Muchos quizás escucharon el nombre de Guinea Bissau por primera vez a mediados de 2019, cuando irrumpió en el Barcelona un joven llamado Ansu Fati. El delantero fue el segundo jugador más joven en debutar en el primer equipo del club catalán, con 16 años y 300 días.

A otros con más recorrido tal vez les suene el nombre de Amílcar Cabral. "Gran exponente de la época de independencias en África e ingeniero agrónomo que dedicó su vida a la consecución de la libertad de su pueblo, el de Guinea-Bissau, hermanado al de Cabo Verde (sus padres eran de allí). A ambos países buscó unir en la lucha por la independencia y como naciones soberanas, aunque la muerte le impidió consumar el sueño de ver eliminado el colonialismo portugués (la independencia de Guinea-Bissau fue declarada en forma unilateral el 24 de septiembre de 1973)", escribió el argentino Omer Freixa en un artículo titulado *Amílcar Cabral: hombre de acción y de palabra*, publicado en África no es un país a 45 años del asesinato del padre de Guinea-Bissau y Cabo Verde.

Y a nivel futbolístico, este luchador africano tuvo una copa en su honor: la Copa Amílcar Cabral. El certamen, destinado para los equipos encuadrados en la Zona 2 de la CAF, conformada por los seleccionados del África Occidental incluyendo a Guinea-Bissau y Cabo Verde, comenzó a disputarse en 1979, año en el que se cumplieron seis desde su fallecimiento.

Víctor Andrade Merlo, profesor de la Universidad Federal de Río de Janeiro, se refiere a Cabral como un buen jugador de fútbol y apasionado del deporte en general. "Cabral fue una presencia constante en eventos deportivos, destacándose en los diversos equipos en los que jugó (...) Desde 1952 cuando regresó a Guinea se movilizó para crear un club deportivo para los nativos, marcando que el club debía invertir

en elevar el nivel cultural de sus miembros", cuenta en el artículo Desafiando al enemigo: deporte y luchas anticoloniales en Guinea.

En 1954, Amílcar fundó el Bissau Sports and Recreation luego de haber participado como voluntario y entrenador en varios equipos locales del país. El Sporting Club de Bissau (1936) y Sport Bissau e Benfica (1944), con equipaciones y nombres en honor de los homólogos de la metrópoli, ya tenían años de recorrido aunque el que dominaba en una liga local poco desarrollada era el Clube de Futebol "Os Balantas" de Mansôa.

El gusto de Cabral por el fútbol ya había sido reflejado en una caricatura de su compañero José Carlos Sousa Veloso. Fue retratado con el uniforme del Instituto Superior de Agronomía pero con medias y botines, además de libros de Engels, Lenin y Dostoyevsky entre sus manos.

Luego de la creación del club de Cabral, la Policía de Seguridad Pública (PSP) empezó a sospechar de la iniciativa. Y no estaban errados. Aquella fue una de las herramientas que precedieron y contribuyeron a la creación del Partido Africano para la Independencia de Guinea y Cabo Verde (PAIGC). "La lucha por la libertad y contra la dominación extranjera es un factor concreto y permanente de la tradición histórica de los pueblos del continente africano. Realizada bajo distintas formas confirma la inalienable vocación de estos pueblos para determinar su propio destino, libres e independientes de presiones extranjeras", fueron las palabras de Cabral en una Conferencia de Organizaciones Nacionalistas de Guinea y de las Islas de Cabo Verde, celebrada en Dakar a mediados de 1961.

La idea de la Copa Amílcar Cabral surgió con el objetivo de celebrar la unión africana por medio de un homenaje a un líder de suma importancia para la liberación del continente. La primera edición, en 1979, como no podía ser de otra manera tuvo a Guinea Bissau como sede y el campeón fue Senegal, al imponerse 1-0 en la final a sus vecinos de Malí. En el

documental *Torneio Amílcar Cabral*, de producción conjunta brasileña-guineana, se muestra la constante búsqueda de vincular el certamen con la memoria de Amílcar. El evento fue presentado como una "oda al padre de la nacionalidad".

Cabo Verde, independiente desde 1975, tomó la competencia como una oportunidad de exaltar la nueva nacionalidad en construcción, divulgar el nombre del país en el escenario internacional y alinear la nación a las causas panafricanas. Sin embargo, el país de nacimiento de los padres de Cabral se encontró con problemas en sus primeras participaciones: falta de dinero, malas condiciones de sus estadios para prepararse, ausencia de material adecuado de entrenamiento, etc.

En la edición de 1981, disputada en Malí, se dio el duelo más esperado: Cabo Verde vs Guinea Bissau. Con la presencia en las gradas de Carlos Reis, ministro de Educación y Cultura, los caboverdeanos se impusieron 3 a 0 y terminarían cuartos; resultado que sería destacado en los balances gubernamentales de fin de año en las islas.

Al año siguiente, Cabo Verde albergó por primera vez el certamen en su cuarta edición. "Para nosotros tiene una importancia de carácter político, ya que es una Copa que lleva el nombre del fundador de nuestra nacionalidad. Por lo tanto es importante que se dispute en nuestra tierra", sostuvo José Araujo, el ministro de Educación caboverdeano. El 10 de febrero de 1982 se celebró la ceremonia de apertura del definido hasta ese entonces como el mayor acontecimiento de la corta historia deportiva del país. El cuarto puesto, con Bala elegido como el mejor jugador del certamen y el equipo como el más disciplinado, empañó un poco la fiesta pero en líneas generales las repercusiones fueron buenas, tanto a nivel interno como externo.

De allí hasta 1989 la Copa Amílcar Cabral se jugó ininterrumpidamente cada año, con cuatro títulos más para los senegaleses (83, 84, 85, 86), tres para Guinea (82, 87, 88) y el último para Malí rompiendo con una década de hegemonía de Leones de Teranga y guineanos.

Las siguientes cuatro ediciones fueron cada dos años, con nuevo logro de Senegal en 1991, bicampeonato para Sierra Leona en 1993-95 y reaparición de Malí en lo más alto del podio en 1997.

Hubo que esperar hasta el año 2000 para que Cabo Verde volviera a ser anfitrión como en 1982. Pero en esta ocasión, los Tiburones Azules se quedaron con su primer y único título al vencer 1-0 a Senegal con tanto de Toni. Para ese entonces, las relaciones con Portugal se habían restablecido y en el seleccionado empezaban a figurar los futbolistas de origen caboverdeano que jugaban en el campeonato luso.

En las últimas tres ediciones (Malí 2001, Guinea 2005 y Guinea Bissau 2007) los ganadores fueron Senegal —con un equipo Sub 23—, Guinea y Malí, respectivamente. Tras la última edición, hubo algunos intentos por volver a realizarla que no llegaron a buen puerto. Mauritania la iba a organizar en noviembre de 2009 pidiendo luego un aplazo para marzo de 2010. Finalmente, el país desistió de organizar el certamen y Mario Semedo, el presidente de la federación caboverdiana por aquel tiempo, manifestó que tras dos aplazamientos consecutivos el torneo había perdido credibilidad.

La Copa Amílcar Cabral nunca más volvió a jugarse, siendo la edición del 2007 la última de la historia. Al menos hasta ahora...

18. El ocaso de la Generación Drogba (Costa de Marfil)

Cuando Rachid Alioui anotó para Marruecos en el duelo ante Costa de Marfil por el Grupo C de la CAN de Gabón 2017, Salomón Kalou supo que era el ocaso definitivo de la Generación Drogba. Los Elefantes —tal como se conoce al seleccionado nacional— estaban quedando afuera del tor-

neo a manos del francés Hervé Renard quien en la edición anterior en Guinea Ecuatorial 2015 los había llevado al título.

Hasta el Mundial de Alemania 2006, muy poco era lo que se conocía del fútbol marfileño. El logro más resonante hasta aquellos años había sido el título en la CAN 1992. En la cita que tuvo lugar en Senegal, se impusieron 11 a 10 a Ghana en los penales para alzarse con el trofeo. Pero pocos jugadores de aquel plantel lograron adquirir relevancia en el mundo futbolístico.

Recién en 2006, o más precisamente en la previa del Mundial de Alemania, el fútbol marfileño volvió a entrar a escena, para volverse uno de los exponentes principales del fútbol africano de la nueva era, junto a la Ghana de Essien, Muntari y Gyan. ¿Pero qué fue lo que pasó en esos casi quince años de 'ausencia y desaparición'? En 1993, un hombre llegaría desde Francia para dar un importante vuelco al fútbol marfileño. Su nombre: Jean Marc Guillou.

Guillou hizo caso omiso a la imagen estereotipada del África mediocre y sin posibilidades, de la que había escuchado hablar en su Francia natal desde pequeño, y partió hacia Abidján. "Este técnico francés que como jugador disputó el Mundial de Argentina 1978, un día marchó a Costa de Marfil y se hizo dueño de todo lo relacionado con el balón", sostiene José David López, periodista y responsable del sitio español *El Enganche*."Su poder aumentó mucho y como buen ojo para cazar futbolistas no le falta, creó una auténtica escuela en la ciudad de Abidján, la conocida Sol Béni, donde cada día se entrenaban los pequeños marfileños con intención de ir creciendo en sus grandes habilidades y soñar con dar el salto a Europa".

"Creo que en el éxito de los Elefantes mucho ha tenido que ver la política de formación puesta en marcha a principios de 1990 por el ASEC. En momentos donde no era muy común hacerlo, ASEC creó la primera escuela de fútbol real", declaró Drogba en una entrevista concedida al sitio de la FIFA poco antes del Mundial de Brasil.

*

1995. Un pequeño Yaya Touré encara. La camiseta amarilla con la inscripción Mimo Sifcom parece quedarle grande. Lo marcan dos compañeros de la promoción Armando —la misma de la que surgieron Salomon Kalou, Arthur Boka y Moussa Sanogo, entre otros—. Maneja el balón con su pie al descubierto, sin ningún calzado que interfiera el contacto. Sus marcadores también van descalzos. Es una de las metodologías que usa Guillou. Desde afuera todas las miradas se posan en él. Muchos saben que es una de las máximas promesas de la Academia.

Seis años después, Yaya lidera al ASEC Mimosas a la obtención del título número 17 en la MTN Ligue 1 marfileña. Las premoniciones se cumplen, Yaya comienza a hacerse grande y emigra al Beveren de Bélgica para dar sus primeros pasos en suelo europeo.

—¿Cuál era el club favorito de tu infancia? —le preguntaron a Yaya Touré ni bien arribó al Barcelona a mediados de 2007.

—Me gustaban el Barca y el Madrid. Del Madrid miraba los partidos pero me gustaba más el estilo de juego del Barca de Koeman, Romario, Cocú, Rivaldo y Guardiola, entre otros —contestó.

—¿Qué fue lo que lo llevó a inclinarse por el Barca?

—Un día estábamos entrenando en la Academia y Jean Marc Guillou, mi descubridor, me dijo: 'Estaré contento cuando un jugador mío vaya al Barcelona. Quiero darle la técnica para que pueda ir a ese equipo que practica el mejor fútbol del mundo'. Desde ese día, me propuse cumplir esa meta.

Tras pasos por el Beveren, el Metallurg ucraniano, el Olympiakos de Grecia y el Mónaco francés, Yaya fue adquirido por el Barcelona en 9 millones de euros convirtiéndose en el primer marfileño en jugar en la entidad culé.

*

En los últimos tres Mundiales con presencia marfileña (Alemania 2006, Sudáfrica 2010 y Brasil 2014), más de la mitad de los convocados por Costa de Marfil habían pasado por la Academia de Guillou. Algunos la llaman Sol Beni, otros la Academia del Asec, pero el nombre oficial es Academie MimoSifcom, por el ASEC Mimosas y el grupo económico marfileño Sifcom. Podría decirse que es la base de las inferiores del ASEC, cuyas siglas significan *Association Sportive des Emplóyes de Commerce.*

Los postulados básicos que los formadores de la Academia inculcan a los jóvenes que llegan en busca de su sueño futbolístico son: 'Jugarás como entrenes', 'Juega con placer y con el coraje para tomar riesgos' y 'Si tienes la posibilidad de hacer un pase, hazlo; si no es posible, gambetea con determinación e inteligencia'.

Kolo y Yaya Touré, Bonaventure y Salomón Kalou, Emmanuel Eboué, Didier Zokora, Koffi Romaric, Bakari Koné, Gervinho y Arthur Boka, entre otros, son sólo algunos de los jugadores que surgieron del ASEC Mimosas.

"El centro formativo —comenta el periodista marfileño Patrice Douh— se encuentra dentro del complejo deportivo Sol Béni y se beneficia de las infraestructuras deportivas del complejo en lo que respecta a campos y zonas de juego. Además, dispone específicamente para la formación de los jóvenes alumnos de dos residencias con 12 habitaciones climatizadas, ocho aulas, un campo de entrenamiento, un gimnasio, un área específica para el trabajo atlético, una piscina de 50x40 metros y tres campos de fútbol-tenis, además de muchos otros servicios".

*

El 25 de junio de 2010, Costa de Marfil se despidió del Mundial de Sudáfrica venciendo 3-0 a Corea del Norte con goles de tres académicos: Yaya, Romaric y Salomón Kalou. Y de los once titulares, sólo Drogba y Kader Keita no pasaron por la formación de la Academia. Cuatro años después, y en Brasil, empezó a gestarse el final de una generación exitosa dentro del fútbol marfileño. Kolo Touré, Drogba, Copa Barry y Boka jugaron su último Mundial. Pero ninguno olvidó sus orígenes ni lo mucho que les ayudó lo realizado por la gente de la MimoSifcom.

—Nunca olvidaré la Academia —dice siempre que le preguntan sobre sus inicios Yaya Touré. Salomón Kalou retorna cada vez que puede a las instalaciones del ASEC para mantenerse en forma. "Estar aquí me trae muchos recuerdos. Como aquella madrugada en la que, tras una de las oraciones musulmanas, Kolo Touré nos llevó a mí y a su hermano a trabajar el uno contra uno y a hacer pasadas en la arena. La Academia es todo para mí, cada vez que estoy aquí es como un regreso a casa", declaró en una de sus últimas visitas.

El Mundial de Brasil fue la última oportunidad de la denominada "Generación Drogba". Seguramente, todos los miembros de los Elefantes buscaron finalizar este proceso que se inició con el arribo de Guillou con una buena participación en tierras cariocas. No pudieron y cayeron en la primera ronda, pero la revancha llegó rápido y capitaneados por Yaya Touré se adjudicaron la CAN 2015 en Guinea Ecuatorial, con el arquero Copa Barry y el mencionado Touré como estrellas principales.

Pero el recambio generacional no parece tener un futuro auspicioso para el fútbol marfileño. Con Drogba y Kolo Touré retirados y Yaya dando sus últimas muestras de calidad en el fútbol chino, los principales exponentes de la actualidad son Eric Bailly (Manchester United), Franck Kessie (Milan) y Nicolas Pepe (Arsenal). Sin embargo, los resultados no llegan. Al título en 2015 le siguieron actuaciones discretas en Gabón 2017 (puesto 11) y Egipto 2019 (quinto) y la ausencia mundialista en Rusia después de tres campeonatos del mundo en fila. Son el recuerdo y lo realizado por la Generación Drogba los que obligan a la dirigencia marfileña a reorganizarse si es que quiere volver a los primeros planos del fútbol del continente.

19. Asamoah Gyan y una maldición penal (Ghana)

El de Sudáfrica 2010 fue el primer Mundial que tuvo al continente africano como sede. Además, fue el que tuvo más participantes de África, ya que a los cinco habituales cupos se sumaron los Bafana Bafana como anfitriones.

El balance no fue el mejor en la propia tierra africana. El local comenzó con un empate con México —recordado gol de Tshabalala— pero en su segunda presentación fue goleado por Uruguay. Cerró su intervención con un resonante triunfo 2-1 sobre Francia pero por diferencia de gol no pudo seguir en carrera.

En el Grupo B, Nigeria perdió con la Argentina de Maradona y con Grecia para cerrar con un empate a dos goles con Corea del Sur y terminar último con un punto. Misma situación para Argelia en la zona C: solo pudo rescatar un empate sin goles con Inglaterra. Camerún terminó anteúltimo en la clasificación final tras perder sus tres compromisos ante Japón, Dinamarca y Países Bajos. Solamente se ubicó por delante de Corea del Norte en la clasificación final.

Costa de Marfil cayó en el grupo de Brasil y Portugal por lo que las chances de clasificar eran pocas. Esa tendencia se confirmó y los Elefantes terminaron terceros detrás de las dos potencias. Empate sin goles en el debut ante Cristiano Ronaldo y compañía; derrota 3-1 con Brasil y goleada despedida 3-0 sobre Corea del Norte.

Por lo tanto, luego de la fase de grupos las Black Stars ghanesas eran la única esperanza del continente para lo que quedaba de su Mundial. Los dirigidos por Milovan Rajevac debutaron con un triunfo sobre Serbia —penal sobre el final

de Asamoah Gyan—, empataron 1-1 con Australia —otro penal de Gyan— y cerraron con derrota 1-0 ante Alemania.

Como segundos del Grupo D, en octavos de final se cruzaron con Estados Unidos, el primero de la zona C. Un zurdazo bajo de Kevin Prince Boateng adelantó a los ghaneses en el Royal Bafokeng de Rustenburg ante casi 40.000 espectadores. Sobre los 62 minutos, Donovan puso el 1-1 tras un penal que Jonathan le había cometido a Dempsey y la definición se estiró al suplementario. Ni bien comenzó la última parte del partido, Gyan bancó un balón largo entre los dos centrales yanquis y con un zurdazo alto venció al arquero Howard para decretar el 2 a 1 que sería definitivo.

El 2 de julio de 2010, antes del inicio en el Soccer City de Johannesburgo, Ghana ya había empardado las mejores actuaciones de selecciones africanas en Mundiales: los cuartos de final de Camerún en Italia 1990 y de Senegal en Corea Japón 2002. En Napoles, Camerún perdió 3-2 con Inglaterra mientras que en Osaka los senegaleses cayeron 1-0 en el suplementario con Turquía.

El rival de Ghana fue el Uruguay del Maestro Oscar Washington Tabarez. Los ghaneses se habían convertido en la selección de toda África y un tremendo disparo de Sulley Muntari los llevó al descanso 1-0 arriba para que las vuvuzelas sonaran cada vez más. Pero sobre los diez minutos del segundo tiempo, Diego Forlán —de tiro libre— puso las cosas iguales. En el último minuto del suplementario llegó una jugada que podría haber dado a la historia de los Mundiales su primer seleccionado africano en semifinales...

Luego de un tiro libre cruzado que cayó al área charrúa, Appiah remató y Luis Suárez salvó en la línea. La jugada siguió y ahora fue Dominic Adiyiah el que remató de cabeza; esta vez Suárez salvó pero con sus manos. El árbitro portugués Olegário Benquerenca no tuvo más remedio que marcar penal y expulsar a una de las figuras uruguayas.

Hubo muchos penales a lo largo de la historia del fútbol, pero ninguno que uniera —en torno a la pierna derecha de

Gyan— a todo un continente. La solidaridad africana se hizo sentir. En un continente que vivió muchas calamidades, el triunfo de uno era el triunfo de todos. Fue Asamoah Gyan, el número 3 de Ghana, que hasta ese entonces llevaba tres goles en el Mundial —dos de ellos de penal— el que se hizo cargo de tamaña responsabilidad. Él siempre lanzaba los penales. Había convertido por esa vía ante Serbia y ante Australia y cuando llegó ese momento ante Uruguay no dudó, tenía mucha experiencia tirando penales.

El tiro de Gyan fue al medio y alto. Dio en el travesaño del arco defendido por Muslera y se perdió en el aire. Mientras los uruguayos festejaban seguir todavía con vida, Gyan no lo podía creer. Se tapó la cara con ambas manos como queriendo desaparecer.

"El video lo he vuelto a ver mil veces. Fue uno de los momentos más difíciles de mi carrera. Honestamente me sorprendió que mi remate se elevara tanto, no era de lanzar así. Entré en shock", contaría casi una década después.

"Todo el continente —agregó— nos estaba apoyando por lo que al fallar pensé que había decepcionado a toda África. Aunque me gustaría no puedo volver el tiempo atrás. Quizás Dios dijo: no es vuestro momento".

Con el penal errado, la definición fue en la tanda de penales y Gyan no se amilanó. Demostró su carácter de líder y pocos minutos después volvió a lanzar en la tanda y lo marcó. Sino hubiese marcado ese penal ahí hubiese sido muy difícil para Gyan continuar con su carrera. "Ese penal ya estaba en mi corazón. Quise tirar el primero para que la gente viera que era capaz de marcar en cualquier momento y en cualquier lugar", sostuvo.

Gyan y Stephen Appiah fueron los únicos ghaneses que pudieron marcar. Mensah y Adiyiah erraron y Uruguay lo liquidó 4-2 con el recordado tiro a lo Panenka de Abreu.

—Tu fallaste el penal. ¡Oh Dios mío! —le dijo Nelson Mandela a Gyan cuando el ex presidente sudafricano recibió a la delegación ghanesa poco después de la eliminación. "Conocí a Nelson Mandela por aquel penal. Fue un gran honor que supiese quién era", destacó sobre dicho momento entrevistado en el PodCast español de *El Enganche*. Más allá de la derrota, esa Ghana quedó en la historia como uno de los mejores africanos en los Mundiales junto a Camerún y Senegal. Y Gyan, que a principios de año había formado parte del equipo ideal de la CAN 2010 en la que fue subcampeón, fue elegido entre los mejores diez jugadores del Mundial de Sudáfrica junto al argentino Lionel Messi, el goleador de Uruguay, Diego Forlán, los españoles Xavi Hernández, Andrés Iniesta y David Villa, los alemanes Mesut Ozil y Bastian Schweinsteiger y los holandeses Wesley Sneijder y Arjen Robben.

"Desde que fallé aquel penal, me dije que ninguno es fácil, aún si eres un especialista por esa vía. Maradona o Baggio han fallado. Grandes futbolistas en momentos claves cuando todo el mundo está expectante. Cuando estás en un entorno de éxito siempre habrá alguien que te criticará. Mejor aceptarlo y seguir adelante", fue el pensamiento de Gyan. Lo que muchos no saben, o al menos no recuerdan, es que en Alemania 2006 el ghanés ya había errado un penal. Fue en el debut mundialista de Ghana, cuando Asamoah estrelló su disparo en el palo del arco checo defendido por Peter Cech.

La carrera del 3 ghanés siguió por la buena senda, aún con ese penal a cuestas. El Sunderland inglés se hizo con sus servicios tras el Mundial por unos 14 millones de euros y Gyan siguió siendo un referente de las Black Stars. En octubre de 2010 la FIFA lo seleccionó entre los 23 candidatos iniciales a quedarse con el Balón de Oro y pocos meses después quedó detrás de Eto'o y por sobre Drogba en la elección del mejor jugador africano para la CAF. También la prestigiosa BBC lo premió como el mejor futbolista de África ese año, siendo el segundo ghanés en alzarse el trofeo luego de Michael Essien (2006).

La adaptación al fútbol inglés fue de lo mejor y Asamoah Gyan entró en los planes del Tottenham para sumarse a sus

filas. Pero Baby Jet, el nombre que empezó a utilizar en sus incursiones en la música, prefirió una mejor oferta económica y se fue a Al Ain (Emiratos Árabes Unidos) para cobrar cerca de 4 millones de euros al año. El tradicional baile de su festejo fue incluido en el PES 2012. Castro, un conocido cantante ghanés, invitó a Gyan a participar en el videoclip de su tema African Girls, donde el goleador mostró toda su destreza en el baile y se lo notó muy suelto, tanto o más que si estuviera en su hábitat natural, el área de gol.

Pero en la CAN 2012 llegó otra desilusión para Gyan. El delantero volvió a errar un penal y desde allí prometió a su madre no volver a rematar desde esa vía. Ella estaba muy triste y enojada por todo lo que había pasado y por las críticas a su hijo. Fue el 8 de febrero de 2012, menos de dos años después del penal errado en el Mundial de Sudáfrica, que Gyan tuvo la chance de adelantar a Ghana en la semifinal ante Zambia pero el arquero Mweene le contuvo su remate, abajo a la izquierda. Luego los zambianos ganaron 1-0 y se encaminaron a su primer título. Desde aquel penal, Gyan da ánimos y aliento a quien va a lanzar pero ya no patea más.

Terminada esa CAN, en la que Ghana culminó cuarto, la Asociación Ghanesa de Fútbol, recibió un comunicado por parte del atacante, quien dijo estar 'desilusionado' por las ofensas y que prefería ya no vestir la camiseta del seleccionado nacional. "La Federación Ghanesa recibió una carta del delantero Asamoah Gyan en la que anuncia que se retira temporalmente de los 'Black Stars'. Gyan está desilusionado por los excesos de lenguaje de los que fue víctima tras disputar la CAN por su país", señaló la misma Federación.

A fines de 2012, Cecilia Love Amoako —la madre de Gyan— chocó en las inmediaciones del *Ghana National Association of Teachers* y fue trasladada al Ridge Hospital, donde los médicos comunicaron su fallecimiento. Cecilia era maestra de profesión y había sido directora de una escuela pública, la *GT Cluster of Schools de Accra*, previo a su jubilación. En los distintos medios ghaneses, la gente expresó su apoyo para con el delantero del seleccionado nacional para que pueda superar este difícil momento.

La selección era su vida y pronto Gyan volvió a lucir la camiseta de Ghana. Los goles siguieron siendo parte de su vida. El alimento que todo delantero necesita. En 2013 estuvo entre los mejores jugadores del continente y en el equipo ideal elegido por la CAF, compartiendo delantera con el nigeriano Emenike y el gabonés Aubameyang.

Baby Jet fue clave en la serie final ante Egipto por un lugar en el Mundial Brasil 2014. Y con él Ghana se metió por tercera vez en el máximo evento futbolístico. En las dos anteriores había superado la fase de grupos, pero en suelo brasileño no pudo obtener ninguna victoria en la zona y se quedó rápidamente afuera. En Alemania 2006 había llegado hasta octavos y en Sudáfrica hasta cuartos. El único que se destacó fue Gyan, que se llevó de la tierra de Pelé, Ronaldo y Ronaldinho dos importantes récords. El delantero le marcó a Alemania y a Portugal y llegó a los seis goles mundialistas siendo el máximo artillero africano, al mismo tiempo que es el único del continente que marcó en tres Mundiales distintos.

Con Gyan ya en su país luego de la eliminación en Brasil, a principios de julio de 2014, el delantero estuvo involucrado en un suceso policial cuando su amigo rapero Castro desapareció mientras intentaba salvar a su novia tras un accidente en jet ski, cerca de la costa ghanesa. En ese momento estaban acompañados por Gyan, su hermano y otros amigos. La sospecha es que no se trató de un simple accidente sino que tuvo que ver con un sangriento ritual satánico que incluso dejó al delantero internado por el estado de shock.

La historia sin lugar a dudas tomó tintes macabros y sigue siendo investigada por la justicia ghanesa, que en 2021 tendrá que dar oficialmente por muertos a Castro y su novia Janet Bandu si sus cuerpos no aparecen.

Futbolísticamente Gyan siguió haciendo de las suyas. En la CAN Guinea Ecuatorial 2015 ni siquiera la malaria pudo con él. Según la Organización Mundial de la Salud (OMS), el

continente africano soporta una parte desproporcionada de la carga mundial de paludismo. En 2017, el 92% de los casos y el 93% de los fallecimientos por la enfermedad se produjeron en África. Así fue que Gyan se contagió y no pudo estar en el debut ante Senegal (derrota 2-1). La enfermedad estaba en su etapa inicial, y el goleador respondió muy bien al tratamiento, por lo que en la segunda fecha el entrenador Avram Grant recurrió a Asamoah para buscar el triunfo ante Argelia. Y Baby Jet cumplió al marcar el gol del triunfo en el minuto 92. Con el 1-0 los ghaneses se recuperaron de la derrota inicial y escalaron hasta la final, con Gyan faltando solamente en la semifinal ante el local. La final fue con Costa de Marfil y el 0-0 estiró la definición al suplementario. En el minuto 121, Badu reemplazó a Gyan. ¿Casualidad? De haber quedado en cancha Gyan tendría que haber roto obligado la promesa a su madre de no patear más penales. Fue victoria de los marfileños por 9 a 8 y patearon los once jugadores de ambos seleccionados. Los últimos penales tuvieron como protagonistas a los arqueros: Copa Barry contuvo el remate de Razak y después convirtió el suyo para el segundo título de los Elefantes capitaneados por Yaya Touré.

Posteriormente a esa CAN, Gyan emigró al fútbol chino para jugar en el Shanghai SIPG regresando luego a Emiratos: esta vez a jugar en Al Ahli Dubai Club. Kayserispor (Turquía) y NorthEast United FC (India) fueron los últimos clubes del mito ghanés hasta fines de 2019.

Pero en esos cuatro años siguieron pasando cosas en la vida personal y futbolística de Gyan. En 2017 participó de una nueva CAN, esta vez en Gabón, y con un cabezazo suyo Ghana se impuso 1-0 a Malí. Con el tradicional número 3, el goleador del equipo reunió a sus compañeros para festejar con un baile sincronizado. Según contó Atsu al sitio *Pulse Ghana Sports*, el tema éxito *Confession* de Kofi Kinata fue la inspiración para realizar el baile tras el gol al seleccionado maliense. Al año siguiente grabó el tema *Dirty Enemies* junto a su compatriota Stonebwoy, uno de los estandartes del

afropop, dancehall y reggae de Ghana. Algunos colegas de Gyan lo ayudaron con la difusión en las redes sociales. Tales los casos de los marfileños Wilfried Bony y Didier Drogba. Bony compartió su interpretación del tema en su cuenta de Instagram, mientras que el mítico Drogba hizo lo propio. "Uno de los mejores jugadores africanos de todos los tiempos canta Dirty Enemies. Desafío a todo el mundo a cantar", puso Gyan en su cuenta de la red social y mencionó a otros jugadores del continente como Harrison Afful, Jonathan Mensah, Emmanuel Badu y Razak Brimah, entre otros.

En 2017 también circuló la posible creación de una línea áerea relacionada con Gyan. El gobierno de Ghana anunció su apoyo a la iniciativa. En una intervención en el Salón Aeronáutico Africano en Ghana, el presidente del país Akufo-Addo dijo: "Me han informado de manera fiable que el capitán de nuestro equipo nacional de fútbol, Asamoah Gyan, ha obtenido una licencia de operador aéreo". La aerolínea llevaría su apodo 'Baby Jet'. "Mi visión como ministro de aviación es hacer crecer el sector de la aviación a través del desarrollo de infraestructura y líneas aéreas. Le deseo mucha suerte a Asamoah Gyan y lo apoyaremos para dar este paso audaz para comenzar una aerolínea. Instaré a todos los ghaneses a apoyar a la Baby Jet Airline", dijo la ministra de aviación ghanesa, Cecilia Dapaah.

En julio de ese mismo año Gyan volvió a patear un penal para Ghana rompiendo la promesa que le había hecho a su madre. Y volvió a errar. Fue el arquero Guzan el que le tapó al número 3 y capitán un penal en el triunfo amistoso de los Estados Unidos 2-1 por sobre los africanos en el Rentschler Field. A nivel clubes Gyan siempre siguió pateando penales con un registro total —club y selección— en su carrera de 21 convertidos y cinco errados: República Checa (Alemania 2006), Uruguay (Sudáfrica 2010), Zambia (CAN 2012), con Al Ain en la Arabian Gulf League (2014) y el mencionado en el amistoso ante EEUU.

La última historia de Gyan que dio la vuelta al mundo se dio en la previa de la CAN Egipto 2019. Poco antes del anuncio de los convocados por Ghana, sorprendió el retiro internacional de Asamoah, pero tras un llamado del presidente ghanés Nana Akufo-Addo el mítico número 3 de las Black Stars dio marcha atrás y fue incluido primero en la preselección de 29 jugadores de Kwesi Appiah y luego en los 23 finales. En tierra faraónica, Baby Jet no fue titular en ningún partido y tuvo unos pocos minutos en el 0-0 ante Camerún y en la caída en cuartos ante Túnez por penales, donde no remató. Habiendo jugado las últimas siete ediciones de la CAN, y con 35 años, parecería que llegarán nuevos nombres para la delantera ghanesa.

"No puedo olvidarlo y no creo que lo pueda hacer hasta que Ghana pueda clasificarse a una semifinal mundialista. Solo cuando eso ocurra estaré bien. Ese penal vivirá por siempre en mí. Quizás tenga que ser mi hijo quién me rescate de todo esto", dijo hace unos años Gyan sobre aquel penal errado ante Uruguay que lo marcó a fuego y sobre un objetivo que ya no podrá cumplir.

Sin embargo, la relación entre Ghana y los penales sigue siendo complicada. En la CAN Sub 23 de Egipto 2019, clasificatoria para los Juegos Olímpicos de Tokio 2021, los ghaneses perdieron el último cupo tras caer en los penales con Sudáfrica por 6 a 5. Edward Sarpong, uno de los futbolistas que no pudo convertir su penal pidió perdón a todos los ghaneses y suplicó que cesaran las amenazas y agresiones verbales para con él y sus familiares.

Ante este trauma, la Federación Ghanesa estaría planeando introducir la definición por penales en sus torneos domésticos cada vez que haya empates. Para que los jugadores vayan tomando confianza con esa situación de juego y todo Ghana se amigue con los penales.

20. George Weah, de Balón de Oro a presidente (Liberia)

Siempre que se habla del fútbol africano inevitablemente el nombre de George Weah aparece. Suele ser mencionado como uno de los mejores en la historia del fútbol en África. Nacido el 1 de octubre de 1966 y bautizado como George Tawlon Mane Oppong Ousman Weah, el oriundo de Clark Town, un pobre suburbio en las afueras de Monrovia —la capital del país—, es el único jugador del continente que fue galardonado por la FIFA como mejor jugador del mundo en 1995, cuando se impuso al italiano Maldini y al alemán Klinsmann. En 1989 y 1994 también fue elegido por la prestigiosa *France Football* como el mejor futbolista africano y la CAF lo eligió como tal en 1995 siendo para ambos premios el único futbolista liberiano en ser acreedor del mismo.

Como tantos grandes futbolistas, Weah llegó al mundo rodeado por una extrema pobreza: de familia numerosa con más de una decena de hermanos, padres que no querían que jugase el fútbol y que lo criaron con el apoyo constante de su abuela paterna Emma; estudios básicos en una escuela islámica que completó con éxito y hasta puesto de telefonista en la compañía nacional Libtelco cuando jugaba el campeonato de su país.

Así de modesto fue su comienzo con la pelota, a los 15 años en el Young Survivors de Clark Town y su debut profesional a los 19 en 1985 con el Mighty Barrolle, uno de los más populares de Liberia. Allí no sólo empezó a demostrar su capacidad goleadora con 7 tantos en 10 partidos, sino que conquistó en su primer año dos títulos, el de la Liga y la Copa nacional. Pasó entonces en 1986 a otro grande, el Invincible Eleven (Once Invencibles en inglés), del que realmente fue uno de ellos con 24 goles en 23 partidos, máximo artillero de la temporada, y otro título liguero. Por eso fue convocado para la selección por primera vez en 1987.

El haberse destacado en su país le permitió pasar a la Liga de Camerún para representar al Tonerre Yaoundé, equipo por el que habían pasado otras glorias del fútbol africano como Thomas N´Kono y Roger Milla. Esa fue su escala a Europa. Por recomendación de Claude Le Roy —técnico de los Leones Indomables— llegó al Mónaco, donde convirtió 64 goles en 164 encuentros. Arsène Wenger, entrenador del equipo del principado en aquella época, dijo posteriormente de él: "Weah sí que fue una sorpresa. Igual que cuando un niño encuentra un huevo de chocolate el domingo de Pascua. No he visto a ningún otro jugador eclosionar como lo hizo él". Wenger dispuso un plan especial de entrenamiento para que George se acostumbrara a la alta competencia, pero le costó ganarse el puesto. Su debut fue ante el Auxerre, el 17 de agosto de 1988, entrando como reemplazo de otro africano, el marfileño Youssouf Fofana.

Poco más de un mes después llegaron los primeros goles en el certamen local —doblete ante el Estrasburgo— y su nombre se volvió habitual entre los elegidos por Wenger. También en su primera temporada en el equipo monegasco, pudo marcar en Champions: en el 2-0 sobre el Valur (Islandia) y en la vuelta de cuartos de final ante el Galatasaray turco que no alcanzó para pasar a semifinales.

Con un equipo donde también destacaron el francés Manuel Amoros, el inglés Glenn Hoddle, Emmanuel Petit en sus inicios y Youri Djorkaeff, entre otros, el Mónaco ganó en 1991 la Copa de Francia ante el Olympique de Marsella 1-0 y perdió la final de la Recopa de Europa 1991/1992 con el Werder Bremen de Alemania (2-0).

Delantero de una potencia tremenda y gran goleador, en 1992 fichó por el París Saint-Germain y se dio a conocer a lo largo y ancho del Viejo Continente en las competiciones europeas. En la Liga de Campeones de 1994-95 fue el goleador con 8 goles y ese rendimiento llamó la atención del Milan, que lo contrató de inmediato. En su primera temporada, conquistó la Liga italiana (repitió en 1999), además del pre-

mio al Jugador del Año en Europa (1995) y en África. Sumó 58 goles en 147 partidos con la camiseta rossonera. Uno de los más recordados es uno a lo Maradona, luego de dejar a siete jugadores del Verona en el camino y definir ante la salida del arquero. "Me recorrí todo San Siro, después de recuperar el balón en el área, tras un saque de esquina. Fue el gol perfecto, porque tuve que ser rápido, técnico y preciso", recordó en 2010 en una entrevista con el *Diario El País de España*. En el Milan tuvo sus últimos partidos en Champions, para transformarse, con 62 partidos, en el futbolista liberiano con más partidos en competiciones de clubes europeos.

Balón de Oro de un país desconocido

En 1935, el inglés Graham Greene, uno de los más grandes escritores en lengua inglesa del siglo XX, llegó a Liberia con la intención de conocer qué se tramaba en ese país que había fundado los Estados Unidos con la intención de devolver a África un contingente de esclavos liberados.

Hasta el reconocido periodista uruguayo Eduardo Galeano, escribió sobre el territorio liberiano en su libro *Espejos*: "En 1821, la *American Colonization Society* compró un pedazo del África. En Washington bautizaron al nuevo país, lo llamaron Liberia, y llamaron Monrovia a la capital en homenaje a James Monroe, que por entonces era presidente de los Estados Unidos. Y en Washington también diseñaron la bandera, igualita a la propia pero con una sola estrella, y eligieron las autoridades. En Harvard elaboraron la Constitución. Los ciudadanos de la recién nacida nación eran esclavos liberados, o más bien expulsados, de las plantaciones del sur de los Estados Unidos. (...) Al amparo de las cañoneras, ellos se apoderaron de las mejores tierras y se adjudicaron, en exclusiva, el derecho de voto".

"Los sentimientos patrióticos sonaron mejor cuando se los oí vociferar más tarde a una escuela de doscientos niños

en Monrovia; aquella era la "tierra sumida en la ignorancia", los altos árboles alzándose como acantilados de piedra verde mate a ambos lados, lo que realmente prevalecía", escribió Green en *Viaje sin mapas.*

Sus primeras impresiones de la capital: "Monrovia es como un principio que ha llegado a poco más de dos calles principales anchas y cubiertas de hierbas que se cruzan y en las que se alinean casas con los cristales rotos, todas de madera y de una planta, salvo las iglesias de ladrillo (...) una ciudad donde casi todos los hombres son abogados y todos son políticos".

Años después, en esa Liberia descripta por grandes escritores, la infancia de Weah en Monrovia se dio en un territorio desprovisto de todo, con alimentos restringidos y agua escasa. El niño George creció abrazado a su juguete favorito: la pelota. Contó alguna vez que sus primeros goles fueron en arcos que no existían, o que se imaginaban entre dos piedras. Supo de postergaciones y de dolores desde muy pequeño pero el amor al fútbol y su destreza para practicarlo le permitieron triunfar más allá de las fronteras liberianas.

Tanto que fue el primer africano, y por ahora único, en ganar el Balón de Oro de *France Football.* "Weah es el orgullo de Africa", declararía el sudafricano Nelson Mandela poco después del galardón que obtuvo George. El entonces delantero del Milan obtuvo un lauro hasta esa vez sólo reservado para europeos.

Por ese entonces, la FIFA también entregaba su distinción que Weah ganó en 1995 y al año siguiente quedó segundo en la votación detrás del brasileño Ronaldo y por encima del inglés Alan Shearer. A nivel continental, Weah fue el mejor de África en 1989 y 1994 —premio de la revista francesa— y en 1995 —elegido por la CAF.

Luego de jugar en Italia pasó por el Chelsea, Manchester City, Olympique de Marsella y Al Jazirah, para retirarse en 2003. A sabiendas de lo que representaba para su país y para toda África, Weah se preocupó y se interesó siempre

por otras cuestiones. "El compromiso permanente de Weah con las actividades humanitarias, particularmente en África, le han hecho merecedor de la admiración de muchas personas", manifestaron desde UNICEF cuando en abril de 1997 lo nombraron como Embajador de la Buena Voluntad. "Hoy se ha hecho realidad uno de mis sueños: ser miembro de la familia del UNICEF", declaró el liberiano.

En 1999, con la guerra civil que castigó sobre todo a los más débiles, niñas y niños fueron enviados a combatir por el presidente de entonces, Charles Taylor. Los conocidos como niños soldados. Weah lanzó un mensaje en favor de los más pequeños y por la educación: "Los niños y las niñas quieren ir a la escuela. Hoy se sientan en el suelo sin bancos, pero ni siquiera se preocupan por los bancos, simplemente quieren recibir una educación". Y además decía: "Cuanto más ofrezcamos todos aquellos que podemos, más podremos brindar un legado, un futuro a estos niños y niñas por medio de la educación. Sé que no es una tarea fácil, pero no es imposible".

Weah no se quedó solo con las palabras y fue por más. Buscó desde la política también. Para las elecciones presidenciales de 2005, las primeras libres después de 14 años de guerra civil, formó el Congreso para el Cambio Democrático (CDC) ganando la primera vuelta con casi el 30% de los votos. A pesar de la confianza en la previa, lo derrotó Ellen Johnson-Sirleaf en la instancia decisiva (59% a 41%) para convertirse en la primera presidenta mujer en el continente.

La derrota fue dura para George, pero sus aspiraciones no mermaron. Se radicó en los Estados Unidos para prepararse mejor y avanzó en dos carreras en la Universidad Devry de Miami: administración de empresas y criminología. Mientras tanto, a sus 42 años, seguía ligado al fútbol jugando para el Elite FC, en un campeonato local junto a sus hijos.

Ícono de selección

Si Weah se hizo notar en Europa y a nivel Mundial, imaginen lo que fue su figura para la no muy rica historia del fútbol liberiano. En total jugó 61 partidos y convirtió 22 goles. Con dos goles en las Eliminatorias para el Mundial 1990, estuvo cerca de clasificar a su país a la cita en suelo italiano, pero luego de superar a Ghana en la primera ronda quedó segundo detrás de Egipto en el Grupo B y la ilusión se rompió.

Pero en Sudáfrica 1996, George lideró con la número 9 y la cinta de capitán al seleccionado liberiano a su primera CAN, donde las Lone Stars no pasaron la primera ronda en el Grupo B. En una zona de tres equipos por el retiro a última hora de Nigeria, Liberia comenzó venciendo a Gabón 2 a 1; sin embargo en su segunda presentación cayó con Zaire 2 a 0 para quedar afuera por diferencia de gol.

Liberia cerró ese año en el puesto 94 de la clasificación mundial de la FIFA y tampoco tuvo éxito en el camino a Francia 1998, en cuyas eliminatorias Weah festejó dos goles, aunque no pudo en el Grupo 2 final con Túnez (clasificado) y Egipto, al que derrotó como local 1-0 con un gol suyo a los 29 minutos, siendo su única victoria. Al mismo tiempo que la carrera de Weah se iba apagando, el seleccionado liberiano iba cayendo en el ranking mundial.

La gran tarea en las Eliminatorias mundialistas para Corea-Japón 2002 llevó a Liberia al mejor puesto en su historia (73), no superado a la fecha. Con casi 35 años, George fue el líder de un equipo que estuvo a un partido de meterse en el primer mundial en suelo asiático. Weah fue capitán, patrocinador y asistente del entrenador francés Philippe Redon y aportó dos goles. En la última fecha del Grupo 2, Liberia llegó como líder con 15 puntos, uno más que Nigeria, pero quedó libre y con la goleada de los nigerianos 3-0 sobre Ghana, fueron las Súper Águilas las que le arrebataron el lugar.

Habría más para el futuro presidente. Apareció por última vez para su país en la CAN de Malí en 2002, donde le marcó al local en el empate 1-1 del debut; participó en el 2-2 ante Argelia el 25 de enero en Bamako y se despidió —otra vez en fase de grupos— con derrota 1-0 ante Nigeria.

Desde aquella edición, Liberia no pudo nunca más clasificar a una CAN. En los últimos tres años, siempre estuvo por debajo del puesto 130 en el ranking FIFA. Mientras, Timothy —uno de los hijos de George— juega en el Lille (Francia) y representa al seleccionado de los Estados Unidos, con el que ya jugó el Mundial Sub 17 en India (2017) y debutó en el seleccionado mayor al año siguiente. En 2019 disputó el Mundial Sub 20 de Polonia.

A pesar de haberse alejado de las canchas hace tiempo, el nombre de Weah siempre es recordado y tenido en cuenta. En 2013 por ejemplo, se transformó en el primer africano en ser elegido para formar parte del Salón de la Fama del Fútbol junto a otros dos ex jugadores del AC Milan que compartieron plantel con el liberiano: los italianos Franco Baresi y Paolo Maldini.

Del fútbol a la presidencia

Tras dos mandatos de Ellen Johnson-Sirleaf (2005-2018), a Weah se le presentó otra posibilidad y no la desaprovechó. La anterior presidenta implicó a los líderes locales de pequeñas comunidades para cambiar el país, que buscaba recuperarse de la guerra civil. A pesar de tener mejor prensa fuera que dentro del país, gobernó con un discurso de paz y reconciliación y con una gran integridad desde el punto de vista económico y político, tal como reflejan Xavier Aldekoa y Alfonso Armada en África Adentro. Bajo el mandato de Madam Sirleaf hubo mejoras y el PBI per cápita pasó de 710 dólares en 2013 a 860 en 2017.

"Tenía algunas simpatías con gente que había hecho mucho daño en la historia del país. El nuevo presidente, el ex futbolista George Weah, fue muy elegante cuando salió elegido, porque podría haber hecho un discurso atacándola, y dijo que había cosas que a lo mejor no estaban bien, pero que había hecho un buen trabajo, y que sobre todo no intentó perpetuarse en el poder", destacó el periodista español Aldekoa.

Teniendo en cuenta los problemas que atravesaba Liberia, "era inconcebible que los liberianos clamaran por elegir a un ícono del fútbol por sobre su oponente (Joseph n. Boakai), un estadista sobresaliente con muchos años de liderazgo", escribió Josiah Flomo Joekai en su libro *The danger of celebrity in power: the case of Liberia*. El mismo autor sostuvo que la elección de celebridades para comandar los países africanos podría poner en peligro la supervivencia de la democracia en el continente.

"Es un momento histórico para este país, es el amanecer de una Liberia nueva y mejor, de igualdad, libertad, dignidad y respeto mutuo. No los defraudaré", prometió Weah en su discurso inicial el 22 de enero de 2018. En sus primeros 100 días de gobierno tuvo varias medidas que tuvieron muy buena llegada (baja de los sueldos de gobierno en un 10%, inversión de 2 millones de dólares relacionada a cuestiones educativas, construcción del primer hospital militar del país) aunque desde la oposición fue criticado por no proteger la libertad de prensa.

"Los ciudadanos de a pie se identifican con Weah porque piensan que es alguien cercano a su vida cotidiana", explicó Ibrahim al-Bakri Nyei, un analista liberiano de la Escuela de Estudios Orientales y Africanos, en Londres (SOAS).

Y como no podía ser de otra manera, aún siendo presidente, el fútbol sigue siendo parte importante de la vida de Weah. El número 14 fue el dorsal preferido en la carrera del liberiano. Poco tiempo después de su elección como máximo mandatario, George volvió a las canchas para ser capi-

tán del seleccionado y jugar casi todo el partido ante Nigeria en el marco de un amistoso para retirar el dorsal que tanto lo identificó.

Con entrada gratuita, el encuentro se disputó en el Complejo Deportivo Samuel Kanyon Doe, en las afueras de la capital Monrovia. Weah fue titular y compartió equipo con la mayoría de los jugadores que pocos días antes habían empatado 1 a 1 ante RD Congo por la segunda fecha de las Eliminatorias rumbo a la CAN 2019. También jugó otra ex gloria como James Debbah.

Nigeria no contó con sus principales figuras (Víctor Moses e Iwobi, entre otros) pero sí con varios mundialistas como Ndidi, Iheanacho, Ezenwa o Nwankwo. Este último y Henry Onyekuru anotaron los goles de las Súper Águilas que se impusieron 2-1. El descuento para los locales llegó a través de un penal que transformó en gol Francis Doe. De haberse encontrado en el campo seguramente Weah se hubiese encargado de la pena máxima, pero se retiró ovacionado a diez minutos del cierre.

De esta manera, a los 51 años el único Balón de Oro que dio África no desentonó a pesar de algunos kilos de más y, mientras su hijo defendía los colores de Estados Unidos en un certamen juvenil, el número 14 fue retirado del seleccionado de Liberia. En las redes sociales hubo críticas hacia la Federación Nigeriana de Fútbol por exponer a sus jugadores en fecha FIFA para un partido de exhibición. Y para Weah por utilizar su nuevo rango para beneficios personales.

En agosto de 2018 en Monrovia, aprovechando las celebraciones por el día de la bandera liberiana, el presidente Weah honró a los entrenadores franceses Claude Le Roy y Arsene Wegner con el más alto honor que puede otorgar su país: Caballero Gran Comandante de la Orden Humana de la Redención Africana. Le Roy ya tenía una larga trayectoria y dirigía por esos días al seleccionado de Togo, pero su primer destino fue Camerún, con el que ganó la CAN 1988.

Los dos técnicos jugaron un papel importante en la carrera del futbolista pero las críticas de la oposición no tardaron en llegar. El políticio Darius Dillon criticó a Weah por usar el máximo honor del país y la oficina presidencial para reconocer a personas que solo jugaron un papel en su vida personal. "El máximo honor del país no puede darse a alguien que no ha hecho algo de forma directa por el país", remarcó. Emmanuel Gonquoi, otro opositor, lo describió como una "completa pérdida de tiempo". Se lo acusó de haber buscado solamente recompensar a los hombres que han contado personalmente para él. "Este título, que la nación puede otorgar a liberianos y no liberianos, no debería premiar solamente a Wenger o Le Roy por su conexión personal con el presidente", se manifestó desde la editorial del periódico *Front Page Africa*.

Desde el entorno de Weah justificaron la condecoración. "Ayudaron a Liberia de una manera distinguida al ayudar a alguien que se convirtió en presidente de nuestra nación... Por lo tanto, Arsene Wenger y Claude Le Roy han contribuido enormemente al orgullo de nuestra nación", expresó el Ministro de Juventud y Deportes, Andy Quamie. "Wenger contribuyó al deporte africano y le dio a los africanos muchas oportunidades —por sus dirigidos en el Arsenal—", agregó el Ministro de Información, Eugene Nagbe, mientras que también destacó la reputación de Le Roy por su trayectoria en el continente.

En enero de 2018, se llevó a cabo la ceremonia de los CAF Awards en Ghana donde se conocieron los ganadores de los premios que entrega la CAF. En la misma ceremonia que Mohamed Salah fue elegido como el mejor futbolista del continente por sobre su compañero en el Liverpool Sadio Mané y el gabonés Aubameyang para transformarse en el tercer egipcio en ganar el premio luego de El Khatib (1983) y Aboutrika (2008), Weah, fue acreedor junto al presidente de Ghana, Nana Akufo-Addo, del Premio de Platino.

A fines de 2019, en el *Global Business Forum* (GBF) para África en Dubai, dijo George: "Soy una buena persona. Nunca hice trampa para intentar que me den un penal, tampoco haré trampa como presidente". De la delantera de los mejores clubes del mundo a la presidencia de Liberia. Un delantero completo, fuerte, veloz y potente, que no se quedó solo con los beneficios del gol y fue por más. El éxito, la fama y la insistencia lo llevaron a ser el presidente de Liberia y el Rey George, como algunos lo apodaron, integrará por siempre la galería de los grandes de África.

21. Nigeria campeón olímpico

Hasta 1996, las intervenciones del fútbol africano en los Juegos Olímpicos no habían tenido mucho para destacar. Solamente en tres ediciones un seleccionado de África había terminado entre los cuatro mejores del certamen. Egipto se quedó a las puertas de una medalla en Amsterdam 1928 y Tokio 1964 cuando fue cuarto en ambas ediciones. Hubo que esperar hasta Barcelona 1992 para que llegue la primera presea: la Ghana dirigida por Samuel Arday fue el equipo más joven del certamen —promedio de 18.8 años— y solamente fue superado por el local en las semifinales. Mohamed Gargo, Samuel Kuffour, Nii Lamptey y Kwame Ayew —autor de 6 goles en la campaña— fueron las principales figuras de ese plantel que se quedó con la medalla de bronce. El partido por el tercer puesto se disputó en el Camp Nou y fue triunfo 1-0 sobre Australia con un tiro libre de Isaac Asare.

Mucho menos importante había sido la participación de Nigeria, uno de los máximos exponentes del continente en los comienzos de la década del noventa, que llegó a Atlanta 1996 con el envión y varios de los mundialistas que habían caído en octavos de final de Estados Unidos 1994 ante Italia. Okocha, Amunike y Amokachi entre los más destacados.

Aunque los antecedentes olímpicos no eran de lo mejor para las Súper Águilas, esta generación trajo nuevos aires y nuevas ilusiones. Hasta la cita en suelo estadounidense, el seleccionado nigeriano había estado en México 1968, Moscú 1980 y Seúl 1988 siempre con el mismo resultado: eliminación en primera ronda. En su participación debut, perdió 3-1 con Japón, 3-0 con España y rescató al menos un empate a tres goles ante el poderoso Brasil. Doce años después en Rusia, los verdugos fueron Kuwait (3-1), Colombia (1-0) y Checoslovaquia (1-1); en tanto que en 1988 se topó otra vez ante Brasil (goleada 4-0 con doblete de Romario y uno de Bebeto) y no pudo rescatar ni siquiera un punto por culpa de Yugoslavia (3-1) y Australia (1-0).

Para Atlanta 1996, el continente africano tuvo tres cupos y fueron Túnez y Ghana los que acompañaron a las Súper Águilas. El camino eliminatorio de Nigeria rumbo a Atlanta dio comienzo el 15 de abril de 1995 con un inesperado 0-0 de local ante Kenia, a quien dos semanas después eliminó de visitante al golearlo por 3 a 0. En la segunda ronda pasó ante Egipto (3-2 de local el 12 de agosto y 1-1 de visita el 25) y se clasificó a los Juegos por cuarta vez ante Zimbabwe, con dos victorias por 1-0, primero afuera el 3 de marzo de 1996 y más tarde en casa el 16.

A pesar de los nombres, que le valieron al representativo Sub 23 el mote de Dream Team, la previa no fue de lo mejor. Luego de perder un partido amistoso ante Togo, el entrenador Willy Bazuaye fue despedido y en su lugar tomó el mando Johannes Franciscus Bonfrére.

Con el pasaje en el bolsillo, el entrenador holandés más conocido simplemente como Jo Bonfrére, seleccionó a los siguientes 22 para su plantel:

1-Emmanuel Babayaro
2-Celestine Babayaro
3-Taribo West
4-Christian Nwankwo Kanu
5-Uche Okechukwu

6-Emmanuel Amunike
7-Tijani Babangida
8-Wilson Aruma
9-Teslim Fatusi
10-Augustine Okocha
11-Victor Ikpeba
12-Abiodon Obafemi
13-Garba Lawal
14-Daniel Amokachi
15-Sunday Oliseh
16-Kingsley Obiekwu
17-Mobi Oparaku
18-Joseph Dosu
19-Abiodun Baruwa
20-Pascal Patrick
21-Ndubuisi Ndah
22-Jonathan Akpoborie

Aquel gran equipo nigeriano, reunió entre sus 22 olímpicos algunos con experiencia mundialista dos años antes en el mismo país (Okechukwu, Oliseh, Okocha, Amokachi, Amunike, Ikpeba) junto a la emergente y brillante camada Sub 17 campeona mundial en Japón 1993, con Nwankwo Kanu a la cabeza aparte de Oparaku, Babayaro, Babangida y Oruma.

El sorteo determinó que Nigeria integre el Grupo D con Brasil, Hungría y Japón, con Orlando y Miami como sedes. El siempre difícil debut fue el 21 de julio en el Citrus Bowl ante poco más de 25 mil espectadores. Fue 1-0 sobre Hungría con un gol del capitán Kanú a los 77 minutos.

Dos días después, nuevamente en el Citrus Bowl de Orlando (arbitraje del italiano Pierluigi Collina), otra vez le costó a Nigeria abrir el partido pero terminó quedándose con el triunfo 2-0 ante Japón gracias a un gol en contra de Akiba y un penal de Jay Jay Okocha, todo esto en los últimos diez minutos de juego. El cierre de la fase de grupos fue derrota 1-0 ante el Brasil de Dida, Roberto Carlos, Juninho, Rivaldo, Bebeto y Ronaldo, que marcó el único gol del partido.

En cuartos de final, los dirigidos por Jo Bonfrére despacharon a México con tantos de Okocha y Celestine Babayaro y en semifinales se volverían a cruzar con Brasil, que venía de dejar en el camino a Ghana. Los ghaneses llegaron a estar 2-1 arriba pero los brasileños lo dieron vuelta con doblete de Ronaldo y el restante de Bebeto. Túnez, el tercer representante de África, había quedado afuera en el Grupo A tras perder 2-0 con Estados Unidos y Portugal y cerrar con empate a un gol ante Argentina.

El 31 de julio en el Sanford Stadium de Athens (Georgia), ante casi 79.000 espectadores, nigerianos y brasileños se volvían a cruzar para las semifinales. Y parecía fácil para los sudamericanos, que a los 36 minutos ganaban 3 a 1: Flavio Conceiçao —de tiro libre y tras un desvío— abrió el marcador antes de los cinco minutos, pero a los 20' empató Roberto Carlos en contra.

Bebeto y otra vez Conceiçao devolvieron la ventaja a Brasil para irse al descanso 3-1 arriba y el resultado se mantuvo hasta los 77 minutos. Fue allí que aparecieron Víctor Ikpeba —derechazo bajo desde afuera del área— y el capitán Nwankwo Kanú —definiendo en el área chica—, para empatar 3 a 3 y estirar la definición. En el minuto 5 del suplementario, otra vez Kanú volvió a festejar y con su gol de oro habría por primera vez un seleccionado africano en una final olímpica.

Pero no sería la última hazaña de Nigeria en Atlanta. En la final, otra potencia: la Argentina de Daniel Passarella, un equipazo con jugadores como Javier Zanetti, Roberto Ayala, Roberto Sensini, Diego Simeone, Ariel Ortega, Hernán Crespo y Claudio López.

Pierluigi Colina fue el encargado de impartir justicia ese 3 de agosto de 1996 en el Sanford Stadium de Athens. Nada menos que ante 86.117 aficionados. Nigeria formó con Dosu; Oparaku, West, Okechukwu, Babayaro; Okocha, Oliseh, Babangida, Kanu; Ikpeba y Amokachi. Argentina lo hizo con Cavallero; Zanetti, Ayala, Sensini, Chamot; Bassedas, Almeyda, Ortega, Hugo Morales; Crespo y Claudio López. Y fue el Piojo el que inauguró el marcador de cabeza ni bien comenzado el duelo. Promediando el primer tiempo, Babayaro respondió por la misma vía para el 1-1.

La albiceleste retomó la ventaja con un penal de Hernán Crespo pero a los 27, en una jugada muy rara, luego de un lateral de Babayaro, saltaron Kanu y Sensini a cabecear, la pelota quedó suelta, Oruma pifió y Amokachi convirtió el 2-2. Poco después, y cuando parecía que otra vez la definición sería en el suplementario, ingresó Emmanuel Amunike —había comenzado como titular pero perdió el puesto con Ikpeba— para aprovechar un error de coordinación en la defensa argentina que jugó muy mal al offside. Sensini habilitó y Amunike cabeceó poniendo el 3 a 2 y a Nigeria en la gloria por primera ocasión en un evento futbolístico de tal magnitud.

"Te aseguro que, en estos momentos en que estoy hablando contigo, todo el mundo en África está celebrando frenéticamente", decía Sunday Oliseh en medio de los festejos. "Hoy no dormirá nadie. Todos estarán felices y exaltados, al borde del paroxismo. Esta victoria es para todos los países africanos", agregó.

"Fue divertido. Estuvimos charlando, bailando y cantando toda la noche después de dejar el campo. Habíamos hecho algo que ningún otro equipo africano había hecho, por lo que no pudimos dormir", recordó Joseph Dosu, el arquero nigeriano en el torneo, sobre aquella noche gloriosa. Los bares de las principales ciudades nigerianas se quedaron sin cerveza y la corporación nacional de radiodifusión permitió que las personas que quisieran ingresaran al estudio para dar sus gritos de festejo y locura.

Tras la obtención de la Copa África en 1980 y 1994 y la clasificación a su primer Mundial dos años antes, la medalla dorada en Atlanta se convirtió en otro de los grandes hitos del fútbol nigeriano y del africano en general, ya que solo

una vez más —Camerún en Sydney 2000— un seleccionado del continente se pudo alzar con el oro olímpico.

Para gran parte del plantel fue también una revancha ya que a principios de año Nigeria no pudo estar en la CAN Sudáfrica 1996. Las Súper Águilas, que debían defender el título obtenido en 1994, tuvieron que retirarse debido a cuestiones de seguridad y por directrices del presidente Sani Abacha. Quizás en su mejor momento se vieron impedidos de defender el título.

Cuando regresaron a Nigeria, el Gobierno nombró a todo el plantel como "Miembros de la Orden de Nigeria", les regalaron departamentos y un premio de 200 mil dólares en efectivo. Sin embargo, no todo fue alegría. Para aquellos jugadores empezó lo que muchos llamaron "la maldición de la medalla de oro".

El arquero Dosu sufrió un accidente automovilístico en Lagos y por las secuelas se tuvo que retirar a los 23 años; Amunike y Amokachi estuvieron siempre perseguidos por las lesiones y no pudieron confirmar lo que prometían; Babayaro tuvo algunos años más de vigencia en Chelsea y Newcastle pero en 2001 se declaró en bancarrota; mientras que Kanú pasó al Inter luego de los Juegos pero le detectaron que padecía problemas en el corazón y se tuvo que operar ese mismo año. A pesar de algunas muestras de su fútbol en Italia y luego en el Arsenal terminó su carrera en clubes de menor talla como West Bromwich y Portsmouth.

Tres medallas más

En los Juegos Olímpicos siguientes, en Sydney 2000, el continente africano se volvió a quedar con la medalla de oro. Esta vez fue el Camerún de Samuel Eto'o, Lauren, Geremi y Patrick M'Boma, entre otros, el que se impuso en la final a España por penales para que África sume su segundo oro en

fila. Jean Paul Akono fue el primer entrenador nacido en el continente en ser campeón olímpico.

Las últimas dos medallas volvieron a tener a Nigeria como protagonista. En Pekín 2008, los dirigidos por Samsom Siasia se quedaron con la presea de plata al caer 1-0 en la final con la Argentina de Messi, Riquelme, Di María, Mascherano y Agüero, entre otros. Siendo las principales figuras nigerianas Peter Odemwingie, Víctor Obinna, Víctor Anichebe y Efe Ambrose.

Y por último, otra vez de la mano de Siasia, las Súper Águilas ganaron el bronce en Río de Janeiro 2016 luego de ganar el Grupo B (triunfos sobre Japón y Suecia y caída ante Colombia) y perder en semifinales ante Alemania. En el partido por el tercer puesto fue 3-2sobre Honduras por los goles de Sadiq (2) y Umar. Obi Mikel fue el capitán y uno de los mayores del plantel junto a otras figuras como Etebo, Troost-Ekong y el experimentado arquero Daniel Akpeyi.

Egipto, Costa de Marfil y Sudáfrica, los futuros representantes

En noviembre de 2019, Egipto fue la sede de la CAN Sub 23 que en su tercera edición determinó que el local, Costa de Marfil y Sudáfrica serán los exponentes del fútbol africano en Tokio 2021. Esta competición tuvo su edición inaugural en Marruecos 2011, cuando Gabón se quedó con el título rumbo a Londres 2012. La siguiente sede fue Senegal, en 2015, y el campeón fue Nigeria, que un año después en Río de Janeiro obtuvo la medalla de bronce.

Lo que no pudo darse en la CAN para mayores disputada a mitad 2019, se dio con el título de los Faraones para quedarse con el título y clasificar por vez 12 a los Juegos Olímpicos. En la final fue triunfo en el suplementario sobre los marfileños, que también estarán en Tokio, además de Sudáfrica, que en el duelo por el tercer puesto se impuso a Ghana

en los penales. Será el tercer Juego Olímpico para los Bafana Bafana luego de Sydney 2000 y Río de Janeiro 2016.

El campeón y anfitrión se quedó con todos los premios individuales y también con el galardón que premia al Fair Play. Ramadan Sobhi fue elegido como el mejor de la final y del torneo, en tanto que Mohamed Sobhy fue el mejor arquero y Mostafa Mohamed el goleador con 4.

22. Primera vez en las canchas africanas (Senegal)

Siempre hubo algo que me unió especialmente con Senegal. Quizás la primera vez que haya oído hablar de este país del oeste africano fue en la previa del Mundial Corea-Japón 2002. Por aquel entonces estaba en el último año del secundario y fue ese 31 de mayo de 2002 que nació un amor y un vínculo especial con la tierra senegalesa, su gente y su fútbol.

Recuerdo que era viernes y que al regresar a mi casa tras la jornada escolar no pude evitar alegrarme. Es que vi en la tele como un gol de Bouba Diop le daba un triunfo histórico a los Leones de Teranga por sobre Francia en la apertura del Mundial. Desde el piso Diop emulaba al Camerún del 90 y posibilitaba un nuevo triunfo africano en un partido inaugural.

La corrida de Diop y el bailecito junto a sus compañeros rodeando la camiseta blanca con vivos rojos, verdes y amarillos fue uno de los momentos de ese Mundial que quedarán por siempre en mi memoria. Nombres como Fadiga, Diao, Diouf, Henri Camara o Aliou Cissé se me hicieron familiares.

Esos Leones eran dirigidos por el francés Bruno Metsu y avanzaron hasta los cuartos de final, para quedar afuera por un gol de oro de Turquía. Eso no evitó que escogiera "Senegal 2002" como el tema de mi trabajo final para una materia del secundario. Aprobé la defensa, del que considero mi primer paso en el periodismo, con un sobresaliente.

Años después ya como periodista, y en la previa de Brasil 2014, tuve la oportunidad de entrevistar a Aliou Cissé en Buenos Aires. El Sub 23 senegalés disputó un amistoso con Colombia y en la previa, junto al amigo Massar Ba, dialogamos con Cissé en el Hotel de Boca...

—Senegal sólo jugó el Mundial 2002, ¿por qué cree que nunca más pudo clasificar? —le pregunté.

—Tras aquella participación histórica se produjo una decadencia dentro del fútbol senegalés, lo que no implica que se haya dejado de trabajar para volver a estar en un Mundial. La generación del 2002 está trabajando para volver a estar. Hay que tener paciencia —me dijo.

Al poco tiempo, a Cissé lo nombraron como seleccionador principal de Senegal. Y uno de los capitanes que tuvo el equipo del 2002, llevó a los Leones de Teranga al segundo Mundial de su historia con Sadio Mané como figura.

Poco antes de Rusia 2018, más precisamente a fines de 2015, después de años soñándolo, pude pisar suelo africano. Dakar, la capital senegalesa, me recibió con un calor insoportable pero con una calidez y alegría, de su gente, que no olvidaré jamás, al igual que a la generación del 2002.

Malí truncado

Un viaje que había sido pensado primeramente a Bamako —capital de Malí— terminó siendo a Dakar. Todo fue muy rápido. En abril de 2015 conocí la historia de mi compatriota Ricardo Godoy, organizador de Mundialitos en España, que quería llevar la iniciativa para los chicos malienses y estaba reclutando voluntarios. La cita sería en diciembre. Con los pasajes confirmados a Barcelona, donde haría escala, el 22 de septiembre cayó un mensaje que otra vez me hacía pensar que mis ganas de conocer África deberían seguir esperando. “Estamos con un problema para diciembre. Las leyes escolares son muy estrictas aquí y el gobierno me ha comu-

nicado que a los niños no les dan permiso para disputar el torneo. Así que debemos buscar otra fecha", me informó Ricardo desde Bamako.

Un poco bajoneado al principio enseguida pensé en Senegal, donde se disputaría la CAN Sub 23 clasificatoria para los Juegos Olímpicos de Río 2016. Por aquel tiempo no existía aún el Media Channel de la CAF por lo que mandé un mail solicitando la acreditación para el torneo. Ni siquiera la no respuesta de la máxima entidad del fútbol africano me hizo mermar en mi objetivo. Estaba decidido: iba a viajar por primera vez a África.

En octubre de 2015 participé en Santiago del Estero del 4to Encuentro Nacional de Grupos Misioneros Argentinos como representante del Grupo Misionero Vedruna de mi pueblo Suipacha (provincia de Buenos Aires). Fue un fin de semana muy lindo, compartiendo experiencias con misioneros de todo el país y regresando con la ilusión de hacer de la misión un estilo de vida, como fuera el lema del encuentro. Fue allí que conocí el apostolado de Puntos Corazón. Mientras recorría una muestra de distintas congregaciones, agarré un folleto de Puntos Corazón y un solitario punto rojo destacaba en África, más precisamente en Senegal. Allí había presencia de los misioneros de Puntos Corazón en una casa en Grand Yoff, uno de los barrios más populares de la capital Dakar. "Escribí al mail que figura ahí y por ahí te podés dar una vuelta y ver lo que hacemos allá", me dijo la chica que estaba en el stand y que había tenido una experiencia en Senegal hacía un tiempo.

Ya en Buenos Aires, escribí al Facebook de Puntos Corazón en Buenos Aires y me respondió una hermana con el contacto de Alejandra, una misionera argentina que estaba realizando su experiencia en suelo senegalés. Luego de una serie de mails acordamos que podría vivir y convivir en la casa Point Coeur Sainte Monique con ellos por tres días y ver de cerca lo que es estar en misión permanente.

El 3 de diciembre, día de San Francisco Javier —uno de los patronos de los misioneros—, fue mi primer día completo en Dakar. La llegada al Aeropuerto Leopold Sedar Senghor la noche anterior había sido algo chocante, con todo lo que conlleva el poder cumplir el sueño de conocer África que anhelaba desde hacía tiempo. El cambio de cultura, un idioma distinto y la llegada a un destino exótico para la gran mayoría fueron dando paso a la alegría de la gente, la hospitalidad y la satisfacción de estar en un lugar que deseaba mucho.

El 4 de diciembre arribé a la casa de Puntos Corazón en Dakar (Ver también El día que conocí a Kalusha). Desde allí no había más de dos kilómetros hasta el Stade Leopold Sedar Senghor, adonde con un grupo de locales llegué a mi primer día en las canchas africanas.

Fue mi primera vez en un estadio africano. La hinchada del CasaSports, con sus tambores, bailes y atuendos verdes, le puso el color al triunfo local sobre Zambia para ganar el Grupo A. Al otro día, Nigeria y Argelia no ofrecieron mucho en un aburrido 0-0 por lo que me dediqué a seguir a los jugadores más interesantes (Zinedine Ferhat y Etebo, entre otros) como así también el clima en la tribuna. Vendían una especie de helados en bolsitas y agua en botellas o en bolsitas, como las que usaban los jugadores argentinos en la década del noventa.

Al año siguiente de mis días en Senegal, Mané explotó en el Liverpool de Jurgen Klopp y fue vital para que su país clasifique a su segundo Mundial. Mané se crió en Bambali, en la zona de Casamance, y desde muy chico jugó al fútbol. Soñaba con jugar en la Premier Inglesa y gracias a un tío comenzó su viaje. Fue con él que viajó a la lejana Dakar donde previo a su primera prueba le criticaron sus botas —las únicas que tenía— y sus pantalones. "Dije que había ido con lo mejor que tenía y que sólo quería jugar, quería probarme", contaría años después. Se probó y quedó en la Generation Foot.

La Academia Generation Foot fue creada por Mady Touré, un ex jugador senegalés, hacia el año 2000. El principal

objetivo es usar el fútbol como un vehículo hacia el éxito profesional y la reintegración social de los jóvenes. En los primeros días de entrenamiento de Mané todos quedaron impactados por su velocidad, sus movimientos y su habilidad. Pero hubo otra cosa que los preocupaba: era tímido y solitario. "Personalmente, no pensé que lo lograría porque era demasiado tímido. Era como si no quisiera jugar ", recordó Abdou Diatta, ojeador de la academia.

—Sadio, ya eres futbolista. Cuando estés aquí tienes que estar con el grupo, compartir con tus compañeros. Si sigues así es posible que pronto estés de vuelta en Casamance. El fútbol es así, debes convivir con el grupo —le dijo Diatta a un adolescente Mané.

Sadio pareció tomar el consejo de la mejor manera, ya que a los pocos días ya se había ganado la confianza de sus compañeros y era de los más activos y habladores en los entrenamientos.

Al poco tiempo, le llegó la oportunidad en Europa. El primer destino fue el Metz francés —con acuerdos de intercambio con Generation Foot—. Allí llegó a esconder una molesta lesión en la ingle con tal de jugar. Había ido por el éxito. Recaló en el Red Bull Salzburg de Austria (campeón de Liga y de Copa) y de allí la historia más conocida en el Southampton y el Liverpool inglés.

En 2018, Senegal jugó el segundo Mundial de su historia. Al año siguiente Mané fue campeón de Champions y del Mundial de Clubes. Con el 10 como figura fue subcampeón de la CAN en Egipto que pude ver en el estadio. A principios de 2020, el hombre del Liverpool fue galardonado como el mejor jugador africano del año por sobre Salah y Mahrez. El festejo de sus compatriotas en su país natal me hizo recordar mi primer viaje a África. Como cada vez que juega Senegal, la tierra de la teranga y de la hospitalidad.

CAPÍTULO 4

ÁFRICA CENTRAL

23. JUGAR UN MUNDIAL TRAS EL RETIRO (CAMERÚN)

En 1988, Albert Roger Miller, conocido simplemente como Roger Milla, fue campeón con Camerún de la CAN. En el campeonato desarrollado en Marruecos, el goleador camerunés marcó dos goles en la fase de grupos que le alcanzaron para ser uno de los máximos artilleros además de integrar el equipo ideal junto a sus compañeros Bell, Kunde, Tataw, Mfede y Mbouh. A fines de ese mismo año, el nacido en Yaoundé y de la etnia bakoko, tuvo su primer partido despedida en Doualá ante 40.000 espectadores. A principios de 1989, más de cien mil personas asistieron en Yaoundé al segundo encuentro despedida de Milla.

Treinta y seis años ya era una edad normal para retirarse. Para ese entonces Roger era un jugador destacado dentro del fútbol camerunés y africano. Nacido un 20 de mayo de 1952, para alegría de sus padres Germain Mooh y Ruth Ngobo, en más de tres décadas había jugado en el Eclair Sportif, Leopard Sportif y Tonerre Yaoundé —todos de su país— además de en clubes franceses como Valenciennes, Mónaco, Bastia, Saint Etienne y Montpellier.

Desde pequeño su nombre se hizo popular más por lo que hacía en los recreos que por sus habilidades en el aula. "Desde mi infancia me apodaron Mr Football. Jugaba dos o tres partidos por día y más en época de vacaciones. Mis amigos más grandes no dudaban en llevarme con ellos a los desafíos", cuenta en Albert Roger Milla l'immortel, biografía escrita por Jean-Daniel Bassong.

Fueron Francois Bahoubekin y Ebellé Dadé, el capitán del Eclair Sportif de Douala, quienes detectaron el talento indescriptible de aquel niño que también destacaba en el atletismo escolar: campeón en salto en alto con 1.82 metros como marca. El padre de Roger trabajaba en la red ferroviaria nacional y a los once años del pequeño se mudaron de Yaoundé a Douala.

En sus primeros diez años de carrera (1967 a 1977) jugó 288 partidos a nivel de clubes y convirtió 225 goles. Ese gran nivel, sumado a sus primeros pasos en los Leones Indomables, le valió ser el primer futbolista de su país en ser elegido por la revista France Football como Balón de Oro del continente. Los anteriores ganadores habían sido el maliense Salif Keita (1970), el ghanés Ibrahim Sunday (1971), el guineano Cherif Souleymane (1972), el zaireño Tshiminu Bwanga (1973), el congolés Paul Moukila (1974) y el marroquí Ahmed Faras (1975).

El éxito en los años 80

Luego de la independencia en 1960 —fueron colonizados por alemanes, franceses e ingleses—, los primeros años de Camerún en lo que a fútbol se refiere no fueron de los mejores. Disputaron su primera CAN en Sudán 1970 quedando afuera en la fase de grupos y fueron terceros en la siguiente edición que organizaron en 1972, con jugadores como Jean Pierre Tokoto, Jean Paul Akono y Norbert Owona, entre otros.

En la década del ochenta, que coincidió con la llegada de Issa Hayyatou a la presidencia de la CAF, llegaron los éxitos para los Leones Indomables. A principios de 1982 volvieron a una CAN después de diez años pero empataron sus tres partidos y se quedaron sin chance de semifinales. A los pocos meses llegó la primera participación mundialista en España al mando del francés Jean Vincent. A pesar de que terminaron invictos —empates con Perú, Polonia e Italia—, no pudieron superar la fase de grupos y se despidieron rápido. Roger Milla fue protagonista en el debut ante los peruanos —cabezazo al palo y gol mal anulado por offside— y también ante los polacos, donde no le cobraron un claro penal.

Dos años después, llegó la primera experiencia olímpica. En Los Angeles 1984, Milla anotó el primer gol camerunés en el debut pero fue derrota 2-1 ante Yugoslavia. Siguió un triunfo 1-0 sobre Irak pero la caída 3-1 ante Canadá en la última fecha del Grupo B los devolvió rápido a casa.

Entre 1984 y 1988 se disputaron tres CAN y Camerún estuvo en las tres finales. En la primera, disputada en Costa de Marfil, se quedó con el primer título de su historia en la competición con Theophile Abega como figura y con un gol aportado por Roger Milla. Dos años después en Egipto, Milla fue el mejor jugador del torneo y goleador con cuatro tantos —marcó en todos los partidos salvo en la final— pero el título fue para los locales que se impusieron en los penales. Para 1988 Marruecos fue la sede y, otra vez con Milla como figura, los Leones Indomables se consagraron campeones.

"Después de la CAN en Marruecos decidí dejar de jugar para el seleccionado porque estaba muy enojado con nuestro Ministro de Deportes. Aquí en Camerún, el ministro cree que tiene todo el derecho sobre los jugadores de fútbol. Eso no está bien. Muchos futbolistas todavía dudan hoy en unirse al equipo nacional porque el ministro cree que tiene autoridad sobre ellos, pero los grandes futbolistas deben ser mimados", confesaría Roger años después.

La llamada para Italia 90

Tras los dos partidos despedida de fines de 1988 y principios de 1989, Milla decidió tomarse unos días de vacaciones. El destino: la casa de un amigo en Islas Reunión. Pero el descanso fue interrumpido por el fútbol y Milla terminó quedándose nueve meses y jugando para uno de los equipos locales, el Jeunesse Sportive Saint-Pierroise. El presidente Abdou Kadji y su amigo Joseph Amiel fueron claves en la experiencia isleña, que incluyó 15 partidos, con 4 goles, para el título en la liga doméstica.

"Unos seis meses antes del Mundial en Italia, regresé a Camerún para un partido homenaje a Abega. La gente comenzó a preguntarme por qué me había retirado tan temprano. El presidente insistió en que debería volver a formar parte del equipo", contó Milla en una entrevista.

Al considerado como pronto retiro, se sumó el flojo rendimiento de los Leones Indomables en la CAN 1990 en Argelia no pudiendo superar la fase de grupos. Los periódicos y la prensa deportiva empezaron a decir que había que convocar a Roger. "Entonces, en la concentración que celebramos en Yugoslavia antes del Mundial, me informaron de que el presidente había pedido en nombre del país que se hiciera lo posible para que Milla jugara en Italia. Contesté que no creía que hubiera ningún problema", contó en 2015 a FIFA el entrenador ruso Valery Nepomnyashchy.

Entre los ex y futuros compañeros de Roger la noticia no cayó muy bien. El arquero Bell, por ejemplo, dijo que era como si Francia hubiese llamado nuevamente a Michel Platini, quien se había retirado también hacía algunos años. Jules Nyongha, asistente de Nepomnyashchy, vio llegar a Milla no en la mejor forma y con algunos kilos de más. Por eso lo sometieron a un régimen de entrenamiento agotador, explicando que para estar en un Mundial debía estar a la altura de sus compañeros.

En esos días en Yugoslavia nadie dudaba de que Milla hubiera sido uno de los mejores jugadores en la historia del fútbol camerunés pero sí había dudas sobre su rendimiento en un Mundial a los 38 años. En un amistoso ante el Hadjuk Split, Roger ingresó y convirtió dos goles. "Nos dimos cuenta que, incluso a los 38 años, podría darnos una dinámica extra. Intenté convencerlo que en los últimos minutos de partido nos sería más útil. Sus ojos brillaron y estaba convencido. Sabía que mucha gente decía que iba a fallar", contó N'Kono.

Claro que las presiones políticas y populares influyeron para la inclusión de Milla pero el delantero también hizo lo suyo respondiendo bien a las exigencias físicas de la preparación. En los amistosos también tuvo un buen nivel que lo catapultó a su segundo Mundial.

—Claro, míster, haré lo que usted me diga —Fueron las palabras de Roger para con el técnico ruso. A este le valieron solamente los 20 minutos finales de un entrenamiento entre titulares y suplentes para confirmar que Milla podría serle útil en la experiencia italiana. "Mi único mérito fue planear con Roger cómo prepararlo para la competición y cómo usarlo. Le dije que no podía jugar en la primera parte contra defensas frescas, porque acabaría agotado en 15 o 20 minutos", contaría Nepomnyashchy años después.

"No fueron el entrenador ni el ministro quienes me seleccionaron para jugar el Mundial, sino la gente. Yo solo acaté el veredicto de la opinión pública, transmitido por el jefe del Estado (...) que ordenó a su ministro que me enviara a Italia. Y lo hice por el bien de todos ellos, por los jóvenes", le dijo Milla a Simon Kuper en el libro Fútbol contra el enemigo.

Mejor actuación africana

La previa no fue fácil para los Leones Indomables y su entrenador. "Yo tuve una educación muy estricta, típicamente soviética, y no podía ni imaginar que hubiera gente tan

desorganizada. Continuamente me decían que de tal o cual tema hablaríamos 'mañana'. ¿Mañana, pero cuándo? ¿A qué hora? No estaba acostumbrado a que nunca hubiera planes fijos", recordó Nepomnyashchy.

Su traductor era un joven llamado Galius pero el problema era que nunca había estudiado ruso. De joven se había entrenado con el boxeador ruso Stanislav Stepashkin y por eso había aprendido palabras sueltas. Como hincha apasionado que era muchas veces se quedaba hipnotizado por lo que pasaba en el campo de juego y se olvidaba que tenía que dar a los jugadores las indicaciones del entrenador.

Aquella delegación estuvo conformada por 80 personas y en el camino se perdieron 400.000 libras. Francois Omam Biyik llegó a decir que jugaban todos pero que al final el único que ganaba era Milla. En la previa del debut ante la Argentina de Maradona y Bilardo en el San Siro, se sumaron las críticas a la preparación del equipo que hizo el arquero Bell a un medio francés. De esa manera, Thomas N'Kono se ganó la titularidad.

—¿Qué haces aquí? Pensé que estaría Bell en el arco —le dijo Maradona a N'Kono cuando se cruzaron en el campo de juego.

En ese contexto, Camerún dio la primera sorpresa en Italia 90 y venció al campeón defensor por 1-0 con un cabezazo de Omam Biyik. Milla entró sobre el minuto 81 reemplazando a Makanaky.

—¿No te parece relevante que un jefe de Estado africano que sale victorioso salude con una sonrisa a los jefes de estado de los países derrotados? —preguntó Roger Milla a un enviado de France Football.

—Pero esa no es una imagen futbolística —objetó el periodista.

—Es gracias al fútbol —replicó Milla—, que un país pequeño puede convertirse en grande.

En la segunda fecha, ante Rumania en Bari, el número 9 tuvo media hora en cancha —sustituyó a Maboang a los

60—y con un doblete encaminó el 2-1 para que Camerún siguiese haciéndose grande. "Después de cada tanto, el héroe de la velada se dirigía a una de las esquinas del campo para mover las caderas en señal de alegría. Sus bailes en la celebración de los goles son una de las imágenes más recordadas de aquella Copa del Mundo", describe Alberto Owono en su libro Indomable, cuadernos del fútbol africano. En el cierre del Grupo B, la Unión Soviética le propinó una dura goleada 4-0 al seleccionado camerunés, pero como argentinos y rumanos empataron a un gol los de Nepomnyashchy quedaron como líderes de la zona.

En octavos de final el rival fue Colombia. Milla volvió a entrar desde el banco —esta vez por Mfede— pero recién en el tiempo suplementario pudo vulnerar el arco defendido por René Higuita. Primero con un zurdazo alto y luego con un derechazo fácil tras robarle el balón al arquero colombiano. Bernardo Redín descontó pero con el 2-1 Camerún fue el primer seleccionado de África en escalar tanto en un Mundial.

"Todos llamaron a mi baile makossa, pero fue totalmente improvisado. Solo quería algo distintivo para celebrar el hecho de anotar en una Copa del Mundo", recordó Milla sobre su festejo. El makossa es un estilo musical urbano que se hizo popular en 1972 con el tema Soul Makossa del artista camerunés Manu Dibango. "No es exactamente una samba, sino un baile erótico frente al banderín, terminando con la mano hacia abajo por la ingle, solo para mostrar la forma viril en que se había perforado la defensa", fue la descripción del novelista camerunés Eugene Ebode.

Sin ser titular y entrando en los minutos finales, Milla llevaba 4 goles en poco más de 100 minutos. Hasta que en cuartos de final fue el turno de Inglaterra. Otra vez suplente y otra vez determinante, aunque con un final distinto. David Platt adelantó a los ingleses con un cabezazo en el primer tiempo pero con el ingreso de Roger los cameruneses lo pudieron dar vuelta. Penal de Gascoigne a Milla que Kundé transformó en el empate y pase del 9 para Ekeke en el 2-1.

Dos penales de Lineker le dieron el pasaje a las semifinales al equipo de Bobby Robson, pero ese Camerún quedó para siempre en la historia grande de los Mundiales. El gran Mundial de Roger le valió también su segundo Balón de Oro africano.

Un gol más

Tras Italia 1990, el presidente Paul Biya creó el cargo de director general de los Leones Indomables especialmente para Roger. "Administro el equipo, convoco los entrenamientos de la selección nacional y me ocupo de cuestiones de utilería... y también de los gastos de las concentraciones", dijo el goleador cuando le preguntaron en qué consistía su cargo.

Para el Mundial siguiente, Estados Unidos 1994, "el pueblo camerunés me empujó a jugar porque pensaban que era el único que podía marcar goles", contó Milla. Roger tenía 42 años y jugaba en ese momento para el Tonnerre Yaounde, así que estaba en forma y listo.

El francés Henri Michel no lo incluyó en el 2-2 ante Suecia —goles de Embe y Omam Biyik— y le dio sus primeros minutos en la caída 3-0 ante Brasil. En la última fecha, contra Rusia, Milla fue desde el inicio en el segundo tiempo y en su primera jugada marcó el descuento y festejó con su tradicional bailecito. El resultado final fue 6-1 para los rusos y despedida camerunesa.

Pero Roger puso su nombre una vez más en la historia grande de los mundiales al ser el jugador más viejo en convertir un gol. "Demostré a todo el mundo que incluso con 42 años, si uno está bien conservado, se puede. Soy una leyenda en África y hasta en Sudamérica, donde el Rey Pelé se preguntó por qué yo no había nacido brasileño. Lo hice por mi país y por mi continente", dijo el que hasta Rusia 2018 fue el tercer jugador más viejo en decir presente en el máximo

evento de selecciones, tras los arqueros Mondragón (43) y El Hadary (45).

Aún cuando su leyenda sigue intacta —el reconocido rapero MHD hizo una canción en su honor y en 2017 Puma lo convocó para recordar su baile en la presentación de la nueva camiseta de Camerún—, el legado lo tomó Samuel Eto'o, quien a pesar de no haber destacado como Roger en Mundiales, sí ganó dos CAN (2000 y 2002), un oro olímpico (Sydney 2000) y fue elegido en cuatro ocasiones como el mejor futbolista de África, en 2003, 2004, 2005 y 2010, además de tener una carrera mucho más exitosa a nivel clubes sobre todo en el Barcelona y en el Inter.

24. Katumbi y el TP Mazembe (RD Congo)

No cualquier club llega a cuatro finales consecutivas de Champions. No cualquier club africano se convierte en el primero en jugar la final del Mundial de Clubes. No cualquier club tiene aviones propios para sus traslados. No cualquier club tiene un presidente que fue gobernador y que se codea con los principales mandamases del fútbol mundial.

El club del que hablamos es el Tout Puissant Mazembe de la República Democrática del Congo y su presidente Moise Katumbi. "Mi padre me bautizó como Moisés y ahora me toca liderar a mi pueblo de Katanga", dijo en 2006. Joseph Kabila, con el apoyo de Katumbi en la provincia de Katanga, había ganado las elecciones presidenciales en el país. "Un Moisés en Katanga y un José en la capital: es todo muy biblico", bromeó entonces el presidente del Mazembe.

Hijo de Nissim Soriano —comerciante judío sefardita que escapó del fascismo y recaló en el Congo gracias a un empresario belga—, de la unión de este con una mujer congoleña nació Moise Soriano. Moise dejó su país de muy joven y, en tiempos de Mobutu y de africanizar nombres, al igual

que el Congo pasó a llamarse Zaire, Moise tomó el apellido de su madre: Katumbi.

En 1965 Mobutu Sese Seko ejecutó un golpe de Estado en territorio congoleño y se perpetró en el poder hasta 1997. Con él se dio la nacionalización de muchas empresas al mismo tiempo que se pactó con potencias occidentales para la llegada de otras entidades. Ronald Reegan lo recibió varias veces en la Casa Blanca elogiándolo como una "voz con sentido común y buena voluntad".

La empresa de neumáticos belga Englebert fue el principal patrocinador del Mazembe desde 1944. Y en 1966 —tras el título invicto en el torneo local—, el club fundado en 1939 por monjes benedictinos recibió el mote de Tout Puissant (Todopoderoso) que pronto se añadió a la denominación oficial del club.

En los inicios de la Champions Africana, el TP Mazembe jugó cuatro finales (entre 1967 y 1970) ganando las ediciones de 1967 y 1968 para ser el primer bicampeón en la historia del principal certamen de clubes del continente.

Con diez años, Katumbi empezó a tener vínculo con el club jugando en las inferiores. Su hermano Raphael Katebe Katoto fue presidente entre 1977 y 1981 sin demasiado éxito: solamente ganó la Copa de Congo en 1979.

En 1997, con 33 años, Katumbi llegaría a la presidencia del Mazembe propuesto por Celestin Kamba, un ex jugador de los gloriosos años sesenta. Pero Moise se encontraba desde 1991 en el exilio en Zambia (luego emigró a Sudáfrica por malversación de fondos en territorio zambiano), por lo que en sus primeros años de mandato presidió al club a la distancia. Recién en 2003 pudo regresar a Katanga y comenzó la verdadera reconstrucción del Mazembe.

La estrategia consistió en reclutar a los mejores jugadores de países vecinos o de otras zonas del continente. Zambia, Tanzania, Costa de Marfil, Ghana y Malí, entre otros, son desde hace años los principales aportantes a los planteles de un club que llegó a pagar sueldos de hasta 4000 euros

mensuales. Suma importante en un país en el que la mayoría sobrevive con 300 anuales. Jugadores como el tanzano Samatta, los zambianos Singuluma, Sunzu, Sinkala, y Kalaba; el maliense Salif Coulibaly o el arquero marfileño Gbohouo son algunos de los nombres más resonantes en este rubro.

En la víspera de cada partido Katumbi pide rezar a Dios para asegurar la victoria. Y hasta se lo ha visto regalarles rosarios a sus jugadores y decirles: "con esto ganarás".

Una década de gloria

A fines de 2010, el Mazembe sorprendió al mundo futbolístico al llegar a la final del Mundial de Clubes siendo el primer club africano en lograr la hazaña. Mulota Kabangu, el arquero Kidiaba y Kaluyituka, entre otros, fueron nombres que llamaron la atención y generaron simpatía por sus festejos, sus peinados y su forma alegre de jugar.

Un año antes también había ganado la Champions y jugó el Mundial del 2009, pero los dirigidos por el francés Diego Garzitto perdieron sus dos partidos, en cuartos de final ante el Pohan Steelers (Corea del Sur) y en el partido por el quinto puesto contra el Auckland City (Nueva Zelanda).

Al año siguiente querían su revancha y, al mando del senegalés Lamine N'Diaye, afrontaron el desafío de hacerse más grandes que nunca. En la Champions habían dejado en el camino al APR (Rwanda), Djoliba de Malí, al JS Kabylie (Argelia) en la semifinal y un tremendo 6-1 global en la final ante el Esperance tunecino para hacerse con el pasaje a una nueva cita con los equipos más poderosos del mundo.

Hasta ese Mundial, que tuvo a los Emiratos nuevamente como sede, sólo Al Ahly -tercero en 2006- había hecho quedar bien a África. En el debut para el TP Mazembe, en el Mohamed Bin Zayed Stadium de Abu Dhabi, fue 1-0 sobre el Pachuca mexicano con tanto de Mbenza Bedi.

Le esperaba en la semifinal el Inter de Porto Alegre, campeón de la Copa Libertadores. El humilde Mazembe se agrupó atrás y aspiró a un contraataque o a un error rival. Fue así que al inicio del segundo tiempo, Mulota Kabangu abrió la cuenta y sobre el cierre Dioko Kaluyituka liquidó el partido 2-0.

El entrenador N'Diaye dijo a FIFA.com tras el triunfo: "Todo esto es muy especial para nosotros. Hemos venido a representar a África, y toda África estará ahora orgullosa de nuestro trabajo. Hemos tenido mucha fe en nosotros mismos y mucha seguridad en nuestras propias fuerzas, como se ha podido ver cuando hemos empezado a atacar, especialmente al principio de la segunda parte. También la suerte nos ha ayudado un poco, y no olvidemos que nuestro guardameta ha dado un auténtico recital, ¡parecía mágico! ¡Pero ganar 2-0!... Es nuestro día para ser felices. También para sentirnos orgullosos. Hemos triunfado y demostrado que nuestros jugadores poseen una calidad altísima. Hemos conquistado una gran victoria. Esto es estupendo para este equipo y para los congoleños. Todos los africanos deberían sentirse orgullosos de este equipo". "Nuestros éxitos son un regalo a nuestro pueblo", dijo Katumbi tras el pase a la final.

En el duelo por el título, el Inter italiano se impuso 3-0 con goles de Pandev, Samuel Eto'o y Jonathan Biabiany. Pero como el éxito no es sólo de los primeros, el TP Mazembe dejó así una huella indeleble en la historia grande de África con su subcampeonato. Fue un título para todo el continente. De RD Congo para el mundo entero. Cuando el sorpresivo equipo congoleño pidió permiso para meterse en la historia grande de clubes.

La publicidad roja de MCK destacaba en la camiseta a rayas verticales negra y blanca del equipo presidido por Moise. La Mining Company Katanga (MCK) se creó en 1997, aunque otras versiones dicen que surgió en 2004. "We are the best", decía la cartelería de la empresa. Nació como una sociedad privada de responsabilidad limitada identificada con el número 8518 en el registro comercial de Lubumbashi. En enero de 2004, Katumbi compró las acciones de MCK al inglés Kenneth Macleod y al belga Leopold Chamberland. En la documentación oficial de la asamblea extraordinaria figura el nombre del hijo de Moise, Champion, pero era el presidente del Mazembe quien ponía la firma en los papeles formales de esta empresa que tiene como actividades principales la explotación y transporte de minerales. "Katumbi no debería esconderse detrás de un menor si las operaciones previstas fueran limpias", manifestó Nestor Kisenga en RDC - L'Africain de l'année. L'Art de piller propre!

En un país reconocido por la abundancia y diversidad de recursos naturales, la mayor parte de la población se encuentra entre las más pobres del planeta. Un Estado muy cuestionado desvía bienes e ingresos colectivos para beneficio desproporcionado de explotadores y cómplices locales. En este aspecto, algunos hablan de Katumbi como parte de pandillas organizadas y asociaciones criminales.

Meses después del subcampeonato mundial, el Mazembe adquirió un avión, modelo "MD 83", que aterrizó en septiembre de 2011 en el aeropuerto internacional de Luano en presencia del patrón del fútbol congoleño, Constant Omari, y Katumbi. Fue el segundo avión del equipo después del Dornier 128 que adquirió en 2010.

RD Congo es un país muy rico en recursos naturales, sobre todo minerales como cobalto, cobre, uranio, diamantes y coltán. "Las minas solo me han hecho ganar 61 millones de dólares, porque soy un hombre negro y pobre. Los otros han ganado miles de millones", dijo Katumbi en un documental del cineasta belga Thierry Michel.

En noviembre de 2015, MCK fue vendida a un grupo logístico francés. Ese mismo año, el presidente del Mazembe dejó su puesto de gobernador de la provincia de Katanga después de un mandato de ocho años. Mejoras en infraestructuras, aumento de inversiones, mayor acceso a la atención médica, a la educación y al agua potable, entre otros logros, fueron algunos de los avances durante la gestión de Moise. Además, garantizó el beneficio de la población de las inmensas riquezas de la provincia y Katanga se transformó en provincia piloto del país y en el primer contribuyente al presupuesto nacional. Se pavimentaron 1500 kilómetros de carreteras y se rehabilitaron más del doble de caminos de tierra.

Entre los títulos y la política

Desde la llegada de Katumbi, el Mazembe ganó más de la mitad de las ligas domésticas que jugó con títulos en 2000, 2001, 2006, 2007, 2009, 2011, 2012, 2013, 2013-14, 2015-16, 2016-17 y 2018-19. Los doce torneos locales son más que los que sumaron juntos su principal rival AS Vita Club (5), el DC Motema Pembe (5) y el FC Saint Eloi Lupopo (1).

Además, al bicampeonato en Champions de 2009 y 2010 se sumó un nuevo título en 2015 para sumar la quinta del club y quedar junto al Zamalek egipcio a tres títulos del máximo ganador Al Ahly. En la campaña de 2015, el tanzano Samatta (goleador de la edición con 7), el marfileño Roger Assale, el maliense Coulibaly y los ghaneses Asante, Boateng y Frimpong formaban la base del equipo del francés Patrice Carteron junto a los locales Kidiaba, Kimwaki y Bolingi, entre otros. El USM Alger fue la víctima en la final.

En las dos ediciones siguientes, el Mazembe quedó afuera de la Champions en la ronda previa a la fase de grupos (en 2016 perdió con Wydad Casablanca y en 2017 con CAPS United de Zimbabwe) para pasar a jugar la Confederation Cup. Y fue bicampeón de ese torneo ganando las finales al MO Bejaia argelino en 2016 con el francés Hubert Velud como técnico y al año siguiente al SuperSport United sudafricano con Kazembe Mihayo —capitán en la final de 2010 con Inter—ahora como entrenador.

Estos títulos entre 2015 y 2017 le valieron la chance de jugar la final de la Supercopa Africana con título en la primera

(2-1 al Etoile du Sahel) y subcampeonato en las otras dos al perder ante Mamelodi Sundowns y Wydad Casablanca.

Cuando en septiembre de 2015 Kabila empezó a esgrimir la posibilidad de seguir en la presidencia más allá de los dos mandatos establecidos, Katumbi renunció a la gobernación de Katanga y al partido que lo había llevado hasta allí, el Partido del Pueblo para la Reconstrucción y la Democracia (Parti du Peuple pour la Reconstruction et le Démocratie (PPRD), en francés). En desacuerdo con la actitud de Kabila, denunció los excesos totalitarios de poder, en particular los ataques a la libertad de expresión y las detenciones arbitrarias. Se volvió el principal opositor para meses después presentar su candidatura al máximo cargo en el ex Congo Belga. Eso lo llevó a ser víctima de hostigamiento, intimidación, amenazas y acoso legal por parte del régimen de Kabila.

Otra vez tuvo que abandonar su país y a mediados de 2017, luego de analizar una queja formal presentada en Ginebra por Katumbi, el Alto Comisionado de las Naciones Unidas para los Derechos Humanos solicitó al gobierno congoleño que permita el regreso del presidente del TP Mazembe garantizando su seguridad. Con la elección de Félix Tshisekedi como presidente a principios de 2019, Katumbi pudo retornar a su país.

En enero de 2020, Katumbi recibió de manos del presidente de la FIFA el premio al mejor presidente del fútbol africano en la gala de los CAF Awards llevada a cabo en Egipto. “En 2012, Katumbi abrió una academia de fútbol en Katanga. En 2015 trabajaron con alrededor de 2000 jóvenes talentos. El estadio TP Mazembe abrió sus puertas en 2011 y se transformó por completo en 2019. Recientemente se anunciaron planes para un nuevo estadio para 50 mil espectadores. Jugó un papel importante en el comité interclubes de la CAF y luego fue elegido vicepresidente de la Asociación de Clubes de Fútbol Internacional, lo que promedió un excelente año para el presidente del club”, se escuchó en el video que pasaron previo a la premiación.

Aunque no fue jugador, habría que ver si Katumbi sigue los pasos del liberiano George Weah y va por la presidencia de RD Congo en un futuro no muy lejano. Por lo pronto, al mando del TP Mazembe no le fue nada mal.

25. El día que conocí a Kalusha (Zambia)

Ya en el avión me sentía raro. Primera vez a África. El sueño estaba a punto de cumplirse. En un vuelo plagado de senegaleses era uno de los pocos blancos que arribaría a Dakar en esa noche de principios de diciembre de 2015. Luego de perseguirlo por años pude cumplir el sueño de pisar territorio africano. La llegada fue algo caótica pero habiendo leído mucho sobre este continente tan atrapante y apasionante no me sorprendió. El calor sofocante al bajar del avión y las demoras para sortear la zona de controles ocuparon mis primeros minutos en Senegal.

Afuera esperaba el gran Pepe Naranjo, periodista freelance español, con quien había contactado hacía algunos años y desde aquel día nos volvimos amigos virtuales gracias a África. ¡Qué tranquilidad al verlo! Nos alejamos unas cuadras a pie del aeropuerto y tras un regateo acordamos el precio de un taxi hasta la casa de Pepe, en uno de los barrios de clase media de la capital senegalesa.

Y tras acomodarme en la que sería mi posada por dos noches fuimos a un bar a comer y tomar algo. Traté de mirar y observar todo. Tomamos cerveza africana y comimos trozos de cerdo asado con la mano. Algo cansado regresamos a la casa de Pepe y me acosté. Sin mosquitero y con bastante calor pude sortear la primera noche. Bien temprano me desperté gracias a los cantos que llegaban desde las mezquitas cercanas. Desayuné un té con Pepe y luego llegó Komila, un joven local estudiante de español, que me acompañaría hasta Isla Gore'e.

Luego de un viaje de media hora en un ferry que sale cada hora —de ida y de regreso— arribamos a esta isla que es patrimonio de la humanidad y que recibió la visita del Papa Juan Pablo II en 1992 y de presidentes de relevancia mundial como Chirac, Blair, Mandela, Bush y Zapatero, entre otros. Se abona una pequeña tasa de visita que permite que la llegada diaria de turistas ayude a los locales. Enseguida los guías y los vendedores se acercan a uno ofreciéndole sus productos o su servicio. Como yo iba con Komila eso mucho no me preocupó, pero igualmente se nos pegó un guía que nos ayudó contándonos cosas sobre la isla y su historia.

La puerta del no retorno, donde los esclavos pisaban por última vez su tierra antes de partir hacia alguna plantación en América del Sur o el Caribe en los barcos negreros, es uno de los lugares más emblemáticos de la isla. También las celdas donde los dividían por sexo, por edades o aquella donde castigaban a los "revulsivos". La isla es chica pero su belleza es inmensa, cuna de artistas, soñadores y vendedores. De búnkers y cañones.

Tras degustar un pescado a orillas del mar, damos una última vuelta y lo veo. Quizás muchos no lo reconozcan pero yo sí.

—Es Kalusha —le digo a Komila.

—¿Quién? —me responde mi guía.

Una de las primeras notas que hice para mi blog Sporting África fue sobre los diez mejores jugadores africanos de la historia y en esa lista incluí a Kalusha. Diez de Zambia, luego entrenador y más tarde presidente de la Federación zambiana de fútbol. Temía molestarle porque estaba comiendo, pero me animé. "Kalusha", le dije. Medio sorprendido, me miró y se levantó. Saqué la camiseta de Argentina de mi mochila y se sonrió. "Oh! Maradona, Messi. Good good", me dijo antes de tomarnos una foto. Intercambiamos unas palabras y se escuchó la bocina del ferry. Era hora de volver a Dakar. Pero me iba no solo habiendo conocido la Isla Gore'e

sino también a Kalusha, uno de los mejores futbolistas de la historia del continente.

El 4 de diciembre arribé a una misión católica, la casa de Puntos Corazón en Dakar. Me recibió Guillaume, un seminarista francés que había estado mucho tiempo en Argentina y Chile por lo que me ayudó mucho con el tema del idioma, ya que mi nivel de francés es muy básico. En la casa viven también Satish —sacerdote de India—, Theresse —de Guinea Bissau—, Goya —de Polonia—, la argentina Alejandra y otra chica de Francia. Antes de ingresar a la casa, una niña ya me tomó de la mano guiándome hacia la puerta al grito de “tubab, tubab”, término utilizado en esta parte del mundo para designar al hombre blanco.

La vida de ellos es de misión permanente, recibiendo a gente del barrio que golpea su puerta en busca de un vaso de agua, de una cura a sus enfermedades, de un plato de comida, de un consejo o de, simplemente, compartir un rato con ellos. La capilla es uno de los lugares centrales de la casa, donde Satish celebra misa cada día para la comunidad y se tienen los momentos de oración diarios. Sobre las tres de la tarde empiezan a llegar los niños para el rezo del rosario y es impresionante ver la devoción que tienen; al llegar cada uno toma su rosario de un baldecito y escoge su banquito o asiento a medida para vivir ese momento.

El almuerzo es también comunitario y todo el que quiera tiene su plato de comida. La forma de comer invita también al compartir continuo, ya que la comida se coloca en un plato gigante en el medio y luego cada comensal tiene su cuchara para comer, respetando cada uno un espacio determinado. Por la tarde, los niños comienzan a llegar a la casa para jugar, hacer sus tareas y darle aún más vida a la casa. Luego de la cena, cada día se reza el rosario en una casa de familia —muchas veces musulmana—, muestra también de la convivencia de religiones en un marco de respeto e intercambio.

Otro de los motivos de mi estadía en Senegal fue el fútbol. En los días que estuve se disputó la Copa África para jugadores menores de 23 años y una de las tardes, con el seminarista francés, aprovechamos la cercanía del Stade Leopold Sedar Senghor para llevar a un grupo de niños a ver un partido. Para ellos fue todo un acontecimiento debido a que muchos nunca habían tenido la posibilidad de ir a un partido en el estadio más grande del país. Y para mí, en lo personal, fue una satisfacción muy grande el hecho de haber podido combinar en un mismo viaje y en este hecho en particular tres de mis grandes pasiones: África, el fútbol y la misión.

CAPÍTULO 5

ÁFRICA ORIENTAL Y DEL SUR

26. Las camisetas de Rolo Zapata (Botswana -Kenia -Sudáfrica)

En el fútbol africano no es muy común la presencia de entrenadores argentinos. Con antecedentes como el de Oscar Fullone (ASEC Mimosas y Raja Casablanca), Ángel Cappa (Mamelodi Sundowns de Sudáfrica), Fabio Costas (Costa do Sol de Mozambique) o los seleccionadores Carlos Bilardo (Libia), Héctor Cúper (Egipto) o Esteban Becker (Guinea Ecuatorial), el nombre de Rodolfo Zapata se volvió una referencia cada vez mayor en la última década si a técnicos argentinos en África nos referimos.

La biografía de Zapata, hijo del cantante humorístico homónimo, empezó a escribirse en el arco de las inferiores de Huracán para luego atajar en Sportivo Italiano, Racing de Olavarria, Cipolletti, San Miguel y El Porvenir. Una lesión de rodilla lo alejó del campo de juego pero no del fútbol. En 1999 se recibió en la Asociación de Técnicos Argentinos (ATFA) y al año siguiente se fue a dirigir en Estados Unidos.

La primera vez que escuché hablar de él fue en la previa del Argentina-Nigeria del Mundial de Sudáfrica 2010. Mirando un programa de TyC Sports lo entrevistaron, ya que por ese tiempo entrenaba al Sunshine Stars nigeriano. Su buen

trabajo a nivel clubes lo llevó a ser invitado por la Federación nigeriana para presenciar el partido. El mismo, disputado en el Ellis Park de Johannesburgo, lo ganó la albiceleste de Diego Armando Maradona: 1-0 con un cabezazo de Gabriel Heinze desde el punto del penal. En el primer Mundial que tuvo a un país africano como organizador, Nigeria no pudo superar la fase de grupos y se despidió rápido.

Rolo, tal como lo apodan, siguió en el Sunshine hasta noviembre de 2011 y fue en ese período que empezó nuestra relación, a la distancia y por redes sociales. Primero me agradeció vía Facebook por una nota que subí en mi blog contando sus andanzas en el fútbol nigeriano y luego empezamos a intercambiar información sobre su estadía y sobre el fútbol africano en general.

"En enero de 2010 —me contó— recibí la propuesta para hacerme cargo del Sunshine Stars, que se desempeñaba en la Liga Premier Nigeriana. Después de haber dirigido en los Estados Unidos durante doce años, acepté el desafío de trabajar en una cultura totalmente diferente. Me encanta la idea de construir equipos ganadores, así que cambié mi vida en Nueva York por un crecimiento personal y profesional en África. El Sunshine estaba en una situación difícil cuando asumí y llegamos a pelear por un lugar en las copas de clubes continentales".

Antes de esa oportunidad, a Zapata lo habían impactado dos selecciones de África: el Camerún de 1990 y las Súper Águilas de Nigeria que ganaron la medalla dorada en los Juegos Olímpicos de Atlanta 1996. "Cambiaron la historia del futbol africano. Anteriormente los africanos simplemente llenaban un casillero en las copas del mundo. A partir de ahí se ganaron el respeto del fútbol mundial, y hoy ya no sorprende ver jugadores africanos destacarse en los grandes equipos europeos", me contaría en nuestro primer encuentro en persona en un bar céntrico de Buenos Aires.

En Akure, una ciudad ubicada en el sur de Nigeria, la importancia de la actividad petrolera se percibe a cada paso.

"El petróleo es la principal actividad y el fútbol la segunda. Junto a mi mujer nos hospedamos en un hotel y la seguridad era extrema por temor a secuestros de magnates petroleros", sostiene Zapata. "Los jugadores ganan en promedio 200 dólares por mes. La mayoría de ellos no tienen luz ni agua en sus propias casas por eso yo pedía que vivan en un lugar un poco más profesional. Cada gobierno provincial, a través de su secretaría de deportes, es dueño de los equipos profesionales en su estado. El proyecto era ambicioso. Yo firmé contrato con el gobierno del estado de Ondo para hacerme cargo como DT del Sunshine Stars FC, pero también como manager del Rising Star FC (segunda división) y como coordinador de las divisiones inferiores", recuerda sobre su paso por suelo nigeriano.

"No es lo mismo dirigir a un jugador nigeriano, a un norteamericano o a un argentino. Son razas y culturas totalmente diferentes. Por ende los métodos de entrenamiento también lo son. Debido a las condiciones climáticas, las practicas las hacíamos a las seis de la mañana ya que más tarde se hace imposible por el calor", agrega Zapata.

Rolo vivió en un hotel junto a su mujer, la modelo Alejandra Moraco, con seguridad privada y chofer disponible las 24 horas. Rápidamente se ganaron el cariño de la gente por el buen andar del equipo, y porque eran de los pocos blancos en la ciudad. "Una de los grandes cambios en relación a nuestra vida en Estados Unidos fue la falta de actividad social. Debido a la falta de luz y energía, no salíamos del hotel después de las siete de la tarde. No hay restaurants, cines, shoppings ni discotecas", recuerda.

En cuanto a lo futbolístico, Zapata llegó al Sunshine Stars FC por intermedio de un representante y su buena performance en ese equipo lo llevó a ser considerado como candidato al puesto de seleccionador nacional. Sin embargo, la mala actuación de los dos últimos extranjeros en el cargo (el alemán Berti Vogts y el sueco Lars Lagersback) hizo que la gente pidiera a gritos un entrenador local. Finalmente fue

Samson Siasia —autor del gol nigeriano en la derrota de las Súper Águilas en Estados Unidos 1994 ante Argentina— el que tomó el mando.

Luego de la experiencia en el fútbol nigeriano, en noviembre de 2011, a través de un mensaje por Facebook, Rolo me avisaba que estaba en Sudáfrica. Su nuevo equipo: el Mpumalanga Black Aces de Johannesburgo. El acuerdo inicial fue por los tres partidos que quedaban hasta fin de año. Para las fiestas regresó a la Argentina y me trajo de regalo la camiseta y el short con el número 7 de su equipo: Makhanya. "Fue una experiencia diferente en todo sentido. Desde lo deportivo tuve que ayudar al MP Black Aces a evitar el descenso ya que estaba en una situación comprometida. También el estilo de vida es totalmente distinto en los países del sur de África al resto del continente. Tienen una calidad de vida mucho mejor", me contaría. De marca Umbro y con la publicidad de Lakama, la camiseta blanca con vivos azules del Black Aces lidera mi colección de camisetas africanas.

La estadía en la tierra de Mandela no duró mucho para Zapata pero poco a poco se fue haciendo un nombre en África. De 2010 a esta parte, su nombre sonó para hacerse cargo de los seleccionados de Egipto, Rwanda o Botswana y también tuvo conversaciones con clubes como Zamalek (Egipto), Interclube (Angola), Amazulu (Sudáfrica), Botafogo (Cabo Verde), Chicken Inn (Zimbabwe) y Gor Mahia (Kenia), entre otros.

"Me hice popular en el continente, y siempre estoy en la consideracion cuando buscan un entrenador debido a mi buen trabajo en los clubes en los que estuve. Cuando me llamaron de Gaborone United Sporting Club acepté el desafío porque es un equipo grande de Botswana. Hacía tres años que no trabajaba en el continente porque estaba buscando un equipo grande que participe de torneos internacionales, y no había muchas posibilidades por lo que tuve que esperar. Con una historia rica en campeonatos logrados, el Gaborone es el mejor club de Botswana con ambiciones de pelear entre los mejores del continente. Me siento honrado de que el club me haya elegido para asumir el reto de enderezar la situación", declaraba a comienzos de 2016.

En un continente convulsivo, Botswana es un lugar pacífico y hermoso. Esta república situada en el sur del continente tiene el 17% de su territorio destinado a parques nacionales y el río Okavango, tras un centenar de kilómetros, se expande formando el mayor delta interior del mundo conocido como Delta del Okavango. En esta región, permanentemente semi inundada, se encuentran los famosos parques y reservas naturales de Moremi y Chobe, donde se pueden encontrar las concentraciones de animales salvajes más grandes del mundo. A nivel deportivo, las Cebras —como se denomina al seleccionado local— solamente jugaron una CAN pero sin éxito: en Gabón-Guinea Ecuatorial 2012 perdió sus tres partidos de fase de grupos.

"Salvo en los Estados Unidos, los hinchas y los dirigentes exigen ganar como en todas partes del mundo. A diferencia de Argentina, aquí en Botswana no existen las barras bravas organizadas. Son grupos de hinchas que apoyan, protestan y festejan cuando su equipo gana. Participan mucho en las redes sociales de los clubes, y discuten en los foros", me contaría Rolo poco antes de regresar a Argentina y traerme una nueva camiseta para mi colección: la del Gaborone United Sporting Club. "No es nueva, tiene algunas batallas", me dijo al entregarme la casaca roja y blanca a rayas verticales con el 21 en el dorsal y el nombre de Lesokwane en la espalda.

Con este equipo, Zapata podría haber tenido su debut en las competencias internacionales de clubes africanos, pero cuando tenía que disputar la ronda preliminar de la Confederation Cup ante el Jeshi La Kujenga Uchumi FC de Zanzíbar, no pudieron costear los gastos de traslado y se retiraron del certamen. Poco tiempo después, también por cuestiones económicas, el entrenador argentino pondría punto final a su estadía en el Gaborone.

En 2018 llegó una nueva oportunidad para Zapata: el AFC Leopards de Kenia. Según cuenta aceptó este desafío porque era otro club grande del continente que golpeaba su puerta. Sin embargo, cuestiones de política interna del club lo hicieron alejar tras obtener un subcampeonato local. Pero el regreso al continente no se hizo esperar mucho: en noviembre del mismo año, Zapata retornó a Botswana, pero al Township Rollers. Cuando lo llamó Jagdish Shah, el megamillonario presidente de su nuevo club, no dudó en renunciar y asumir un nuevo desafío. Reemplazó al serbio Nicola Kavazovic quien se hizo cargo del AFC Leopards, por lo que invirtieron los roles.

Township Rollers FC es el otro equipo grande del país y la rivalidad con Gaborone United es grande. "Sabía que era un riesgo tomar un equipo a mitad de temporada, pero conocía el talento de sus jugadores ya que los habia enfrentado en varios clásicos locales", confesó Zapata.

En mayo de 2019, el periodista argentino Guillermo Tagliaferri —ex Clarín y hoy en IAM Noticias— estuvo en Botswana para vivir en carne propia el título del Township Rollers en la liga doméstica de la mano de Zapata. Township Rollers era el actual tricampeón de ese país por lo que dio su cuarta vuelta olímpica consecutiva.

"La gente en África es respetuosa, educada y alegre. Viven el fútbol con la misma pasión que nosotros, los argentinos. En cuanto al nivel futbolístico, sus jugadores se destacan por la técnica y el dinamismo, aunque tácticamente son ingenuos y desordenados. Influye el hecho que no tienen divisiones inferiores organizadas como en nuestro país", le contó Zapata en Gaborone a IAM Noticias.

A su regreso del continente africano, me sorprendió un mensaje de Tagliaferri después de mucho tiempo. En los inicios de mi blog en 2009, que coincidieron con mis primeros pasos dentro del periodismo, habíamos compartido redacción en Clarín y sabiendo de nuestra relación, Rolo me envío con él una chomba del campeón de Botswana.

Con un café de por medio, en un bar céntrico de Buenos Aires, Guillermo me contó un poco de su experiencia por Botswana y luego me hizo entrega del presente.

"La adaptacion es una de las claves de mi exito. Los métodos de entrenamiento son diferentes. A veces hay que volver a trabajar en lo básico. Los sueldos varían dependiendo del país, pero África es un continente exportador de jugadores, más que importador. Los jugadores extranjeros generalmente son de países limítrofes. Los partidos se juegan a veces con más de 40 grados de calor. La FIFA ayudó a las Federaciones para construir canchas de pasto sintético, ya que debido a la falta de agua en el continente es muy difícil mantener las de pasto normal. En las de sintético yo creo que debe superar los 50 grados debido al concreto que hay debajo de la alfombra", resume Zapata sobre su experiencia en el continente.

—¿Qué se siente ser el entrenador argentino con más recorrido en África?

—Es un orgullo enorme representar el estilo del fútbol argentino en el continente. Intento transmitir todo lo útill que aprendi de generaciones anteriores, y que aún sigue vigente.

Siempre a la espera de que suene un teléfono desde África, Rodolfo Zapata ya se ganó su lugar entre los entrenadores argentinos con más experiencia dirigiendo en el continente negro.

27. Morir jugando al fútbol (Burundí)

Cuando el 23 de marzo de 2019 Burundí empató, como local ante la Gabón de Pierre Emerick Aubameyang, y se metió por primera vez en una CAN todo era alegría en los festejos de Les Hirondelles —las golondrinas en kirundi, uno de los idiomas oficiales del país de África Oriental.

Papy Faty, mediocampista de 28 años, corría para todos lados con la camiseta verde, roja y blanca del seleccionado en sus manos, apretando bien fuerte el puño y luciendo su

espectacular cuerpo atlético propio de un jugador del más alto nivel. Aunque ya no lo fuera. Gritaba, sonreía y abrazaba al compañero que se le cruzara en el camino en el césped del Stade du Prince Louis Rwagasore de Bujumbura, la capital de Burundí.

Faty lo sabía hacía tiempo pero prefería negárselo a sí mismo. Casi un mes después de la histórica clasificación, la tarde en Swazilandia —poco después Eswatini— se tiñó de luto durante el partido entre el Malanti Chiefs y el Green Mamba por la liga doméstica cuando Papy Faty, del Malanti, se desplomó en el terreno de juego. No era la primera vez que le pasaba algo así pero sí sería la última. "No nos imaginábamos que serían sus últimos toques a la pelota", dijo el malaui Innocent Jere, compañero de equipo en el Malanti Chiefs.

Faty estaba advertido de los problemas cardíacos que tenía pero aun así siguió jugando hasta sufrir las peores consecuencias. No iban ni 15 minutos cuando se colapsó sobre el césped y fue trasladado a un hospital para llegar sin signos vitales y ser declarado fallecido.

Ya en 2015, mientras se desempeñaba en el Bidvest Wits sudafricano, tuvo episodios similares y llegó a caer de la misma forma en campos de juego de Johannesburgo. "Cuando estaba con nosotros colapsó dos o tres veces", recordó Gavin Hunt, su entrenador en la experiencia en Sudáfrica.

"Con respecto a su problema era algo reservado -recuerda Jere- así que la mayor parte del plantel no lo sabía. Un día me contó algunas cosas, pero me di cuenta de que nunca lo pudo aceptar".

Faty llegó a jugar en ligas tan importantes como la de Turquía, pero tras conocerse su problemática varios clubes del continente africano rescindieron su contrato precisamente por su enfermedad cardíaca. Siguió jugando a pesar de los riesgos y así llegó al Malanti Chiefs. Era un líder nato, trabajador y motivador. Un plus para cualquier equipo según varios de sus últimos compañeros.

En una entrevista publicada el día antes de su muerte por el sitio sudafricano *Soccer Laduma*, el jugador confesó que un médico le había dicho que podría morir pronto si no dejaba de jugar. En 2016, el mismo sitio especulaba con un posible retiro de Papy Faty por sus inconvenientes de salud. Pero él siguió jugando y así llegó a Swazilandia dónde murió en una jornada trágica que hizo rememorar casos similares de otros futbolistas africanos como Marc Vivien Foé o Patrick Ekeng. Antes de su muerte pudo cumplir el sueño de clasificarse con Burundí a una CAN.

Separado y padre de una niña se negó a operarse para poder participar de la CAN. Los médicos le indicaron que debía ser operado cuanto antes y también alejarse de la actividad profesional, pero Papy Faty no tomó el consejo. Como la liga en Swazilandia es amateur, y no tiene controles tan estrictos, el volante burundés pudo continuar jugando.

Era un tipo de persona muy directo y un verdadero profesional que priorizó el deseo personal de seguir jugando por sobre su salud. Aunque de no haber sido por su corta edad o por el hecho de la proximidad con el inicio de la Copa África seguramente la noticia no hubiese impactado tanto en la familia del fútbol africano.

En el mundo del simbolismo, el vuelo de las golondrinas —como el apodo del seleccionado de Burundí— está relacionado con la libertad y seguramente, allí donde esté, Papy Faty será libre para alentar a sus compañeros desde otro lugar y desde otra vida. Con la conciencia tranquila de haber dejado este mundo haciendo lo que más le gustaba: jugar al fútbol.

28. Histórica aparición de los Bareas en la CAN (Madagascar)

Desde 2017, el seleccionado de Madagascar fue creciendo a pasos agigantados; del puesto 108 a finales de ese año, dos años después escalaron hasta el lugar 91. De los países presentes en la CAN 2019, los malgaches fueron los que empezaron primero su camino a Egipto. El tener uno de los rankings más bajos de todo el continente los llevó a comenzar en la etapa preliminar de las Eliminatorias. Allí despacharon a Santo Tomé y Príncipe en una serie que no fue fácil. En la ida ganaron 1-0 como visitantes con un gol en contra, en tanto que la revancha fue 3-2 con doblete de Paulin Voavy y el restante de Carolus Andriamatsinoro.

Siguió el Grupo A y de la mano del francés Nicolas Dupuis clasificaron como segundos de Senegal y por delante de Guinea Ecuatorial y Sudán. Con tres triunfos y un empate en los primeros cuatro partidos, los Bareas alcanzaron los 10 puntos y no importaron las dos derrotas finales (3-1 como locales ante Sudán y 2-0 en su visita a Senegal) para alcanzar la histórica clasificación a su primera CAN. El apodo de este seleccionado (barea, en el idioma malgache) se debe a los bueyes, un tipo de ganado que se cría mucho en la isla y que es utilizado también para muchas comidas.

A pesar de su ausencia hasta allí en la CAN, el fútbol en la isla fue pasión desde décadas atrás. La Federación Malgache de Fútbol (FMF) se organizó en 1947, un año después de que el país recibiera el status de territorio ultramarino francés. Y al poco tiempo, junto a Islas Mauricio e Islas Reunión, empezaron a disputar el triangular del Océano Índico. De los trece campeonatos jugados hasta 1963, Madagascar solamente pudo festejar en tres, siendo Mauricio el amplio dominador con ocho títulos. Tampoco tuvo suerte el seleccionado malgache en la COSAFA Cup, certamen organizado por el *Council of Southern Africa Football Associations*, en la que sus mejores resultados fueron el tercer puesto en 2015 y el cuarto puesto en 2008 y 2018.

En 2002, hubo una noticia que llamó mucho la atención y que hizo que el fútbol de Madagascar ingrese al Libro Guinness de los Récords. Y es que hubo un partido de la liga local con 149 goles: 1,6 por minuto o uno cada 36 segundos. El AS Adema le ganó 149 a 0 al Stade Olympique L'Emyrne (SOE). Claro que el resultado es por demás extraño, pero tiene una explicación: en protesta contra los arbitrajes y la federación nacional, los jugadores del SOE decidieron anotarse la mayor cantidad de goles en contra posibles en los 90 minutos reglamentarios.

Tras años de tristezas y frustraciones, una nueva camada de jugadores, con Faneva Andriatsima o Carolus Andriamatsinoro como estandartes, le dio al país la chance de jugar su primera CAN al igual que Mauritania y Burundí. El fútbol doméstico sigue siendo amateur, por lo que una de las claves del proceso de Dupuis fue comenzar con el reclutamiento de jugadores de origen malgache en Europa. Así, se pudieron reforzar con jugadores como Thomas Fontaine (jugó el Mundial Sub 20 de 2011 para Francia), Dimitry Caloin, el arquero Ibrahima Dabo o el experimentado Jeremy Morel.

En los días previos a que el equipo abandonara su país con destino a territorio egipcio a muchos les extrañó ver a un hombre barbado, con el número 11 y Pedro en su dorsal, entre el grupo de jugadores de Madagascar. En el centro del campo del estadio donde se hizo la despedida al plantel, el Padre Pedro Opeka hizo tomar de las manos a todos con el objetivo de dar unas palabras de aliento de cara a la primera participación de los Bareas en una CAN. El presidente Andry Rajoelina eligió al Padre Pedro para que diera la bendición final al seleccionado nacional para su experiencia en Egipto. Además, fue el acto oficial para que Rajoelina entregara a la Federación Malgache el cheque con los fondos para costear la estadía en suelo faraón.

Pedro Opeka es un religioso argentino que llegó a la isla en 1970 con sólo 22 años. Pronto se interiorizó por la realidad de un país sumido en la pobreza. "Si están dispuestos a trabajar, yo los voy a ayudar", dijo en una casucha de cartón cercana a las colinas de Ambohimahitsy, donde la gente vivía en viviendas próximas al basurero municipal. "Más de veinte mil personas viven en los cinco pueblos de la Asociación. Miles de chicos asisten a las escuelas y otros miles de personas trabajan en las distintas actividades de Akamasoa que van desde la explotación de canteras, fabricación de muebles y artesanías, hasta la prestación de los servicios comunitarios: educación, salud, y mantenimiento. Cada pueblo cuenta con su dispensario y tienen un hospital. Asimismo, desde su fundación más de quinientas mil personas han pasado por su Centro de Acogida, donde reciben ayuda temporal y son encaminados a reorientar sus vidas", contó en *Valores Religiosos* el escritor Jesús Silveyra sobre el trabajo de Opeka en la isla.

En un documental llamado *El hombre que puede salvar al mundo*, Opeka llega a un campo de tierra de Madagascar y, de jean y zapatillas deportivas, se pone a jugar un partido con los jóvenes malgaches. Hace un gol y golpea sus manos con el joven que lo habilitó. "El fútbol me ha dado amigos en todo el mundo. Mis primeros amigos en Madagascar los hice con el fútbol", afirma.

En la previa, muchos se preguntaban si Madagascar podría al menos sumar un punto en el duro Grupo B que completaron Nigeria, Guinea y el también debutante Burundí. Los antecedentes de los últimos seleccionados que se habían estrenado en la CAN no eran de lo más alentadores. Desde 2012 hubo siete selecciones que jugaron por primera vez el torneo y solamente dos habían podido superar la fase de grupos: Guinea Ecuatorial como local en 2012 y Cabo Verde al año siguiente en Sudáfrica. En Egipto se sumaría Madagascar...

La campaña de los de Dupuis comenzó en Alejandría y los Bareas sorprendieron a Guinea. A pesar de empezar perdiendo por el gol de Sory Kaba lo dieron vuelta con goles de Anicet Andrianantenaina y Carolus. Sobre los 66, Kamano igualó de penal para el 2-2 que no se modificaría. La segunda jornada del grupo, el jueves 27 de junio, comenzó con el segundo triunfo de Nigeria para alcanzar los seis puntos, por lo que el ganador de Madagascar y Burundí iba a dar un paso histórico rumbo a la siguiente fase en su primera aparición en el máximo evento de selecciones africanas.

Y a los 76 minutos, Marco Ilaimaharitra -jugador del partido- con un tiro libre anotó el 1-0 para locura y alegría de Madagascar que alcanzó los 4 puntos para tener que jugarse la clasificación ante Nigeria en la última fecha de su zona aunque hasta perdiendo podría obtener el pasaje, ya que Guinea (1) y Burundí (0) habían quedado algo relegados. En un país donde el 75% de la población vive con menos de dos euros al día el desempeño del equipo trajo la ilusión y la esperanza. En *L'Express*, el famoso dibujante Pov subtituló una ilustración alusiva a la actuación de los de Dupuis de la siguiente manera: "Continuamente maltratado por las tristes noticias de secuestros, bandidos, asesinatos, pobreza extrema, condiciones insalubres, epidemias, corrupción, divisiones étnicas, económicas, políticas, etc., Es increíble ver que la nación es capaz de tal comunión en torno a este maravilloso equipo de fútbol".

Pero Madagascar quería seguir haciendo historia y lo hizo al vencer 2-0 a Nigeria —campeón en tres ocasiones de la CAN— quedándose con la cima de la zona con 7 puntos. Un triunfo resonante para ese grupo de jugadores que, como aquella gente que Opeka visitó en las colinas de Ambohimahitsy, estuvieron dispuestos a trabajar de la mano de Dupuis accediendo a los octavos de final.

En octavos, tras el 2-2 ante RD Congo, el presidente Rajoelina saltó de alegría luego del triunfo en los penales antes de abrazarse con Ahmad Ahmad, también malgache y presi-

dente de la CAF. En su primera participación, y habiendo iniciado las Eliminatorias como uno de los peores seis seleccionados del continente, Madagascar se metía entre los ocho mejores de Egipto 2019. "Somos más que una película", llegó a decir el capitán Andriatsima a los medios, en alusión a la reconocida película animada de *Dreamworks Animation* en la que algunos animales de un zoológico de los Estados Unidos recalan en plena naturaleza isleña.

La película malgache se rodaría por poco tiempo más, ya que en cuartos de final Túnez frenó la epopeya. Las Águilas de Cártago pudieron sacar la ventaja en el segundo tiempo para golear por 3-0 y avanzar a las semifinales. "Este torneo es una victoria colectiva para todos, lo hemos dado todo para estar aquí y hemos hecho historia. Estamos muy orgullosos de lo que hicimos", afirmó Andriatsima.

Para la CAF no pasó desapercibida la actuación de Madagascar en la CAN y el seleccionado, el entrenador Dupuis y el capitán Carolus fueron nominados para los CAF Awards. Sumado a eso, los resultados positivos se mantienen. En dos fechas del Grupo K rumbo a la CAN 2021 ganaron sus dos compromisos (ante Níger y Etiopía) y se perfilan como favoritos a clasificar junto a Costa de Marfil, el rival de la tercera fecha en agosto de 2020. Mientras que el hecho de estar entre los mejores 26 del continente les evitó participar de la ronda preliminar del camino a Qatar 2022 y clasificaron directamente a la fase de grupos para ir por el sueño mundialista.

Y el mandato de Dupuis va para largo. "Le prometí al Presidente de la República estar presente en la isla. Compartimos mucho, él y yo. Tenemos el mismo amor por la pelota. Y hay mucho potencial para desarrollar aquí: campeonatos para jóvenes, para mujeres... Madagascar es un caldo de cultivo excepcional", destacó en diciembre de 2019 tras acordar un contrato por cuatro años más. Con él, Madagascar puede seguir rodando una película de ensueño...

29. El renacer del fútbol ruandés tras el genocidio (Rwanda)

—Todos los alumnos hutus pónganse de pie —dijo un maestro en una escuela de Kigali, capital de Rwanda. Gilbert Nshimyumukiza era tutsi, pero admiraba la forma de jugar de los hutus que eran los que más se destacaban en el colegio y se levantó de su banco para sentirse uno de ellos. El maestro, un hutu, lo hizo sentar bruscamente y de mala manera. Sólo ahí, Nshimyumukiza tomó conciencia de que era un tutsi. Corría el año 1994 y unos días antes se había producido la muerte del presidente Juvenal Habyarimana, cuando el avión en el que viajaba fue derribado por un misil. Ese hecho generaría a la postre una cruenta guerra civil, entre hutus y tutsis.

En *Una guerra negra*, investigación sobre el genocidio ruandés de los franceses Gabriel Peries y David Servenay, los autores relatan los últimos momentos de ese avión en el aire y las consecuencias tras el estallido. "El avión estalla (...) en los jardines de la residencia presidencial, situada justo al lado del aeropuerto. Son las 20:23 horas. Los primeros testigos son los hijos de Juvenal Habyarimana. En el jardín descubren el espectáculo macabro de los cuerpos carbonizados, irreconocibles debido a la violencia del impacto. El hijo mayor tiene el extraño reflejo de tomar fotos de la escena. Más tarde Jean-Luc Habyarimana venderá sus imágenes a la revista francesa *Jeune Afrique*. A partir de las 21 horas, el genocidio se pone en marcha en las calles de Kigali", se puede leer en *El tiempo de las mentiras*, uno de los últimos apartados del libro.

Por aquel entonces, aunque el fútbol era lo que menos importaba a los ruandeses, el seleccionado se encontraba en el puesto 168 de la clasificación de la FIFA. Pero ¿quién se iba a preocupar por el andar de los Amavubis —así se apoda a la selección de Rwanda— con todo lo que se avecinaba? Ya lo

afirmaba el gran Ryszard Kapuscinski en *La guerra del fútbol y otros reportajes*: "Los pequeños países del Tercer Mundo tienen la posibilidad de despertar un vivo interés sólo cuando se deciden a derramar sangre. Es una triste verdad, pero así es". El mismo autor, en Ébano, una obra dedicada en su totalidad a sus vivencias en África, sostuvo que la muerte de Habyarimana "fue la señal para que empezase una matanza de hostigadores del régimen, sobre todo tutsis, aunque también de la numerosa oposición hutu. Aquella masacre de una población indefensa (...) se prolongó durante tres meses".

Tres años después del genocidio, Rwanda cayó a lo más bajo que conoció su historia futbolística. Diciembre de 1997 vio al seleccionado ruandés en el puesto 172, el más bajo desde la afiliación de la *Federation Rwandaise de Football Association* (FERWAFA) a la FIFA.

La guerra civil impulsada por los hutus para exterminar a los tutsis fue sangrienta y cruel, tanto que dejó sin vida a un 10 por ciento de la población de Rwanda y a casi la totalidad de los tutsis. Según relata Edgardo Otero en *El origen de los nombres de los países del mundo*, los hutu, junto a los tuas, fueron los primeros habitantes de la región, allí donde nacen dos grandes ríos africanos, el Congo y el Nilo. Pero en el siglo XV arribaron los guerreros y pastores tutsis desde Etiopía y no tardaron mucho en dominar a la población local. Fueron ellos quienes forjaron allí un reino al que denominaron Rwanda. El origen del nombre del país deriva del kinyaruanda, que es la lengua que se habla en el país y cuyo origen es desconocido.

Aquellos cien días de muerte, sangre y dolor dejaron grandes rivalidades entre hutus y tutsis, pero como sostiene Eduardo Galeano, "después del genocidio que ensangrentó a Rwanda, el futbol es el único instrumento de conciliación que no ha fracasado. Los hutus y los tutsis se mezclan en las hinchadas de los clubes y juegan juntos en los diversos equipos y en la selección nacional. El fútbol abre un espacio para la resurrección del respeto mutuo que reinaba entre

ellos antes de que los poderes coloniales, el alemán primero y el belga después, los dividieran para reinar".

En junio de 2009, un seleccionado con estrellas de antaño de Rwanda y jugadores actuales, se midieron en partido amistoso ante un combinado de estrellas del fútbol mundial, conformado por Samuel Eto'o, Alex y Rigobert Song, Geremi (Camerún), Didier Drogba, Yaya y Kolo Touré (Costa de Marfil) y Dominic Scicluna (Canadá), entre otros. El encuentro fue organizado por la Organización local *One Dollar Campaign*, que tiene como uno de sus objetivos el construir viviendas para los huérfanos que dejó el conflicto entre hutus y tutsis.

Después del partido, según cuentan las crónicas de aquel día, un grupo de alegres y risueños ruandeses se reunieron alrededor de las estrellas y, llamativamente, todos se mostraron atraídos por uno de los pocos blancos que había entre los jugadores, el canadiense Dominic Scicluna. Es que en África —sobre todo en la subsahariana—, los tubab o los mzungu —términos equivalentes a "gringo" o "blanco"— siempre llaman la atención y se llevan todas las miradas en una población donde casi su totalidad es de raza negra. Pero Scicluna, jugador de fútbol playa del Detroit Waza, aprovechó su momento de "gloria" para alentar a los niños a aprovechar el poder del fútbol para ayudar a sanar el país tras la división que generó el genocidio. "Los jugadores con las mejores cualidades técnicas del mundo saben que el fútbol es el vehículo para la paz. Es por eso que este estadio se llama paz. ¿Cuál es el nombre del estadio en ruandés? Amaharo!". Scicluna se refería al Amahoro Stadium, un estadio sin lugar a dudas protagonista y parte de la historia de Rwanda, de su pueblo y su deporte.

Justamente en ese estadio hacía y hace de local el Rayon Sport, un joven club que en 1994 tenía sólo 26 años de existencia y dos ligas en sus vitrinas (1975 y 1981), más cinco copas locales (1976, 1979, 1982, 1989, 1993). Hacia 1994, Eugene Murangwa era el arquero del Rayon Sport y uno de los juga-

dores más reconocidos del país. En la noche del 6 de abril de aquel año, estaba junto a sus compañeros en el restaurant Baobab viendo una de las semifinales de la Copa África que se disputaba en Túnez. "Escuchamos una explosión. De regreso a nuestros hogares, en las calles se comentaba que había sido en el Aeropuerto Internacional", recordó Murangwa hace unos años. Ese día sería el último que vería a varios de sus compañeros de equipo.

"En la madrugada del día siguiente, alrededor de las 5 de la mañana, me desperté aturdido por las balaceras y las bombas que explotaban en las inmediaciones de mi barrio. No supe lo que pasaba hasta que encendí *Radio France International*", afirmó el ex arquero que hoy reside en Inglaterra y lleva adelante la *One Nation One People and The Beatiful Game*, una organización que ofrece a los ruandeses y la diáspora del país en el extranjero la chance de aumentar posibilidades educativas y deportivas, al mismo tiempo que crea conciencia de paz, reconciliación y unidad.

Murangwa estuvo a punto de ser masacrado por los Interahamwe, los soldados del gobierno hutu, cuando irrumpieron en su casa. Nzayizenga, uno de sus mejores amigos y compañero en el Rayon Sport, se econtraba con él cuando ingresaron cinco soldados pidiendo que digan donde ocultaban las armas. "Les dijimos que no había armas en la casa y que pertenecíamos al Rayon. Les mostré mi pasaporte que probaba que había estado en Sudán con motivo de un partido allí pero exigieron más pruebas. Fue allí que corrí hacia mi habitación y les mostré una foto del equipo completo. Nos creyeron y se fueron", recordó Murangwa en una entrevista concedida al sitio *Goal.com* hace algunos años.

Pero no todos corrieron la misma suerte que Murangwa. Según estimaciones de la *Association des Anciens Footballeurs du Rwanda*, fueron 34 las víctimas ligadas al fútbol que dejó la guerra civil ruandesa. El Rayon Sport, club de Murangwa, fue uno de los más golpeados. Rongin Munyurangabo y Anasthase Buregeya formaban parte de aquel plantel

y fueron asesinados por los hutus. Dirigentes, ex jugadores, árbitros y hasta niños con edad de juveniles tuvieron que olvidar su sueño de llegar al seleccionado nacional por la guerra entre hutus y tutsis.

En *Colinas que arden, lagos de fuego*, libro de Javier Reverte, un gran conocedor del continente africano, este autor español habla de Rwanda como "el país al que se conocía como el 'de las mil colinas' antes de las matanzas de 1994. Después de aquello, la gente olvidó ese bello apelativo, espantada ante el horror desatado por los hombres enloquecidos". Pero tras los 100 días de machetes, muerte y sangre, el fútbol fue uno de los elementos vitales para el retorno a la paz y la búsqueda de la "nueva" unidad. Fue así, que en agosto, a poco más de un mes de terminada la guerra, los jugadores disponibles del Rayon y del Kiyovu Sports —una especie de Boca-River o Barca-Madrid— decidieron juntarse para organizar un partido y así demostrar a los ruandeses que seguir adelante era posible y que la restauración comenzaría por ese lado.

Entre los refugiados y los sobrevivientes, ambos clubes empezaron a conformar sus equipos. El Kiyovu consiguió juntar once jugadores, pero el Rayon sólo tres por lo que empezó a buscar voluntarios en otros clubes. "Nos pusimos de acuerdo para iniciar los entrenamientos regulares todos los días y juntarnos con las autoridades para darles a conocer nuestro plan", recuerda Nuru Munyemana miembro del Kiyovu por aquellos tiempos y luego con un cargo en la FERWAFA. Pero la preparación no fue tan fácil. Una mañana, mientras entrenaban, la pelota se fue detrás del arco y cuando uno de los jugadores la fue a buscar tropezó con dos minas al costado del campo del Nyamirambo Stadium. Otro día, gente que esperaba el reparto de alimentos que se hacía en el mismo estadio, sufrió heridas cuando se detonaron otras minas. "En ese momento todavía no se había creado la *Demining Commission*, que se encargaría tiempo después

a detectar y desactivar las minas que habían quedado", comenta Munyemana.

A fines de agosto, luego de un gran esfuerzo de los dos equipos y de la alcaldesa de Kigali, Rose Kabuye, tuvo lugar el partido con triunfo para el Kiyovu por 3 a 1. Pero el resultado no fue lo más importante, sino que la gente se acercara al estadio a apoyar su equipo independientemente de su origen étnico. Hubo hutus que hinchaban por el Rayon, tutsis que alentaban al Rayon y hutus y tutsis que festejaron el triunfo del Kiyovu. Fue la vuelta del fútbol al país.

Unos meses después, pero ya en 1995, la FERWAFA se restableció y volvió a retomar sus actividades. El seleccionado comenzó a jugar amistosos y poco a poco se fue reinsertando en el plano de certámenes continentales. Al mismo tiempo, los clubes del país volvieron a jugar las competiciones de equipos africanos: la Champions League y la Confederation Cup. En la primera, hoy clasificatoria para el Mundial de Clubes, participó el APR (*Armée Patriotique Rwandaise*), mientras que en la otra jugó el Kiyovu, con Munyemana en cancha.

El sorteo determinó que el Kiyovu se midiera ante el Patronage Sainte-Anne de Congo. "El partido de ida se celebró en Kigali y, a pesar de las heridas frescas del genocidio y la guerra, mostramos que éramos una nación unificada ganando por 4 a 2", recuerda Munyemana. Aquel día estuvo presente Paul Kagame, clave a través del Frente Patriótico Ruandés (FPR) para poner fin al genocidio derrocando del poder al Primer Ministro Jean Kambanda, máxima autoridad en Rwanda durante los 100 días de la guerra civil.

Lo curioso se dio en el partido de vuelta. La delegación del Kiyovu arribó a Brazzaville, la capital de Congo, y las entradas para el match estaban casi agotadas, algo inusual para esas instancias del torneo. Los locales se impusieron 3 a 0 y el Kiyovu quedó afuera de la Confederation Cup, pero los jugadores nunca olvidarán el mensaje que dejaron entre el pueblo congoleño. "En las calles de Brazzaville nos miraban

con mucha curiosidad, muchos creían que éramos un representativo de Luanda (Angola) antes que de Rwanda, porque no podían creer que todavía hubiese fútbol en nuestro país después de todo lo que había pasado. Muchos siguieron convencidos de que era imposible que un equipo ruandés pudiera participar tan rápido en eventos internacionales tras la devastadora y desgarradora guerra que habíamos sufrido", comentó un dirigente que acompañó a la delegación del Kiyovu en aquel viaje.

Ya con Kagame como presidente, en 2003, el seleccionado ruandés logro algo histórico: clasificar a la CAN. Los Amavubis, dirigidos por el serbio Ratomir Dujkovic, cayeron en el Grupo 13 de las Eliminatorias para el torneo que se disputaría al año siguiente en Túnez. ¿Los rivales? Ghana y Uganda, a priori superiores. El camino comenzó en octubre de 2002 en Accra, la capital ghanesa, con una derrota por 4 a 2. Siguió un empate en casa sin goles ante Uganda. Y luego llegó la victoria de la esperanza, 1-0 sobre los ugandeses en Kampala con gol de Jimmy Gatete. Aquel partido fue épico, con Gatete marcando con su cabeza vendada luego de la reanudación del encuentro que había estado parado por incidentes. Varios jugadores de Uganda acusaron directamente a Mohammud Mossi, arquero ruandés, de utilizar brujería para no recibir goles aquella tarde. Uno le quiso arrancar los guantes, otro comenzó a buscar detrás del arco la "poción mágica" hasta que estalló el enfrentamiento entre los jugadores, retrató John Carlin en "*Rwanda's magic moment*", un artículo publicado por aquellos días en *The Guardian*. El técnico de Uganda era el argentino Pedro Pasculli —campeón en México 86—, quien tras el partido dijo: "El episodio de la brujería y la lucha nos llevó a perder el partido. Fui testigo de muchos cosas en el fútbol, pero eso fue demasiado para mí".

A su regreso a Kigali, los jugadores ruandeses fueron recibidos como héroes por el presidente y todo su gobierno, junto al pueblo que colmó las calles de la capital, sin importar que fueran las dos de la madrugada. Otro tanto de Gatete, el 6 de julio de 2003, daría el triunfo 1-0 en contra de Ghana y el pasaje a la CAN 2004, por primera vez en la golpeada historia del Tibet de África. "La satisfacción es enorme. Personalmente es un honor dar tamaña alegría a un país tan golpeado", declaró Dujkovic en medio de los festejos. La reconciliación y la unión del pueblo ruandés era posible y el fútbol era su ejemplo más concreto. En el Amahoro Stadium, donde hacía diez años había funcionado la *United Nations Assistance Mission in Rwanda* (UNAMIR) a la que cada día durante la guerra civil llegaban cientos de refugiados, el horror y la muerte había dejado su lugar para que surgiese la alegría y los gritos de gol, que eran mucho más que eso.

De aquella clasificación a estos días, el fútbol, y el deporte en general, siguió dando ejemplos de que la unidad y la convivencia entre hutus y tutsis sonposibles y da sus frutos. En 2004, un exquisito tiro libre del zurdo Joao Rafael Elías, se transformó en el primer gol de Rwanda en la historia de la CAN. Fue en Túnez y finalmente fue derrota 2-1 ante los locales en el debut. Luego llegarían un empate en uno con Guinea y un triunfo de despedida 1-0 sobre la RD Congo, que dejó a los Amavubis a un paso de los cuartos de final.

Otro claro ejemplo fue el seleccionado Sub 17 que en 2011 obtuvo la clasificación ruandesa a una competición de la FIFA por primera vez en su historia: el Mundial de la categoría en México. Todos los integrantes del plantel nacieron entre 1994 y 1995 y sufrieron la perdida de algún familiar o conocido durante esos tiempos. Comandados por el francés Richard Tardy, perdieron con Inglaterra y Uruguay y empataron con Canadá en tierra azteca pero mostraron al mundo entero que eran el espejo de un pueblo que quiere mirar al futuro. Y, sobre todo, que quiere saborear el éxito en paz.

Como sostuvo Aloys Kanamugire, ayudante de Tardy, en diálogo con el periodista español Xavier Aldekoa, el objetivo es "mantener el grupo para recoger los frutos en el futuro. Son un grupo excepcional, más que amigos, y no hay diferencias, ni hutus ni tutsis, todos son ruandeses". "Todos perdimos amigos, familiares, personas importantes en el genocidio. Para mí, vestir la camiseta de Rwanda ahora simboliza que estamos avanzando. Somos el futuro del fútbol ruandés, lo estamos sacando adelante", destacó Andrew Buteera, el 10 del equipo. Y yendo más allá de la afirmación del gran Galeano que sostiene que el fútbol es el único instrumento de conciliación que no ha fracasado, habría que agregar que no sólo no ha fracasado sino que en este caso también ha triunfado.

30. Avances y crecimiento del fútbol somalí (Somalía)

Hubo una tierra, en tiempos de los primeros intercambios comerciales, a la que los egipcios llamaron Tierra de Punt, o sea Tierra de Dios. Cuando los romanos arribaron a esta parte del continente africano lo llamaron el País de los aromas, por el incienso que allí obtenían. Estamos hablando de Somalía, que adquirió este nombre tras la colonización británica que comenzó en 1884 y que le había dado la denominación de Somalilandia.

En 1972 el país sufrió la sequía más severa de su historia. Por esos años pasó del apoyo de la URSS para paliar el hambre a la ayuda militar de los Estados Unidos en un ida y vuelta que se dio en tiempos de la Guerra Fría. En el inicio de la década del noventa, todo el país dependía de la ayuda alimentaria internacional que llegaba a través de los puertos y de fronteras terrestres aisladas. La Cruz Roja alimentaba a unas 700.000 personas en los campamentos del país.

Somalía siempre fue un país golpeado. En el último tiempo, las principales noticias sobre dicho país hacen mención a muertes, atentados, sufrimiento y hasta la mayor plaga de langostas en 25 años. A fines de 2019, este país del Cuerno de África sufrió la más grave inundación desde 1981, tras el desbordamiento del río Shebelle. En este contexto, el fútbol,

como en todos los rincones del continente, suele ser una vía de escape, de alegrías e ilusiones para los pueblos más olvidados y castigados.

El fútbol somalí en la última década está dando algunos pasos —pequeños pero fuertes— que invitan a ilusionarse. Por ejemplo en 2015, la cadena estatal SNTV retransmitió por primera vez un partido de fútbol, en lo que fue considerado un hecho histórico. El partido enfrentó al equipo del ejército, el Horseed, y al de la Policía, el Heegan FC, en la final de la Copa del General Daud y fue ganado 2-1 por el primero en el capitalino estadio Banadir. "Si todo sale bien, intentaremos retransmitir nuestros otros partidos en directo en los próximos meses", declaró mediante un comunicado el presidente de la Somalí Football Federation (SFF), Abdiqani Said Arab. "Es un avance, hemos soñado durante mucho tiempo con ver nuestros partidos retransmitidos en directo, es un antiguo sueño que se cumple", añadió.

El fútbol es uno de los deportes más populares en territorio somalí, tanto en el terreno como en la televisión, en torno a la cual los seguidores se reúnen para seguir los partidos del fútbol internacional. Los encuentros locales aglutinan a tantos espectadores que devienen uno de los objetivos del grupo islamista Al-Shabab, que opera en el país como fuerza rebelde opositora desde 2007.

En 2017 se dio otro acontecimiento de importancia para el país: se volvió a jugar un partido oficial de noche después de más de 30 años. El mayor impedimento para poder llevar adelante algo tan común en la mayoría de los países era la luz. Y es que todos los encuentros eran programados a plena luz del día debido a la dificultad para emplear luz artificial en los campos de fútbol. El encuentro levantó una gran expectativa y las gradas registraron un lleno absoluto.

El suceso fue tan relevante que desde la cuenta de twitter oficial de la presidencia destacaron la vuelta al fútbol de noche desde finales de los años 80. El partido disputado enfrentó al Waberi y al Hodan por la final de la Benadir Cup, un torneo para jóvenes de entre 16 y 18 años que se desarrolló en Mogadiscio. Fue triunfo 3-1 y título para Waberi.

En 2018, el gobierno anunció que las tropas panafricanas se retirarían del estadio de fútbol de la capital para que esa instalación vuelva a la normalidad. Había llegado el momento de usar las instalaciones sin la presencia de las fuerzas de mantenimiento de la paz desplegadas allí por la Misión de la Unión Africana destacó el primer ministro de entonces, Hassan Ali Kheyre. El presidente de la SFF dijo: "La situación en el país está cambiando y estamos pasando de la anarquía a la paz y la estabilidad por lo que hemos decidido organizar nuestros juegos como local en casa. 2018 será un año de grandes cambios, ya que planeamos invitar a equipos nacionales de algunos países del este de África a participar en partidos amistosos". Abdiqani Said Arab también expresó su ambición de ser anfitriones y organizadores de torneos regionales del *Council for East and Central Africa Football Associations* (CECAFA). "Estoy muy contento de que nuestro gobierno esté preparando la construcción completa del Stadium Mogadishu. El tema de la retirada de tropas del estadio fue una de las razones principales de la visita del presidente de la CAF, Ahmad Ahmad, a Somalía en abril de 2017", concluyó.

El último partido internacional que albergó el país fue en 1988, cuando recibieron a Mauricio en una etapa eliminatoria para los Juegos Olímpicos, y este retiro de las tropas del principal recinto del país fueron vistos como un primer paso para volver a hacerlo. Según el titular, ese es uno de los compromisos principales del ejecutivo para crear más oportunidades de entretenimiento para los jóvenes somalíes amantes del fútbol, en medio de la guerra del ejército y las fuerzas africanas contra el grupo islamista Al Shabab.

A principios de 2019 se anunció el primer partido internacional en territorio somalí luego de 30 años. El seleccionado Sub 20 recibiría a su similar de Eritrea en un partido amistoso en Mogadiscio el 16 de febrero.

Por los problemas de seguridad Somalía juega, desde hace años, sus encuentros en condición de local en lugares neutrales o fuera de casa. Por ejemplo para las Eliminatorias para el Mundial de Rusia, "recibió" a Níger en el Addis Abeba Stadium de Etiopía o en la etapa clasificatoria para la CHAN 2018 hizo las veces de local ante Sudán en Djibouti. "En un futuro cercano podríamos organizar un torneo Cecafa (regional)", dijo Abdiqani Said Arab. "Ahora que la paz ha regresado al país, estamos contentos de que finalmente tendremos un partido internacional después de 30 años", agregó. Arab, también vicepresidente del CECAFA, manifestó que comenzarán con los equipos de la región antes de abrirse al resto del continente. "Nuestra gente en Somalía tiene hambre de ver un partido internacional", explicó. Finalmente el amistoso entre Somalía y Eritrea no se pudo disputar, pero pareciera ser que se acerca el día en el que este país pueda volver a albergar un partido internacional en su territorio. Una muestra más de que el fútbol somalí, a pesar de los largos años de inestabilidad en el país, ha tenido un desarrollo constante.

A mediados de 2019, pocos días después de la consagración de Argelia como rey de África, se llevó a cabo el sorteo de la ronda preliminar rumbo al Mundial de Qatar y Somalía quedó enfrentado con Zimbabwe -el mejor de las 28 selecciones que intervenían en esta etapa-. El ganador de la serie accedería a la fase de grupos. En la ida, disputada en el Stade El Hadj Hassan Gouled de la vecina Djiboutí, fue triunfo 1-0 para los somalíes, lo que significó la primera victoria para las Estrellas del Océano en su historia en las clasificatorias mundialistas. El peor equipo del continente -202ª a nivel Mundial según el ranking FIFA de esos días- venció a Zimbabwe (112º) mediante un cabezazo agónico del ingresado Anwar Sidali Shakunda (1-0) y se volvió trending topic en la red social Twitter.

La resonancia fue aún mayor ya que Zimbabwe es un seleccionado de mayor nivel y había estado presente en la CAN

2019, con jugadores como Khama Billiat en sus filas. Además del goleador Shakunda, el equipo somalí al mando del ghanés Bashir Hayford contó con los hermanos Mohamud —instructor de manejo en Londres— y Ahmed Ali —capitán y asistidor en el gol de la histórica victoria—. “Tan pronto como sonó el silbato final supe que eramos noticia en el mundo”, dijo Ahmed a la BBC.

A los pocos días se llevó a cabo la revancha en el Barbourfields Stadium de Bulawayo y al local le costó. Recién sobre los 77 minutos pudo igualar la serie por intermedio de Munetsi. Sobre los 84 Somalía puso el 1-1 con un gol de Omar Abdullah Mohamed y obligaba a Zimbabwe a marcar dos goles. Y esta vez la historia no tuvo un final feliz para los comandados por Hayford que parecieron relajarse, cuando más cerca estaban de dar el batacazo, y terminaron cayendo 3-1 por los goles de Muskwe y Billiat.

El año para Somalía terminó con su participación en la CECAFA Cup. La cita fue en Uganda y el seleccionado somalí culminó tercero en el Grupo A, con un triunfo sobre Burundí —primero en el torneo en 11 años—, empates ante Djiboutí y Eritrea sin goles y caída ante el local y finalmente campeón.

El entrenador ghanés Bashir Hayford, que reconoció no haber salido de noche en el país ni conocer la vida nocturna desde que asumió el cargo de seleccionador, sí ha advertido que cada vez que hay fútbol la gente está tranquila y feliz. Hayford cree que puede aprovechar la enorme pasión por el fútbol para unir a los somalíes y espera que el crecimiento que tuvieron durante 2019 pueda ser un catalizador para un proceso duradero.

“El fútbol puede traer la paz y unir más a las personas”, dijo Bashir al sitio de la CAF tras la participación en la CECAFA Cup. Porque aún en los países más golpeados el fútbol se vuelve una vía de escape, de alegrías e ilusiones. Y en Somalía en particular puede poner su cuota de ayuda para retomar poco a poco la paz.

31. De Ghandi a Mandela (Sudáfrica)

Antes de convertirse en posesión británica, Sudáfrica fue colonia de la Compañía Holandesa de las Indias Orientales. En 1652, Jan Van Riebeeck fundó un villorio en el Cabo de Buena Esperanza para que atraquen allí los barcos holandeses que hacían la ruta entre Europa y Oriente. Holandeses, franceses y alemanes —con dominio de los primeros— dieron lugar con el tiempo al nacimiento de la nación afrikáner o boer. Si este país no se convirtió en un país de hombres blancos se debió en gran parte a la gran resistencia de los legítimos habitantes, los africanos.

Si hablamos de Sudáfrica, inevitablemente temas como el apartheid y la incidencia de Nelson Mandela en cuestiones ligadas al deporte son los primeros en surgir. Sin embargo, "la utilización que Nelson Mandela hizo del fútbol y del rugby en su largo batallar por la igualdad y el final del apartheid tuvo un ilustre precedente en la tierra del arco iris: el de Mahatma Gandhi", sostiene David Ruiz De La Torre en Fútbol que estás en la tierra.

Con 24 años, el indio Mohandas Karamchad Gandhi se estableció en la ciudad sudafricana de Durban. Por esos años, unos ciento cincuenta mil de sus compatriotas llegaron al sur de África para trabajar en el comercio, las plantaciones o la administración. Gandhi vivió en tierras africanas entre 1893 y 1915. Fue allí cuando empezó a tomar conciencia social, a partir de los pocos derechos que tenían los hindúes —aunque más que los que tenía la población negra—. Lideró campañas de desobediencia civil y luchó en los juzgados por la igualdad racial.

Hubo un episodio, originado por las leyes del gobierno boer, tras el cual Gandhi se negó a abandonar la primera clase de un tren y mudarse a la tercera, destinada para negros y chinos. Declarado en desacato lo bajaron y tuvo que pasar la noche detenido en una estación. Lo llevaron a juicio y él

hizo su propia defensa declarándose inocente ya que no reconocía una ley que discriminara a las personas por el color de piel.

Tal como cuenta Toni Padilla en su libro Atlas de una pasión esférica, fue en Sudáfrica donde Gandhi descubrió el potencial social del deporte cuando vio cómo muchos niños negros, blancos o hindúes jugaban juntos. Fundó tres clubes (en Inanda, Pretoria y Johannesburgo) con el mismo nombre: Passive Resisters Soccer Club. O sea, Club de Fútbol de los Resistentes Pasivos.

Los jugadores a los que reclutó Gandhi eran indios o negros. "Solía darles charlas en el entretiempo sobre su política de lucha no violenta, e incluso en ocasiones les entregaba panfletos sobre la discriminación racial", contó Rebecca Naidoo, del servicio de documentación del Durban Court House museum.

Estos equipos no se afiliaron a liga o federación alguna. El objetivo no era levantar copas, sino ganar derechos. La lucha no fue fácil. Para ese entonces ya existía la The All White Football Association (1892) o los primeros clubes solo para negros. La sociedad estaba segregada por razas y eso se trasladaba a los deportes.

"En 1903 se fundó la Asociación de Fútbol Hindú en Sudáfrica, que contó con el apoyo inestimable de Gandhi, y cuya influencia sería decisiva posteriormente para la creación de una federación nacional de fútbol multirracial y de la primera liga profesional, en la que se podía jugar sin importar el color de piel", contó Poobalan Govindasamy —presidente de la asociación sudafricana de fútbol sala— a David Ruiz de la Torre.

Cuando en 1915 Gandhi abandonó Sudáfrica para continuar con su lucha en India, ya existía la Federación Sudafricana de Futbol. En la década del treinta surgirían la Federación India Sudafricana (1931), la Bantú Sudafricana (1933) y la Mulata Sudafricana (1936).

En 1947, el Partido Nacional, ligado a los afrikáners, se impuso en las elecciones al Partido Unido, más liberal y de origen inglés, y el pastor protestante Daniel François Malan fue proclamado como presidente. En un país con 21% de la población blanca, 68% de negros y 11% de mestizos empezaba formalmente el apartheid.

En esa misma época nació el Orlando Pirates, uno de los clubes más importantes del país ligado a la cultura de la humildad y el trabajo duro. Con la fiebre del oro en su punto más álgido, la gente de las zonas rurales del norte se movilizó para ganarse la vida en las minas de Gauteng, la región en la que se encuentran Pretoria y Johannesburgo. En ese contexto empezaron a organizar partidos para distraer la mente después de largas jornadas bajo tierra. Inicialmente el equipo se llamó Orlando Boys, por uno de los barrios cercanos a Soweto. Como el nombre no infundía mucho respeto lo cambiaron por Orlando Pirates. Aunque a principios de los noventa lo negaría —diciendo que apoyaba a todos los equipos por igual— Nelson Mandela habría sido socio del Orlando Pirates.

Fútbol en Robben Island

La filosofía del apartheid se basó en el principio de que todo aquel que no era blanco no era un ser humano. Lo que los afrikáners mostraban al mundo era que los blancos y los que no lo eran pertenecían a dos razas distintas. Entre 1948 y 1991, el apartheid dividió a la sociedad sudafricana en castas. Muchos sudafricanos fueron sacados de sus hogares para ser arrojados en bantustanes, que eran sectores organizados por el gobierno según razas o etnias. “La lista de los derechos humanos que aquí se violan todos los días sería interminable. Es un Estado que pisotea y desprecia los valores más elementales”, llegó a expresar Maxwell Marwick, uno de los creadores de la antropología social.

El deporte sudafricano no podía intervenir en competencias internacionales y fue suspendido por la CAF, la FIFA y el Comité Olímpico. Aquellos que se oponían al régimen apartheid eran castigados y detenidos. También se declaró como ilegal al Congreso Nacional Africano (ANC) y personas como Nelson Mandela fueron condenadas a cadena perpetua por traición. El lugar destinado para el futuro presidente fue Robben Island, una cárcel de máxima seguridad para prisioneros políticos a la que muchos llamaron "el Alcatraz de África", por su aislamiento y la imposibilidad de escapar de ella.

El fútbol se presentó como una alternativa de distracción para los reclusos quienes comprendieron el poder del deporte y empezaron a pedir jugar en sus tiempos libres. "Al principio teníamos que jugar a escondidas, en nuestras celdas, fabricando los balones con papeles, ya que estaba prohibido. Si nos descubrían jugando nos castigaban de varias formas, como no dándonos de comer", explicó Tony Suze, uno de los presos de la isla.

Surgió la idea de jugar partidos y organizar torneos. Tras pedirlo una y otra vez, las autoridades de Robben Island les permitieron organizar su propia liga en 1967: la Makana Football Association. Se formaron siete equipos a los que se accedía dependiendo la rama política y otro (el Manong) en el que cualquier prisionero podía jugar. Rangers, Bucks, Hotspurs, Dynamo, Ditshitshidi, Black Eagles y Gunners fueron los nombres de los equipos. Los partidos se jugaban los días sábado y se creó una comisión directiva y hasta un tribunal de disciplina. Mandela, sin embargo, solo podía escuchar cuando sus compañeros y amigos jugaban ya que un muro construido por las autoridades de la cárcel le impedía ver esa linda iniciativa desde su celda.

Mandela no jugó ni podía ver los partidos, pero otros futuros líderes como Jacob Zuma (presidente entre 2009 y 2018), Kgalema Motlanthe, Mosiuoa Patrick "Terror" Lekota o Tokyo Sexwale jugaron o tuvieron algún tipo de participación en la liga de Robben Island.

Al mismo tiempo que muchos clubes desviaban fondos para financiar al CNA en la clandestinidad, en la década del setenta los partidos entre equipos blancos y negros se volvieron cada vez más habituales. Dos ligas funcionaban a la par hasta que, en 1977, la liga blanca dejó de existir debido al poco interés del público afrikáner, más seguidor del rugby y otros deportes.

Las presiones internacionales y la lucha del pueblo oprimido comenzaron a debilitar a un apartheid que empezó a desmantelarse. El poder que tuvo el fútbol en el proceso de reconciliación fue tal que en 1991, cuando Mandela salió de prisión y las elecciones libres eran un proyecto a largo plazo, se creó una nueva federación de fútbol que incluyó a todos los futbolistas sin ningún tipo de distinción ni discriminación. Con Mluleki George como presidente de la SAFA, un año después Sudáfrica regresó a la FIFA y a la CAF, donde la delegación sudafricana fue recibida con honores en un congreso en Dakar. El 7 de julio de 1992, los Bafana Bafana (muchachos en zulú), recibieron en Durban a Camerún y se impusieron 1-0 —gol de penal de Doctor Khumalo— en su regreso a la escena internacional.

—Por fin podré decirle a mi nieto que un día fui famoso —dijo Mandela mientras estrechaba la mano con Khumalo en una visita al seleccionado sudafricano.

"El fútbol es una de nuestras actividades más cohesionadoras", llegó a decir Madiba antes de ser el primer mandatario del país. En 1993, por su lucha incansable contra el racismo, recibió el Premio Nobel de la Paz.

En 1994, con su triunfo en las elecciones presidenciales se confirmó el nacimiento de una nueva Sudáfrica. En palabras de Desmond Tutu —arzobispo y premio Nobel de la Paz en 1984—, llegó la "democracia en lugar de la represión y la injusticia del viejo y desacreditado apartheid".

Presidencia, Mundial de Rugby y título en la CAN

"El mundo de los deportes, que en la mayoría de los casos nos había boicoteado, puso la alfombra roja de bienvenida", escribió Desmond Tutu en su libro Sin perdón no hay futuro. Ya con Madiba transitando su primeros años como presidente, a mediados de 1995, Sudáfrica fue la sede del Mundial de Rugby y bajo el lema "Un equipo, un país", los Springboks se consagraron campeones capitaneados por François Pienaar, a quién Mandela le había transmitido la necesidad de luchar por un nuevo país.

A principios de 1996, fue el turno del fútbol que también fue anfitrión en la CAN y se quedó con el título en su primera aparición. Los Bafana Bafana ganaron el Grupo A con triunfos sobre Camerún y Angola y a pesar de la derrota con Egipto. En cuartos de final despacharon a Argelia y en semis golearon al amplio favorito Ghana con arenga de Mandela en el vestuario. La final, ante 80.000 espectadores en el Soccer City de Johannesburgo, fue triunfo 2-0 para los dirigidos por Clive Barker con doblete de Mark Williams.

Para cerrar este círculo que comenzó con Gandhi, en 2010 la Sudáfrica de Mandela se transformó en el primer país africano en ser sede de un Mundial. Nelson no pudo estar presente en la inauguración (empate 1-1 entre el local y México), ya que horas antes del inicio de la fiesta, había fallecido una de sus nietas en un accidente. Sin embargo, sí estuvo presente en la clausura del Mundial, en lo que fue su última aparición en público, aunque los presentes solo pudieron disfrutar de su presencia unos minutos por el delicado estado de salud que ya lo aquejaba por entonces. Fue despedido al vivo grito de Madiba.

El 5 de diciembre de 2013 Mandela falleció a los 95 años por una afección pulmonar. Un líder por siempre, en Sudáfrica y en el mundo.

AGRADECIMIENTOS

A lo largo de estos diez años de seguimiento del fútbol africano muchas fueron las personas que me ayudaron y acompañaron en este largo camino. Por eso, gracias a mi familia y a Paula, mi novia, quienes siempre estuvieron para apoyarme en esta locura.

A mis amigos de Suipacha, a la familia Vedruna y mis compañeros del GMV.

A Pepe Naranjo, por ser el primero en recibirme en África y por su ayuda en mi estadía en Senegal.

A Martín Mazur, Federico Bassahún, Ignacio Fusco, Jorge Blanco, Marcelo Máximo y Javier Lanza por haberme dado la posibilidad de contar muchas de las historias que están en este libro en medios argentinos.

A Alex Cizmic, de Calcio Africano, por su ayuda durante le Copa Africana de Naciones en Egipto.

A todos los entrevistados que sumaron sus voces y conocimientos a este libro. Y a todos aquellos que en este tiempo siempre estuvieron dispuestos a compartir sus conocimientos, información o experiencias en el continente africano.

A Komila Diatta y Massar Ba.

SOBRE EL AUTOR

Francisco Javier Jáuregui nació en la localidad bonaerense de Suipacha (Buenos Aires, Argentina) el 1 de abril de 1985. Más conocido como Pancho, en 2009 comenzó con el sitio Sporting África para dar seguimiento y cobertura al fútbol africano. Se recibió de periodista en la Escuela Superior de Enseñanzas Deportivas y trabajó en Clarín y El Gráfico. Publicó en Revista Don Julio, Diario Perfil, Página 12 y Revista Potrero, entre otros, y participó en el libro "Un Picado en el Maracaná". Cubrió el Mundial Femenino Sub 17 de Uruguay (2018), la Copa Africana de Naciones de Egipto (2019) y el Mundial de Beach Soccer de Paraguay (2019). Actualmente forma parte del staff de The Line Breaker.

FUENTES CONSULTADAS

Bibliografía

*ALDEKOA Xavier y ARMADA Alfonso. "África Adentro", Colectivo 5W, 2018.

*ALEGI Peter. "African soccerscapes: How a continent changed the world's game", Ohio University Press, 2010.

*ALVAREZ COSTA, María Elena. "África Subsahariana. Sistema capitalista y relaciones internacionales", CLACSO, 2011.

*AMADO Leopoldo. "Guineidade&Africanidade. Estudos, crónicas, ensaios e outros textos", Edicioes Vieira da Silva, 2013.

*ANDERSON Lee. "Crónicas de un país que ya no existe. Libia, de Gadafi al colapso", Editorial Sexto Piso, 2015.

*AUTORES VARIOS. "Un picado en el Maracaná", Editorial Augol, 2014.

*BASSONG, Jean Daniel. "Albert Roger Milla. L'inmortel", Societe des Ecrivains, 2015.

*BESNIER Niko, BROWNELL Susan y CARTER Thomas F. "Antropología del deporte. Emociones poder y negocios en el mundo contemporáneo", Siglo XXI Editores, 2018.

*BERTAUX, Pierre. "África: desde la prehistoria hasta los Estados actuales", Siglo XXI Editores, 2013.

*BILARDO Carlos Salvador. "Doctor y campeón", Planeta, 2014.

*BLOOMFIELD Steve. "Africa United", Canongate, (2011).

*BNOU-NOUCAIR. "Le football africain. Biographies, histoire, bilan et perspectives", L'Harmattan, 2010.

*BUENO ÁLVAREZ J.A. y MATEO Miguel Ángel. "Historia del fútbol", Edaf, 2010.

*CABALLERO Chema. "Los hombres leopardo se están extinguiendo. Sierra Leona, África y la ayuda internacional", PPC, 2011.

*CABRAL Amílcar. "Nacionalismo y cultura", Ed. Bellaterra, 2013.

*CANTELMI Marcelo. "Una primavera en el desierto. Crónicas de un periodista argentino en el norte de África", Debate, 2012.

*CIZMIC Alija Alex y LACERENZA Vincenzo. "Viaggio in Copa D'África", Urbone Publishing, 2019.

*COMAROFF Jean y COMAROFF John L. "Teoría desde el sur: o cómo los países centrales evolucionan hacia África", Siglo XXI Editores, 2013.

*DOMINGOS Nuno. "Football and colonialism", Ohio University Press, 2017.

*DUCLOS Fernando. "Crónicas Africanas", Ediciones La Parte Maldita, 2015.

*EDJOGO-OWONO Alberto. "Indomable. Cuadernos del fútbol africano", Panenka, 2019.

*GALEANO Eduardo. "El fútbol a sol y sombra", Siglo XXI Editores, 2010.

*GARCÍA MORAL Eric. "Breve Historia del África Subsahariana", Nowtilus, 2016.

*GREENE Graham. "Viaje sin mapas", Ediciones Península, 2015.

*HAWKEY Ian. "Feet of the chameleon", Portico, 2009.

*HOCHSCHILD Adam. "El fanstasma del rey Leopoldo. Una historia de codicia, terror y heroísmo en el África colonial", Malpaso Ediciones, 2017.

*HUBAND Mark. "África después de la Guerra Fría", Paidós, 2004.

*INCARDONA, Juan Ignacio. "África barriendo fronteras. Crónicas de viaje por la ruta Cape to Cairo", Próxima Rotonda Ediciones, 2016.
*JOEKAI JR JosichFlomo. "The danger of celebrity in power: the case of Liberia", Author House, 2019.
*KAPUSCINSKI Ryszard. "Ébano", Anagrama, 2009.
*KAPUSCINSKI Ryszard. "Estrellas negras", Anagrama, 2016.
*KAPUSCINSKI Ryszard. "La Guerra del fútbol y otros reportajes", Anagrama, 2008.
*KAPUSCINSKI Ryszard. "Los cínicos no sirven para este oficio. Sobre el buen periodismo", Anagrama, 2014.
*KISENGA Nestor. "RD Congo- l'africain d l'année: L'ART DE PILLER PROPRE", Congo Lobbying, 2018.
*KUPER Simon. "Fútbol contra el enemigo", Contra, 2013.
*KUPER Simon y SZYMANSKI Stefan. "El fútbol es así (Soccernomics). Una explicación económica sobre los mitos y verdades del deporte", Ediciones Urbano, 2010.
*LOZANO Antonio. "El caso Sankara", Editorial Almazura, 2014.
*MILLÁN Rodrigo y RAMÍREZ Sergio. "Copa África", Ediciones Penal Largo, 2019.
*NAIR Sami y autores varios. "Las revoluciones árabes. Causas, consecuencias e impacto en América Latina", Capital Intelectual, 2012.
*NZEKOUE, Jean-Marie. "L'Aventuremondiale du football africain", L'Harmattan, 2011.
*OTERO Edgardo. "El origen de los nombres de los países del mundo", De los Cuatro Vientos Ediciones, 2004.
*PADILLA Toni. "Atlas de una pasión esférica", Editorial Planeta, 2017.
*PÉRIES Gabriel y SERVENAY David. "Una guerra negra. Investigación sobre los orígenes del genocidio ruandés (1959-1994)", Prometeo Libros, 2011.
*QUAMMEM David. "Ébola. La historia de un virus mortal", PenguinRandomHouse, 2016.
*REVERTE Javier. "Colinas que arden, lagos de fuego. Nuevos viajes por África", Random House Mondadori, 2012.
*RUIZ DE LA TORRE David. "Fútbol que estás en la Tierra", Poebooks, 2016.
*SINDJOUN Luc. "Sociologie des relationsinternationalesafricaines", EditionsKarthala, 2002.
*TUTU Desmond. "Sin perdón no hay futuro", Hojas del Sur, 2012.
*UYÁ ESTEBAN Marcos. "Breve historia del fútbol", Nowtilus, 2019.
*VEIGA Gustavo. "La vuelta al fútbol en 50 historias", EDICIONES Al Arco, 2018.
*WABERI Abdourahman A. "Hijos del balón. Relatos de África. Relatos de fútbol", El Aleph Editores, 2010.

Artículos

*ALARCÓN Sebastián (2019, 21 de junio). "El fútbol durante el apartheid". El 9 y medio. Link: http://el9ymedio.com/2019/06/21/el-futbol-durante-el-apartheid/
*AMSELLE M. y M'BOKOLO Elikia. "En el corazón de la etnia". Ficha de cátedra de la materia Historia de la colonización y descolonización de la Universidad de Buenos Aires (UBA), 2001.
*ANDRADE DE MELO Víctor y FORTES Rafael (2014). "Identidadeemtransição:Cabo Verde e a Taça Amílcar Cabral". Afro-Asia. Link: https://portalseer.ufba.br/index.php/afroasia/article/view/21352
*ANDRADE DE MELO Víctor (2013, 25 de agosto). "Desafiando o inimigo: o esporte e as lutasanticoloniais na Guiné". Ludopedio (Brasil). Link: https://www.ludopedio.com.br/arquibancada/desafiando-o-inimigo-o-esporte-e-as-lutas-anticoloniais-na-guine/
*ARO GERALDES Pablo (2019, 9 de diciembre). "Selecciones que ya no existen". Periodismo Internacional. Link: http://arogeraldes.blogspot.com/2016/05/selecciones-que-ya-no-existen.html
*ARREGUI Alena (2014, 31 de octubre). "La furia convertida en Récord Guinness". Panenka. Link: https://www.panenka.org/pasaportes/la-furia-convertida-en-record-guiness/
*AUGUSTIN Jean Pierre (septiembre 2006). "Elementos de geopolítica futbolística en África". En El poder del fútbol-Vanguardia Dossier (20). p. 90-95.
*BENNETT John y Harry Poole (2019, 8 de septiembre). "World Cup qualifying: Somalia national team's history-making driving instructor". BBC Sport. Link: https://www.bbc.com/sport/football/49621822

*BERLIN Jeremy (2019, 22 de marzo). "La felicidad es redonda: el fútbol en África". National Geographic. Link: https://www.nationalgeographic.com.es/mundo-ng/grandes-reportajes/la-felicidad-es-redonda_6937/1

*BERMAN Bruce. "Estructura y proceso en los estados burocráticos del África colonial". Ficha de cátedra de la materia Historia de la colonización y descolonización de la Universidad de Buenos Aires (UBA), 1999.

*BURGOS Martín (2014, 9 de septiembre). "AsamoahGyan en medio de un escándalo: ¿mató a un amigo?". Goal. Link: https://www.goal.com/es-ar/news/4466/%C3%A1frica/2014/09/09/5094479/asamoah-gyan-en-medio-de-un-esc%C3%A1ndalo-mat%C3%B3-a-un-amigo

*CARLIN, John. (2003, 13 de julio). "Rwanda's magic moment". The Guardian. Link: https://www.theguardian.com/football/2003/jul/13/sport.comment3

*DANIEL Serge (2002, 8 de febrero). "Menottes et gris-gris avant Mali-Cameroun :l'incidentest clos". RFI. Link: http://www1.rfi.fr/fichiers/sports/Can2002/site_specialcan2002/mali2002/articles/incident_cameroun07022002.htm

*D'ANGELO Juan Manuel (2019, 20 de septiembre). "Contra el enemigo: el fútbol en los días del apartheid". Fubball Trotters. Link: https://futboltrotters.wordpress.com/2019/09/20/contra-el-enemigo-el-futbol-en-los-dias-del-apartheid/

*D'ANGELO Juan Manuel (2019, 28 de noviembre). "La Champions League del Magreb". Fubball Trotters. Link: https://futboltrotters.wordpress.com/2019/11/28/la-champions-league-del-magreb/

*EASTHAM James (2014, 4 de junio). "Roger Milla on Italia '90: "I didn't think my legs were up to it, to be honest". FourFourTwo. Link: https://www.fourfourtwo.com/features/roger-milla-italia-90-i-didnt-think-my-legs-were-it-be-honest

*EGBAS Jude (2019, 19 de noviembre). "George Weah: 'I never cheated to win a penalty, I won't cheat as President'". Pulse. Link: https://www.pulse.ng/news/politics/george-weah-i-never-cheated-to-win-a-penalty-i-wont-cheat-as-president/hnxwl9b

*ESCORCIA, Alejandro (-). "¿Dónde están los niños? El fraude de la edad en Nigeria". El Enganche (España), número 7. Link: http://www.elenganche.es/reportaje/donde-jugaran-los-ninos-el-fraude-de-la-edad-en-nigeria/

*FALL Yoro. "Colonización y descolonización en África: dimensión histórica dinámica en las sociedades". Ficha de cátedra de la materia Historia de la colonización y descolonización de la Universidad de Buenos Aires (UBA), 2000.

*FREIXA, Omar (2018, 23 de enero). "Amílcar Cabral: hombre de acción y de palabra". África no es un país (El País). Link: https://elpais.com/elpais/2018/01/11/africa_no_es_un_pais/1515688185_879690.html

*FREIXA, Omar (2017, 14 de octubre). "Thomas Sankara: tragedia y leyenda". África no es un país (El País). Link: https://elpais.com/elpais/2017/10/12/africa_no_es_un_pais/1507796342_778311.html

*GATTI Juan Pablo (2019, 13 de mayo). "Mandela, el rugby y la unión de un pueblo". The Line Breaker. Link: https://thelinebreaker.net/mandela-el-rugby-y-la-union-de-un-pueblo/

*KWOBA John (2019, 18 de diciembre). "Feature: Football unity gives glimmer of hope of possible truce for war-torn Somalia". Xinhua. Link: http://www.xinhuanet.com/english/2019-12/19/c_138641116.htm

*LARA Miguel Ángel (2013, 22 de abril). "El fútbol luchó contra el apartheid". Diario Marca. Link: https://www.marca.com/reportajes/2011/12/el_poder_del_balon/2013/04/22/seccion_01/1366582890.html

*MAGAMBO Placide (2016, 7 de noviembre). "An Exclusive Interview With Africa's Favorite Footballer, Roger Milla". Okay Africa. Link: https://www.okayafrica.com/africas-favorite-footballer-roger-milla-on-his-wild-career-and-his-second-life-as-an-environmentalist/

*MARCIEL Rodrigo (-). "Los presos políticos que golearon al apartheid". Revista Líbero. Link: https://revistalibero.com/blogs/contenidos/la-goleada-del-futbol-al-apartheid

*MARCOS José (2010, 31 de mayo). "África lleva el fútbol en el corazón". El País (España). Link: https://elpais.com/diario/2010/05/31/deportes/1275256805_850215.html

*MARGARIT Isabel (2018, 26 de octubre). "Los orígenes del fútbol". La Vanguardia. Link: https://www.lavanguardia.com/historiayvida/mas-historias/20180706/47311166091/los-origenes-del-futbol.html

*MENICHELLI Santiago (-). "George Weah, el orgullo de África". Revista Un Caño (Argentina)/ Revista Líbero (España). Link: https://revistalibero.com/blogs/contenidos/george-weah-el-orgullo-de-africa

*ORTÍ, Francisco (-). "Gyan, el penalti maldito". El Enganche (España), número 15. Link: http://www.elenganche.es/reportaje/gyan-el-penalti-maldito/

*ORTIZ DE ZÁRATE Roberto (2018, 31 de enero). "George Weah". CIDOB. Link: https://www.cidob.org/biografias_lideres_politicos/africa/liberia/george_weah

*PADILLA Toni (noviembre 2015). "Moisés juega al fútbol". Revista Panenka(46). p. 96-99.

*PAREDES ORTÍZ Jesús (marzo 2017). "Historia del fútbol: evolución cultural". Revista Digital EF Deportes. Link: https://www.efdeportes.com/efd106/historia-del-futbol-evolucion-cultural.htm

*PARET, Lawali (2003, 9 de enero). "Bienvenidos al nepotismo africano". Rebelión.org. Link: https://www.rebelion.org/hemeroteca/africa/lawali090103.htm

*PINEAU Marisa. "Administración y control europeos del África colonial". Ficha de cátedra de la materia Historia de la colonización y descolonización de la Universidad de Buenos Aires (UBA), 2001.

*ROMERO Víctor (2019, 10 de julio). "La Copa tiene a África patas arriba: empiezan los cuartos de final". Diario Marca. Link: https://www.marca.com/futbol/copa-africa/2019/07/10/5d253642e2704eae798b47d4.html

*SILVEYRA Jesús M. (2018, 1 de octubre). "La fórmula que aplica el padre Opeka para salir de la pobreza". Valores Religiosos. Link: https://www.valoresreligiosos.com.ar/Noticias/la-formula-del-padre-opeka-para-salir-de-la-pobreza-11018

*SULIMAN Ahmed (2004, 21 de enero). "El origen egipcio del balón". Amigos de la egiptología. Link: https://egiptologia.com/el-origen-del-balon/

*VERNEAU Laure (2019, 6 de diciembre). "A Madagascar, Nicolas Dupuiss'imposecommel'hommeprovidentiel du football". Le Monde. Link: https://www.lemonde.fr/afrique/article/2019/12/06/a-madagascar-nicolas-dupuis-s-impose-comme-l-homme-providentiel-du-football_6021959_3212.html

Webs

Archivo Sporting África; www.afrik-foot.com; AICA.org (Argentina); BBC (Gran Bretaña); www.cafonline.com; www.calcioafricano.com; CamFoot (Camerún); Clarín (Argentina); DZ Foot (Argelia); www.fifa.com; Ghana Soccer Net (Ghana); Independent (Gran Bretaña); Jeune Afrique; KingFut (Egipto); La Nación (Argentina); Organización Mundial de la Salud (OMS); Pulse (Ghana); Radio Okapi (RD Congo); So Foot (Francia); Sport Ivoire (Costa de Marfil); y The New York Times (Estados Unidos).

Audiovisual

Documental Historia del Fútbol: Capítulo 11-África (Youtube)
Inédit - Thomas Sankarajoueaufootderrière la présidence du Faso (Youtube)
Podcast El Enganche (España). "Ghana: el penalti de África". 16 de abril de 2018.

Lightning Source UK Ltd.
Milton Keynes UK
UKHW020640210921
390952UK00013B/756

9 789873 979934